スペイン

ララチッタとはイタリア語の「街=La Citta」と、
軽快に旅を楽しむイメージをかさねた言葉です。
一度は見ておきたい世界遺産や名画から
とびっきりのグルメに人気ブランドまで
大人女子が知りたい旅のテーマを集めました。

ララチッタ スペイン
CONTENTS

スペイン早わかり…P4 　6泊8日ゴールデンプラン…P6

スペインで叶えたい♡♡
とっておきシーン10

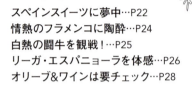

憧れの感動ビュー…P10
バルでおいしい体験♪…P14
スペインの郷土料理…P16
至高の芸術作品にふれる…P18
スペインブランドをGET♪…P20
スペインスイーツに夢中…P22
情熱のフラメンコに陶酔…P24
白熱の闘牛を観戦！…P25
リーガ・エスパニョーラを体感…P26
オリーブ&ワインは要チェック…P28

Barcelona
● バルセロナ

エリアNAVI…P30
サグラダ・ファミリアを徹底解剖！…P32
ガウディが生み出した傑作建築…P36
ピカソ・ミロのアートにせまる…P38
グラシア通りで建築鑑賞 …P40
ランブラス通りをおさんぽ♪…P42
ゴシック地区で歴史にふれる…P44
ボルン地区でおいしいもの探し…P46
ハズレなしの行くべきバル6…P48
ピンチョス通りでバルをはしご…P50
カタルーニャ料理を堪能…P52
絶品パエーリャ食べ比べ…P54
POP雑貨をお持ち帰り！…P56
こだわりみやげは専門店で…P58
おみやげにも人気！ 自然派コスメ…P60

●1DAY TRIP
モンセラット…P62
タラゴナ／フィゲラス…P63
バレンシア…P64

●ジャンル別おすすめ
観光スポット…P66
レストラン…P68
バル…P70
カフェ…P71
ファッション…P72
雑貨・その他…P74
ホテル…P75

Madrid
● マドリード

エリアNAVI…P78
プラド美術館で名画鑑賞…P80
ソフィア王妃芸術センター…P84
王宮でタイムトリップ…P86
プエルタ・デル・ソル周辺散策…P88
セラーノ通りでお買いもの…P90
プラド通りを優雅に散策…P92
マヨール広場界隈で食べ歩き！…P94
カスティーリャ料理を味わう…P96
マドリードバル案内…P98
心温まるスペイン陶磁器…P100
巨大デパートでおみやげ探し…P102

●1DAY TRIP
トレド…P104
セゴビア…P107
ラ・マンチャ地方…P108

●ジャンル別おすすめ
観光スポット…P109
レストラン&バル…P111
カフェ&タブラオ…P113
ファッション…P114
雑貨・その他…P115
ホテル…P117

🟠 アンダルシア *Andalucia*

エリアNAVI…P120

グラナダ…P122
　アルハンブラ宮殿をめぐる…P124
　アルバイシン地区を散策…P126
　グラナダ式バルを楽しむ！…P128
　グラナダの見・食・買スポット…P129

コルドバ…P130
　東洋の美が融合するメスキータへ…P131
　花鉢と白壁が美しい旧ユダヤ人街…P132
　コルドバの見・食・買スポット…P133

セビーリャ…P134
　カテドラルの豪華な装飾に感動！…P135
　イスラム芸術が見事な宮殿アルカサル…P136
　セビーリャの見・食・買スポット…P137

🟠 1DAY TRIP
ミハス…P138
マラガ…P139

Column
一度は泊まりたい パラドール…P140

トラベルインフォメーション
入出国の流れ…P142
空港〜市内への交通…P144
スペイン国内交通…P146
旅のキホン…P148

オプショナルツアー…P155
旅の持ち物LIST…P156
インデックス…P157

別冊MAP

シーン別 カンタンスペイン語…P2
スペイン全図…P3
バルセロナ
　全体図…P4　　新市街…P6
　中心図…P8　　グラシア通り…P10
　ゴシック〜ボルン地区…P12
マドリード
　全体図…P14　　プラド美術館周辺…P15
　王宮〜グラン・ビア…P16
　グラン・ビア〜セラーノ通り…P18
　マヨール広場〜プエルタ・デル・ソル…P20
バルセロナ市内交通…P22
バルセロナ地下鉄路線図…P25
マドリード市内交通…P26
マドリード地下鉄路線図…裏表紙

マークの見かた

[日] 日本語スタッフがいる
[日] 日本語メニューがある
[英] 英語スタッフがいる
[英] 英語メニューがある
🚃 交通　　🏠 住所
🏨 ホテル
☎ 電話番号
🕐 開館時間、営業時間
🚫 休み　　💰 料金
[客室数] ホテル・宿泊施設の総客室数
[URL] Webサイトアドレス
🅿 予約が必要、または予約することが望ましい

その他の注意事項

●この本に掲載した記事やデータは、2024年10月の取材、調査に基づいたものです。発行後に、料金、営業時間、定休日、メニュー等の営業内容が変更になることや、臨時休業等で利用できない場合があります。また、各種データを含めた掲載内容の正確性には万全を期しておりますが、おでかけの際には電話等で事前に確認・予約されることをお勧めいたします。なお、本書に掲載された内容による損害等は、弊社では補償いたしかねますので、予めご了承くださいますようお願いいたします。
●休みは基本的に定休日のみを表示し、年末年始や国の記念日、クリスマスなど祝祭日については省略しています。
●料金は基本的に大人料金を掲載しています。

事前にチェックしよう！
スペイン早わかり

モデルニスモ建築や美術館、フラメンコに闘牛、サッカーなど、さまざまな文化をもつスペイン。街によって異なる独特の魅力を感じてみよう。

基本情報
- **国名**：スペイン王国
- **首都**：マドリード
- **人口**：約4894万人（2024年10月現在）
- **面積**：約50.6万㎢
- **言語**：スペイン語（カタルーニャやバスクなど、地域によっては独自の言語も使われている。）
- **通貨・レート**：€1＝160円（2024年12月現在）
- **時差**：-8時間（日本より8時間遅れ。3月の最終日曜から10月の最終日曜までのサマータイム期間は-7時間となる）
- **ベストシーズン**：スペインは東西南北、海岸部と内陸部で気候が著しく異なる。マドリードなど夏冬の寒暖差が激しい内陸部は、過ごしやすい春〜初夏がおすすめ。

王室の歴史が息づくスペインの中心都市
❷ マドリード ➡P77
Madrid

乾燥した高原地帯メセタが標高600〜1000mに広がるスペイン中央部。16世紀に首都となったマドリードが一帯の中心で、王家ゆかりのスポットやプラド美術館など華やかな名所が集まっている。古都トレドや『ドン・キホーテ』のふるさと、ラ・マンチャ地方も人気。

1：美しくデザインされた王宮は必見　2：街の中心、プエルタ・デル・ソル　3：リヤドロなどスペインブランドの名品もチェック　4：炭火で焼いた豪快な肉料理もマドリードの名物

モデルニスモ建築に彩られた街

❶ バルセロナ　➡P29
Barcelona

スペイン最大の工業地帯であるカタルーニャ地方の中心都市。サグラダ・ファミリアを筆頭に、名だたるモデルニスモ建築を街中の至るところで鑑賞することができる。ピカソやダリ、ミロなど優れた芸術家を生み出した街でもある。

1：バルセロナ観光のハイライト、サグラダ・ファミリア　2：モデルニスモ建築は最大のみどころ　3：バルセロナにはガウディ建築が点在　4：パエーリャなど食の楽しみも満載

イスラム文化が薫る南の大地

❸ アンダルシア　➡P119
Andalucía

青い海と輝く太陽、褐色の大地が織りなす変化に富んだ自然と歴史文化が息づくアンダルシア地方。約800年もの間イスラム勢力の支配下にあったことから、今もその面影が色濃く残っている。

アンダルシアの主なエリア
- グラナダ ➡P122
- コルドバ ➡P130
- セビーリャ ➡P134
- ミハス ➡P138
- マラガ ➡P139

1：グラナダのアルハンブラ宮殿　2：コルドバのメスキータ　3：白壁が美しいミハスの街並み　4：タパスのサービスがうれしいグラナダのバル

やりたいことを全部叶える！

6泊8日ゴールデンプラン

バルセロナもマドリードもアンダルシアも行きたい！
そんなわがままを叶えるスペインの魅力を
凝縮した6泊8日のプランをご紹介。旅のプランニングのヒントに。

DAY 1
情熱の国スペインへ♪
日本からバルセロナへ

夕方〜夜
バルセロナのエル・プラット国際空港到着

↓ 電車で約30分

夜
グラシア通り周辺のホテルにチェックイン

ADVICE!
マドリード以外は日本からの直行便はない。ヨーロッパの主要都市経由で18時間〜のフライトとなる。

DAY 2
必見！サグラダ・ファミリア♪
アートな街バルセロナ

09:00
サグラダ・ファミリア見学

鐘塔へのぼって、バルセロナの街を見渡そう！

↓ タクシーで10分

12:00
グエル公園を散策

人気撮影スポット！

ドラゴンのオブジェと記念撮影

↓ 地下鉄と徒歩で40分

13:30
グラシア通り周辺で優雅なランチ

↓ 徒歩10分

14:30
グラシア通りで建築鑑賞＆お買物

↓ 地下鉄と徒歩で15分

圧倒的な存在感！サグラダ・ファミリア(→P32)生誕のファサードは必見

グエル公園(→P36)の門の両脇には童話『ヘンデルとグレーテル』がモチーフのかわいい建物が

グレスカ(→P68)の創作料理

モデルニスモ建築が並ぶグラシア通り(→P40)をおさんぽ

16:00
ピカソ美術館で名画鑑賞

かつての貴族の館を改装した
趣のあるピカソ美術館(→P38)

おみやげにはミュージアムグッズを

↓ 徒歩5分

スペインジェラートも
おいしい

ブボ(→P47)の
ケーキ

17:00
ボルン地区の
有名スイーツ店へ

↓ 徒歩3分

17:30
ランブラス通りを散歩

大勢の観光客が集まるランブラス通り(→P42)

↓ 徒歩5分

18:00
グエル邸見学
※冬期は16時30分閉館

↓ 地下鉄と徒歩で40分

20:30
地中海沿いのレストランで
パエーリャディナー

放物線型のアーチが
美しいグエル邸(→P43)

名物♪
チリンギート・エスクリバー(→P54)
のパエーリャ・バレンシアーナ

DAY 3
アンダルシアへ♪
**グラナダで
エキゾチック体験**

10:50
エル・プラット国際空港発

賑わうグラナダ(→P122)市内中心部

↓ 国内線で約1時間35分

12:25
グラナダ着

↓ 空港から市内へタクシーで20分

アンダルシアの定
番料理、オックス
テールの煮込み

グラナダ料理を求めて
地元客も通う
(チキート→P129)

13:00
アンダルシアの
郷土料理ランチ

↓ 徒歩とバスで20分

14:30
アルハンブラ宮殿見学

↓ バスで10分

17:00
アラブな街並み
を散策

キレイ♪

宮殿内の装飾
にも注目!

グラナダ観光の
メインスポット、
アルハンブラ宮
殿(→P124)

↓ 徒歩15分

20:00
グラナダ式
バルめぐり

アラブの雰囲気が漂う
路地(→P126)を散策

エキゾチックな雑貨も手に入る

グラナダ式バル
(→P128)は
お酒を頼むたびに
タパスが1皿付く

DAY4
情熱の街♪
セビーリャでフラメンコ鑑賞

- **07:00** グラナダ発
  ↓ バスで約3時間
- **10:00** セビーリャ着 街を散策
  ↓ 徒歩10分
- **12:00** アルカサルを見学
  ↓ 徒歩3分
- **13:30** 名物料理でランチ
  ↓ 徒歩5分
- **15:00** カテドラルを見学
  ↓ 徒歩6分
- **17:00** フラメンコ舞踏博物館へ
  ↓ 徒歩10分
- **19:00** フラメンコ観賞

噴水が気持ちいいスペイン広場(→P137)

グアダルキビール川のほとりに建つ黄金の塔(→P137)

イスラム芸術の粋が集まるアルカサル(→P136)

セビーリャ名物のサンドウィッチ、セラニート(メソン・セラニート→P137)

闘牛ファンが集まるバルも

セビーリャの世界遺産のカテドラル(→P135)

熱気にあふれるタブラオ
※写真はイメージ

DAY5
アンダルシア第3の都市
コルドバで歴史探訪

- **8:30** セビーリャ発
  ↓ 列車で約1週間
- **9:30** コルドバ着 メスキータを見学
  ↓ 徒歩5分
- **11:00** コルドバの歴史地区を散策
  ↓ 徒歩5分
- **13:00** 郷土料理ランチ
  ↓ 列車で約2時間
- **17:30** マドリード着、ホテルにチェックイン
  ↓ 徒歩か地下鉄で移動
- **19:00** カヴァ・デ・サン・ミゲル通りで一杯

イスラム時代の栄華を物語るメスキータ(→P131)

花咲く鉢植えと白壁が美しい旧ユダヤ人街(→P132)

コルドバ名物イベリコ豚のほほ肉煮込み

お酒がすすむ♪

名物タパスとともに(→P95)

伝統みやげも忘れずに

DAY 6
スペイン王国の首都♪
マドリードで最後の1日

10:00 プラド美術館で名画観賞
↓ 徒歩10分
12:00 ソフィア王妃芸術センターでピカソ鑑賞
↓ 徒歩20分
13:30 マヨール広場でランチ
↓ 徒歩10分

マヨール広場すぐのサン・ミゲル市場（→P94）はオススメランチスポット

↓ 徒歩10分
14:30 王宮見学
↓ 徒歩10分
16:00 チョコラテリア・サン・ヒネスで休憩タイム
↓ 地下鉄で20分
17:30 セラーノ通りでショッピング
↓ 地下鉄で20分
19:00 スーパーでラストショッピング！
↓ 徒歩5分
21:00 ディナーはカスティーリャ料理

歴代の王たちが暮らしていた王宮（→P86）

スペイン王家の豪華なコレクションを誇るプラド美術館（→P80）

名物スイーツ
チュロスはチョコラテにたっぷりつけて（→P88）

ハイブランドのブティックが軒を連ねるセラーノ通り（→P90）
スペイン発のブランドもたくさん

カスティーリャ料理の定番、コシードを味わう（→P96）

プチプラみやげをゲット（エル・コルテ・イングレス→P103）

DAY 7&8
帰りは直行便で♪
マドリードから日本へ

11:55 マドリードのバラハス国際空港発
10:15 日本に帰国

ADVICE!
出発の2時間前の空港到着を目安に。余った通貨の両替や税金の払戻しも忘れずに。

SPECIAL SCENE10
スペインで叶えたい♥
とっておきシーン10

ガウディの建造物やバルのおいしい料理、至高の芸術作品にサッカーなど。
多彩な魅力にあふれるスペインを、見て、ふれて、味わって、五感で存分に楽しもう！

SCENE 1
情熱の国 スペインで出合う
憧れの感動ビュー

世界遺産、奇想天外な
モデルニスモ建築、古代遺跡に
イスラム文化の足跡…。
見る人の心を震わせる
スペインの絶景をご紹介。

サグラダ・ファミリア
Basílica de la Sagrada Família

**奇才ガウディの
魂が宿った未完の大聖堂**
建築家ガウディが遺した大聖堂は今なお建築が進む。キリストの生誕と受難を表したファサードや美しい内部は必見。
➡P32

まるで樹木のような
聖堂内部の天井

1.ガウディ広場の池越しが定番のビュースポット　2.鐘塔内部にある螺旋階段。生き物のように美しい曲線に注目

スペインで叶えたい♥とっておきシーン10

アルハンブラ宮殿
La Alhambra

イスラム美術の粋を集めた異空間

イスラム時代の栄華を物語る壮大な宮殿。彫刻やタイルなど建物に施された精緻な装飾がイスラム美術の粋を感じさせる。
➡P124

柱の漆喰細工が見事なライオンの中庭

↓アラヤネスの中庭の池は鏡のように建物を水面に映し出す

グエル公園 Parc Güell

ガウディが夢見たユートピアを体現した庭園住宅

破砕タイルの装飾や曲線の広場など、ガウディのアイデアが随所にみられる広大な公園。市街を見下ろす山の手に位置し、テラスからの見晴らしも良い。
➡P36

カラフルな破砕タイルで彩られたグエル公園のシンボル、トカゲの噴水

↑人体に合わせ曲線を決めたという波形のベンチ。さまざまな色の破砕タイルを組み合わせ装飾されたベンチはうねりながら110m続く

おとぎの国のような風景が出迎えてくれる

   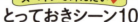

スペインで叶えたい♥ とっておきシーン10

SCENE 1 憧れの感動ビュー

王宮 Palacio Real de Madrid

スペイン王室の栄華を物語るロイヤルパレス

スペインの歴代の王が暮らした絢爛豪華な宮殿。饗宴の間や王座の間など、3000室以上ある部屋の一部が見学できる。➡P86

⬇アルメリア広場をコの字型に囲む王宮

王室礼拝堂の天井画に目を奪われる

カタルーニャ音楽堂 Palau de la Música Catalana

モデルニスモ様式の精緻を極めた壮麗なホール

建築家、モンタネールによって1905～1908年に建設されたコンサートホール。外壁に描かれた花模様や万華鏡のように輝く天窓などが印象的。➡P66

➡モザイクタイルやサン・ジョルディの像がひときわ目をひく外観 ⬇ステンドグラスや華麗な彫刻など、豪華な装飾が施されたホール

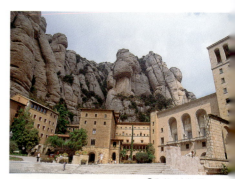

⬆そびえる奇岩に覆われるように立つ修道院

モンセラットの大聖堂 Basilica de Montserrat

巡礼者が絶えないカタルーニャの聖地

9世紀後半に、山中の洞窟でマリア像が発見された伝説が伝わる聖地、モンセラット。大聖堂にはマリア像が祀られ、多くの巡礼者が訪れる。
➡P62

カタルーニャ州の守護聖人、黒いマリア像

12

スペインで叶えたい♥とっておきシーン10

古都トレド　Toledo

2000年にもわたる異文化の混合が残る要塞都市

古代ローマ時代から要塞都市として栄えたトレド。タホ川に囲まれた小高い丘の上に異なる宗教文化が混在する独特の街並みが広がる。➡P104

タホ川の対岸(南側)にある展望台から眺めたトレドの街並み

↑スペインカトリックの総本山、カテドラル。高さ90mの鐘楼はトレド散策の目印に

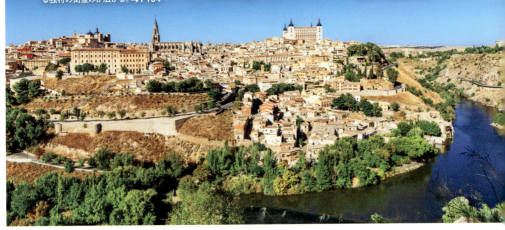

ミハスの白い村　Pueblos Blancos

美しい漆喰壁が続く南ののどかな村

アンダルシアのコスタ・デル・ソルにある小さな村。白壁の家が続く街並みが美しく、撮影スポットとしても人気が高い。➡P138

↓どこまでも続く白壁の建物に色とりどりの花々が彩りを添える

セゴビアのローマ水道橋　Acueducto Romano

紀元1世紀の姿を残す巨大な世界遺産

1世紀ごろに古代ローマ人によって建設された、スペイン最長の水道橋。保存状態がよく、19世紀まで実際に使用されていた。➡P107

↓重厚感あふれるローマ水道橋。接着剤はいっさい使わず、石を積み上げただけで今に至る

セビーリャのカテドラル　Catedral de Sevilla

約100年かけて建築されたスペイン最大の大聖堂

15世紀に約100年かけて建造された大聖堂。内部は豪華な装飾で埋め尽くされ、スペイン画家たちの宗教画コレクションも必見。➡P135

→そびえるヒラルダの塔は、セビーリャの街のシンボル

←各地を流転したコロンブスの棺がある

13

スペインで叶えたい とっておきシーン10

SCENE 2
スペイン観光の醍醐味！
バルでおいしい体験♪

朝は1杯のコーヒーとパンでサクっと、
昼はボリュームのある
プレートランチをたっぷりと、
夜はお酒とともにのんびりと……。
一日を通してさまざまな過ごし方ができる、
バルの魅力を体感しに行こう！

⬅カウンターにズラリと並ぶ色とりどりのピンチョス

バルとは？
英語の"Bar"が語源。小皿に盛られた料理"タパス"と一緒に、レストランよりも安価で気軽にお酒を楽しめる。朝から夜遅くまで営業している店も多く、スペイン人の社交場でもある。

バルセロナのバル ➡P48
マドリードのバル ➡P98
グラナダのバル ➡P128

⬅高いところから注ぐシドラなど、スペインならではのお酒も楽しみたい

マナー&注意点
店内はどこも**禁煙**。トイレ利用にも便利だが、その際はコーヒーなど何か**1品以上注文するのがマナー**。ピーク時には多くの人で賑わうため、**荷物は必ず身につけておく**、または目の届く範囲に置いておくこと。

⬅お酒とともににみんなで楽しもう♪

⬆バルは常に多くの人々でにぎわい、活気であふれている

How to バル

① 席を選ぶ
ほとんどのバルは予約不要で、人気店は店前で待つこともザラ。案内するスタッフはいないので、自分で空いている席に座ろう。

② オーダー
注文を聞かれたらドリンクやタパスを伝えよう。カウンターに料理が並んでいる場合は指差しでもOK。

ウナ セルベッサ、ポルファボール
（ビールを1つください）

③ 支払い
支払いは最後にまとめて払うのが基本。スタッフがレシートを持ってくるので、自分の席でお金を渡す。チップは不要。

ムーチャス グラシアス！
（ありがとうございます）

ラ クエンタ ポルファボール
（お会計お願いします）

スペインで叶えたい♡とっておきシーン10

バルの定番メニュー

《 タパス 》
Tapas

小皿料理のこと。生ハムや酢漬けなど冷製のものと、調理した温かい料理がある。

ハモン — Jamón
日本でもおなじみの生ハム。なかでもハモン・イベリコ・デ・ベジョータは最高級

パン・コン・トマテ — Pan con Tomate
トーストにトマトやニンニク、オリーブオイルを塗ったもの

トルティーリャ — Tortilla
スペイン風オムレツ。定番はジャガイモ入りだが、さまざまなバリエーションがある

ピミエントス・デ・パドロン — Pimientos de Padron
シシトウに似たスペインの青トウガラシをシンプルに素揚げして塩をふったもの

ガンバス・アル・アヒーリョ — Gambas al Ajillo
ニンニクの風味が食欲をそそるエビのオイル煮。マッシュルーム入りも美味

クロケタス — Croquetas
ベシャメルソースがベースの俵型のコロッケ。鶏肉や生ハムなど具材はさまざま

パタタス・ブラバス — Patatas Bravas
ジャガイモのフライにピリ辛のトマトソースをかけたもの

プルポ・ア・ラ・ガリェガ — Pulpo a la Gallega
タコのガリシア風。やわらかく茹でたタコにオリーブオイルとパプリカ、塩をかける

ボケロネス・エン・ビナグレ — Boquerones en Vinagre
カタクチイワシを酢漬けにした冷製タパス。あっさりとした味わいが後を引く

メヒリョネス — Mejillones
ムール貝のタパス。蒸したものやトマトソースと煮た漁師風などさまざまな調理法がある

バルで役立つスペイン語

☑ ~をください
~, Por favor. ~ポルファボール

☑ おいしい
Bueno. ブエノ

☑ ~はありますか?
~Tienes~? ~ティエネス~?

☑ おすすめは何ですか?
Qué me recomienda?
ケ・メ・レコミエンダ

☑ おかわりをお願いします
Dame otra. ダメ オートラ

☑ お会計をお願いします
La cuenta, por favor.
ラ・クエンタ・ポルファボール

《 ドリンク 》
Bebidas

バルはドリンクも豊富。時間を問わず好きなメニューをオーダーできるのも魅力。

セルベサ — Cerveza
生ビールのこと。トゥーボという300mℓくらいのグラスが主流

カーニャ — Caña
セルベサより小さいサイズの生ビール。150～200mℓくらい

ビノ — Vino
ワインのこと。赤はティントTinto、白はブランコBlanco

カバ — Cava
スペイン産の発泡白ワイン。ロゼはロサードRosadoという

リベイロ — Ribeiro
スペイン北部の微発泡白ワイン。陶器の器で飲むのが特徴

サングリア — Sangría
ワインにフルーツを漬けたもの。ジュースを加えることも

シドラ — Sidra
リンゴの果汁を発酵させた甘酸っぱい酒。スペイン北部の名物

15

スペインで叶えたい♥
とっておきシーン10

SCENE 3
これだけは食べて帰りたい！
スペインの郷土料理

新鮮な山海の幸を使用したカタルーニャ料理や、素朴で滋味深いカスティーリャ料理など、地域ごとに独特の郷土料理をもつスペイン。地元の味を堪能したい。

フィデウア
Fideua

ショートパスタを使用したパエーリャ。長さ3cm程度のパスタと、エビやイカを炊いた料理。魚介の旨みが凝縮されていながら、さっぱりして食べやすい。

パエーリャ
Paella

バレンシアで生まれたスペインを代表する伝統的な家庭料理。イカ墨ベースのものや魚介と肉を合わせたものなど、種類はいろいろ。

《 カタルーニャ料理 》

海と山に囲まれている風土を活かして新鮮な山海の幸をふんだんに使用するカタルーニャの郷土料理。素材を生かした味つけが多いのが特徴。

サルスエラ
Zarzuela

アンコウ、エビ、イカ、貝類を一緒に炒め、トマトベースのソースとサフランで煮込んだもの。サルスエラとは"オペレッタ"を意味する。

エスケイシャーダ
Esqueixada

塩抜きした干しダラを使ったサラダ。トマトやオリーブの実を合わせ、酢とオイルで仕上げるのが一般的。

ブティファラ
Butifarra

豚肉を腸詰めにした、カタルーニャ地方に伝わる独特の名物料理。豚の血入りと血が入っていないパターンがある。

スペインで叶えたい♥とっておきシーン10

《 カスティーリャ料理 》

マドリードを含むカスティーリャ地方は牧畜が盛んで、肉をふんだんに使った料理が主流。塩味の利いた力強い味わいの料理が多い。

コチニーリョ・アサード
―― Cochinillo Asado ――

カスティーリャ地方の伝統料理で、生後20日以内の仔豚をオーブンや網でじっくりと豪快に焼き上げる。皮はパリパリで肉はジューシー。

コシード
―― Cocido ――

豚肉や豆、ジャガイモ、チョリソなどを陶器の壺に入れ、長時間じっくり煮込んだ料理。はじめにスープを飲み、中身は後から食べるのが基本の食べ方。

ソパ・カステリャーナ
―― Sopa Castellana ――

カスティーリャ地方の名物ニンニク入りスープ。生ハム、玉子、パンなどが入る。塩味が利いていて、体が温まる。

カジョス
―― Callos ――

マドリードに伝わる牛の胃袋(ハチノス)の煮込み料理。胃袋のみのあっさりタイプと、のど肉なども入ったこってりタイプがある。

《 アンダルシア料理 》

野菜や果物が豊かでバラエティにも富んだアンダルシア料理。オックステールの煮込みやガスパチョなどが代表的だが、揚げ物料理も比較的種類が豊富。

ラボ・デ・トロ
―― Rabo de Toro ――

オックステール(牛の尾)の煮込み料理。前日から時間をかけて煮込んだ肉はやわらかくてジューシー。コルドバやセビーリャでよく食べられている。

フラメンキン
―― Flamenquin ――

豚の薄切り肉の中に生ハムを挟み、ロール状にして揚げたアンダルシアの郷土料理。特にコルドバでよく食べられている。

ガスパチョ
―― Gazpacho ――

トマトベースの冷製野菜スープ。入るのはパンやオリーブオイル、ニンニク、トマトが定番で、キュウリやピーマンを加えることも。

ペスカディートス・フリートス
―― Pescaditos fritos ――

新鮮な魚介をフライに料理。小麦粉をまぶして揚げたシンプルな調理法で、魚介本来のうまみを味わえる。

スペインで叶えたい♥
とっておきシーン10

SCENE 4
宗教画から天井に描かれた絵まで
至高の芸術作品にふれる

中世から近代にかけて名だたる芸術家たちを輩出したスペイン。
世界に誇る美術館や古都の教会など、さまざまな場所で芸術作品と出合える。

美術館のそばに立つスペイン出身の画家、ゴヤの像

マドリードの3大美術館

マドリードにある「プラド美術館」、「ソフィア王妃芸術センター」、「ティッセン・ボルネミッサ美術館」は、いずれもスペインが世界に誇る芸術の発信地。プラド通り沿いの徒歩圏内に集まっているので、すべて制覇したい。

プラド美術館 ➡P80
スペイン最大規模の美術館で、マドリードを代表する名所。16〜19世紀にかけてのヨーロッパ絵画が中心。

↑ベラスケスの像が立つ美術館の正面。ベラスケスの扉と呼ばれる

ティッセン・ボルネミッサ美術館 ➡P110
ティッセン・ボルネミッサ家の個人コレクションが中心。1000点近い西洋絵画が、時代ごとに展示されている。

←カラヴァッジョ作『アレクサンドリアの聖カタリナ』(1598〜1599年)
↓プラド美術館の近くにあるので合わせて見学したい

ソフィア王妃芸術センター ➡P84
↑元は治療院だったが、1992年に美術館としてオープン

20世紀を中心とする近現代美術作品を収蔵する美術館。名前は前国王フアン・カルロス1世妃であるソフィア王妃にちなんでいる。

スペインで叶えたい♥とっておきシーン10

ピカソ・ミロの美術館

20世紀に活躍したスペインを代表する近代画家、ピカソとミロ。それぞれの美術館がバルセロナにあり、彼らの独特の感性にふれることができる。

カタルーニャ出身の建築家が手掛けた建物

ピカソ美術館 →P38
元貴族の館の館内も雰囲気がある

貴族の館を改装し、1963年にオープンした美術館。ピカソの少年時代のデッサンや「青の時代」、キュビズムなど作品の変遷がよくわかる。

ミロ美術館 →P39
入り口に立つミロ作品『パイプをくわえた男』のオブジェ

モンジュイックの中腹にある美術館。絵画、彫刻、版画、テキスタイルなど多岐にわたるミロ作品を展示している。

ゴヤの天井画

マンサナーレス川のそばに立つ聖堂の天井一面に描かれたフレスコ画は必見。サラゴサ出身の画家、ゴヤによるもので地上の出来事を題材にしている。

最も大きいドーム天井には『聖アントニオの奇跡』が描かれている

ゴヤのパンテオン →P110

正式名称は「サン・アントニオ・デ・ラ・フロリア聖堂」で、ゴヤの天井画があることからそう呼ばれる。

トレドのエル・グレコ作品

ギリシア出身の画家、エル・グレコは30代でトレドに移住。トレドの教会の祭壇画で一躍脚光を浴び、現在もトレドの教会や美術館に作品が多数所蔵・展示されている。

サント・トメ教会 →P105

オルガス伯爵によって建てられた教会で、エル・グレコ作の『オルガス伯爵の埋葬』が所蔵されていることで知られる。

➡オルガス伯爵の葬送を題材にした、エル・グレコ作『オルガス伯爵の埋葬』(1586〜88年)

参列者のなかでこちらに視線を向けているのがグレコ自身といわれる

スペインで叶えたい♥
とっておきシーン10

SCENE 5
一生ものの逸品からカジュアルなものまで
スペインブランドをGET♪

スペインで生まれ、日本のほか世界中で愛されているブランドたち。
伝統の職人技や質の高さが光る、お気に入りのアイテムを手に入れよう。

◎セラーノ通りの一角にある本店

バッグ / Bag

◎最高級のバッグが並ぶ洗練された店内

ロエベ　Loewe

スペインを代表する高級レザーブランド

スペイン王室からも愛される、ラグジュアリーレザーブランド。"エントレフィーノラム"という最高品質の子羊革を使用。熟練の職人技で作り出されるアイテムは、独自のなめし法による繊細で滑らかな肌触りで驚くほど軽い。

SHOP DATA
バルセロナ ➡ P73　マドリード ➡ P91

各€600

€2200

€2800

◎シャイニーナパカーフスキンを採用したバーティカルウォレット

◎ストラップの長さを調節できる機能性にもすぐれたバケットバッグ

◎幾何学的なラインとフォルムが特徴的なパズルバッグ

ルポ　Lupo

バルセロナ生まれのモダンなバッグブランド

バルセロナ発祥、革製品製作で有名な街ウブリケで作られるバッグブランド。2024年4月より新たなデザインを取り入れた商品は、有機的なラインにミニマリストを組み合わせたデザインが特徴。

SHOP DATA
バルセロナ ➡ P73

◎曲線的なシルエットが特徴的なバッグ€499。調節可能なショルダーストラップ付き

◎現代美学を取り入れたオリジナルモデルの最新バージョン€680

◎自社店舗はバルセロナ店のみなので、ぜひ立ち寄りたい

スペインで叶えたい♥とっておきシーン10

陶磁器 Ceramics

リヤドロ Lladró
美術館も所蔵する磁器アート

ヨーロッパ磁器の伝統を守りつつ、独自のスタイルを確立させたポーセリン(磁器)アートブランド。作品はすべてバレンシアのポーセリン・シティにてひとつひとつ手作業で作り、繊細な花細工や曲線美が高く評価されている。

SHOP DATA
バルセロナ➡P74　マドリード➡P100

➡スペインらしさを感じさせるフラメンコのリヤドロ人形 ➡リヤドロ人形€1675。精緻に施された花細工もリヤドロの特徴のひとつ ➡店内には大小さまざまな作品がズラリ

カンペール Camper
カジュアルシューズならココ

地中海に囲まれたマヨルカ島発祥のシューズブランド。カジュアルなデザインと履き心地の良さが人気で、スペイン国内でも老若男女問わず愛されている。サイズも充実。

SHOP DATA
バルセロナ➡P73
マドリード➡P91

➡革とリサイクル素材を組み合わせたシューズ、ベウ €199

➡店内は個性的なシューズが飾られている

シューズ Shoes

プリティ・バレリーナス Pretty Ballerinas
乙女心をくすぐるフラットシューズ

1918年にバレアレス諸島北東部のメノルカ島で発祥、世界中に店舗を展開するフラットシューズ専門店。ラグジュアリーな雰囲気とかわいさを兼ね備えたシューズが揃う。

SHOP DATA
バルセロナ➡P72
マドリード➡91

€229

➡伸縮性のあるストラップで履きやすいフラットシューズ

⬆ピンクベースの華やかな店内にディスプレイされたシューズ

➡上質な牛毛皮素材を使用したレオパード柄のフラットシューズ €229

21

SCENE 6
甘いものは別腹です
スペインスイーツに夢中

古くから伝わる素朴なお菓子はもちろん、どんどん進化している最旬スイーツまでバリエーション豊富。どれもしっかり甘めだけれど、クセになる味わいばかり。

> ホットチョコート€3.50とチュロス€2.40。シンプルにそのまま食べてもOK /Ⓐ

Churros & Chocolate
チュロス&チョコラテ

揚げパンをどろっとした濃厚なチョコレート・ドリンクにつけて食べる、スペイン名物。チョコラテは甘いが、チュロス自体は塩味が効いているところも。

> いつでも揚げたてを食べられる/Ⓑ

> チュロスより太いポラス€1.50も定番メニュー/Ⓑ

Arroz con leche
アロス・コン・レチェ

牛乳で煮た米に砂糖とシナモンを加えたデザート。スペインや中南米でよく食べられる。

Crema Catalana
クレマ・カタラナ

カタルーニャ州の名物デザート。クリームブリュレに似た味わい。冷やしたカスタードクリームの表面に砂糖をまぶし、バーナーや鉄製の火ごてで焦がして表面をパリパリに。

> カタルーニャ名物の定番デザート、クレマ・カタラナ€5.25/Ⓒ

> スペイン語で米と牛乳を意味するアロス・コン・レチェ€4.10/Ⓐ

Polvorón
ポルボロン

アンダルシアの伝統菓子。アーモンドパウダーとシナモンが効いた焼き菓子で、口に入れるとほろほろと溶けていく不思議な食感。

> ポルボロンは1個€1.80、1箱で€11.95/Ⓗ

スペインで叶えたい♥とっておきシーン10

ロスキージャス・デ・アルカラ 1kg€42/ⓓ

Rosquillas de Alcalá
ロスキージャス・デ・アルカラ

マドリード発祥の伝統菓子。パイ生地に卵黄とグラッセ（砂糖の甘いシロップ）をコーティング。しっとり甘いのにサクサク感が絶妙。

Turrón
トゥロン

クリスマスに食べるヌガー菓子。アーモンドが入った硬いアリカンテとしっとり柔らかいヒホナが定番で、有名シェフとコラボなどユニークな商品も多い。

ゴロゴロとしたアーモンドの食感がおいしい定番トゥロン €12.75/ⓔ

Chocolate
チョコレート

中米大陸でカカオを発見し、いち早くヨーロッパに持ち込んだスペイン。チョコレート文化の発祥の地らしく、老舗から話題のショコラティエまで、新旧さまざまなチョコレートが揃う。

曲線など、ガウディ建築をモチーフにしたガウディ・コレクション €3.90/ⓖ

有名シェフ、ジョルディ・ロカ氏とコラボしたりんご飴のトゥロン €13.40/ⓔ

異なる4種のチョコレートを組み合わせたムース、クアトロ・テクストゥーラ €6.40/ⓕ

Mazapan
マサパン

アーモンドの粉末とたっぷりの砂糖や蜂蜜、卵白を使い固めた、トレド伝統の練り菓子。いろいろな形がある。

トレドの修道院を起源とするマサパン 1kg€48/ⓘ

Shop list

- ⓐ グランハ・ラ・バリャレサ ➡ P45
- ⓑ チュレリア・ライエタナ ➡ P71
- ⓒ グランハ・ヴィアデル ➡ P71
- ⓓ オルノ・ラ・サンティアゲサ ➡ P115
- ⓔ ビセンス ➡ P59
- ⓕ ラ・ドゥケシータ ➡ P113
- ⓖ カカオ・サンパカ ➡ P74
- ⓗ カエルン ➡ P45
- ⓘ カサ・ミラ ➡ P115

スペインで叶えたい♥ とっておきシーン10

SCENE 7
スペインが誇る伝統文化
情熱のフラメンコに陶酔

ココで観る!
トレス・ベルメハス ➡P113
コラル・デ・ラ・モレリア ➡P113
フラメンコ舞踊博物館 ➡P137

インド北部から放浪してきた人々が、アンダルシア伝統の舞踊音楽をアレンジしたのが始まりとされるフラメンコ。歌と踊りが織りなす、情熱的な舞台を体感しよう。

鑑賞のポイント

タブラオで鑑賞できる
フラメンコはタブラオとよばれる店で観られる。食事をしながらショーを観る店、ショーの前に食事を出す店、ドリンクのみの店と形態はさまざま。ショーは20〜21時ごろから始まるのが一般的。

予約がおすすめ
人気のタブラオに行くなら予約するのが無難。ウェブから予約ができる店もある。

鑑賞時のマナー
ショーが始まってからの入退場は迷惑なのでNG。写真撮影のルールは店により異なるがフラッシュは控えよう。ドレスコードはないがカジュアル過ぎる格好は避けたい。

✧∞✧ フラメンコの3要素 ✧∞✧

1 バイレ
踊りのこと。女性の踊り手を「バイラオーラ」、男性の踊り手を「バイラオール」とよぶ。音楽にのせて体全体で躍動的に踊る。

2 カンテ
歌のこと。伝統的で深刻な内容の「カンテ・グランデ」と軽妙なリズムの「カンテ・チーコ」がある。

3 トケ
フラメンコギターの奏法のこと。ギターの表面を指で叩く「ゴルペ」、弦をかきならす「ラスゲアード」などの奏法を用いる。

フラメンコのテクニック

バタ・デ・コーラ
重量感あるスカートの裾を軽快にさばき、女性らしさを表現する技。ショーの大きな見せ場。

パルマ
パーカッションのように手を打ち鳴らすこと。大きな高音とこもった低音でアクセントをつける。

サパテアード
靴音を操ってリズムを刻む技。最も魅力的なテクニックのひとつとされている。

ブラソ
踊り手の腕や手の動きのことで、基本的な動きのひとつ。顔の表情などと合わせて喜怒哀楽を表す。

ピートス
指を打ち鳴らして音を出すこと。ゆっくりとした動きに合わせてピートスでリズムを付けていく。

フラメンコのハレオ（かけ声）

☑ お見事！
¡Ole! オレ

☑ いいぞ！
¡Bien! ヴェン

☑ いい女！
¡Guapa! グアパ！

スペインで叶えたい♥とっておきシーン10

SCENE 8
マタドールと牛の真剣勝負
白熱の闘牛を観戦！

ココで観る！
ラス・ベンタス闘牛場 ➡P110
マエストランサ闘牛場 ➡P137

荒れ狂う牡牛と華麗な衣装をまとった闘牛士が繰り広げる、命がけの舞台、闘牛。ギリギリの距離で牛の角をかわす、緊迫した場面に目が離せない。

鑑賞のポイント

シーズンと開始時間
毎年3月、バレンシアの火祭りとともに開幕、10月のサラゴサのピラール祭りで終了。マドリード、セビーリャでは基本的に毎週日曜、日没の2時間前に開催する。

鑑賞時の注意点
夏場は日差しが強いので、日陰の席がおすすめ。競技中のフラッシュは控えること。服装はカジュアルでOK。座布団のレンタルもできる。

闘牛のキホン

マタドール
正闘牛士。真っ赤なムレータ（牛を操るマント）で牛を操り、真剣で牡牛のとどめを刺す闘牛士の花形。

ノビジェロ
見習い闘牛士。入場行進の後、カポーテ（ピンクと黄色のマント）で牡牛を挑発し、牛の性格を把握する。

ピカドール
槍を刺す闘牛士。防具を付けた馬にまたがり、向かってきた牡牛と闘い背中に槍を数回刺す。

バンデリジェロ
マタドールの助手の闘牛士。牡牛の死角である正面から、バンデリーリャとよばれる銛を牡牛の背中に打ち込む。

闘牛の流れとみどころ

1 入場
音楽隊のファンファーレでマタドール、ピカドール、バンデリジェロが登場。

2 カポーテの場
牛の習性、癖、スピードを知るため、カポーテ（マント）の演技で牛を挑発する。

3 槍方の場
馬に乗ったピカドールが登場。牛の首の後ろにあるコブを槍で突き、体力を奪う。

4 銛打ちの場
バンデリジェロが登場。飾りの付いた銛を牛の正面から背中に打ち込み、牛を奮い立たせる。

5 ムレータの場
マタドールが登場。約15分間、マントを手に牛と1対1で真剣勝負が繰り広げられる。

6 真実の瞬間
闘牛のクライマックス。牛の肩甲骨の間わずか5cmほどの隙間に真剣を刺し、とどめを刺す。

スペインで叶えたい♡ とっておきシーン10

SCENE 9
地元ファンに混じって楽しもう
リーガ・エスパニョーラを体感

世界最高峰と称されるスペインのサッカーリーグ "リーガ・エスパニョーラ"。スター選手たちが繰り広げる白熱の試合を五感で楽しもう！

> **リーガ・エスパニョーラのキホン**
>
> **リーグの仕組み**
> プロリーグは複数の階級に分かれており、最上位の1部リーグ「プリメーラ・ディビジョン」には20チームが所属。各チームと対戦し、最終順位の下位3チームは自動的に2部に降格する。

世界的な2大クラブ

【マドリード】
レアル・マドリード
Real Madrid

スーパースターが集まり、かつては"銀河系軍団"ともよばれた世界を代表するメガクラブ。20世紀最高のクラブにも選ばれている。欧州一を決めるチャンピオンズリーグでは、歴代最多の15回の優勝を誇る。

⬆大規模改修を終えたホームスタジアム、サンティアゴ・ベルナベウ（P110）

注目選手

9 FW　キリアン・エンバペ　Kylian Mbappé
2024年夏に加入したフランス代表のエースストライカー。爆発的なスピードとシュート技術は圧巻で、世界最高との呼び声高い。

5 MF　ジュード・ベリンガム　Jude Bellingham
抜群の身体能力とスキルを兼ね備えたMFの完成形とも称される若き選手で、レアルの中心的存在。イングランド代表でも活躍。

8 MF　フェデリコ・バルベルデ　Federico Valverde
豊富な運動量と複数のポジションをこなすユーティリティ性でチームを支える、ウルグアイ代表のMF。ミドルシュートの威力も抜群。

【バルセロナ】
FCバルセロナ
FC Barcelona

世界各国の超一流プレーヤーが集まる名門中の名門。バロンドール（世界年間最優秀選手賞）を歴代最多の8度受賞したメッシが、長きにわたり活躍したクラブとしても知られる。若手の育成にも定評がある。

⬆欧州最大級の規模を誇るホームスタジアム、カンプ・ノウ（P67）

注目選手

19 FW　ラミン・ヤマル　Lamine Yamal
わずか17歳ながら、バルセロナとスペイン代表の両方で活躍する天才プレイヤー。そのポテンシャルは、まだまだ可能性を秘めている。

8 MF　ペドリ　Pedri
ミリ単位のパスでディフェンスラインを切り裂く若きミッドフィルダー。コンビネーションプレイに定評がある。スペインカナリア諸島出身。

9 FW　ロベルト・レヴァンドフスキ　Robert Lewandowski
チャンピオンズリーグ歴代最多得点選手ランキングのトップ3に入るストライカー。ベテランとなった今も得点を取り続けている。

※2024年11月現在、スタジアム改修工事中のため「エスタディ・オリンピック・リュイス・コンパニス」（MAP 付録P4B4）でホーム試合を開催。

スペインで叶えたい♥とっておきシーン10

《 観戦ガイド 》

スペインを代表する観光イベントのひとつでもあるサッカー観戦。事前に観戦のポイントをチェックしておこう。

スケジュール
シーズンは8月中・下旬開幕～翌年5月下旬まで。ホーム&アウェイで各チーム全38試合を行い、基本は毎週開催される。開催日は土・日・月曜で開始時刻も異なる。

チケット
スタジアムの窓口、または各チームの公式サイトで購入する方法などがある。人気の高い試合でなければ当日でも購入可能。料金は試合のカテゴリや座席によって異なる。

早めの到着を
バルセロナやマドリードの地下鉄は混み合うので、時間に余裕を持って行動しよう。スタジアムにはキックオフの1時間前には到着したい。

見学ツアーに参加
各チームが開催するスタジアムツアーやミュージアムツアーに参加すれば、試合開催日以外でもリーガ・エスパニョーラの熱気にふれられる。詳細は各チームの公式サイトでチェックしよう。

カンプ・ノウ ➡ P67
サンティアゴ・ベルナベウ ➡ P110

↑優勝トロフィーなど、貴重な展示品を見学できる

歴代のユニフォームなども展示

Liga Española

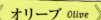

スペインで叶えたい♥ とっておきシーン10

《 オリーブ 》 Olive

スペインは約260種の品種が存在するオリーブ大国。原産地呼称や有機栽培認証など、厳格な管理を行っているのも特徴のひとつで、その品質は保証付き。オイルのほか、オリーブを使用した化粧水や石けんなども人気。

一大産地ウベダの広大なオリーブ畑

➡手摘みのオリーブを24時間以内に瓶詰めしたスペシャルな商品€18.05（ラ・チナタ）

➡エクストラ・バージン・オリーブオイル €2.05（ラ・チナタ）

➡エクストラ・バージン・オリーブオイルを使用した石けん €0.70（ラ・チナタ）

オイルのグレード
欧州連合がグレードを定めるオイルはバージン・オリーブオイルと呼ばれ、そのなかでも最高級のエクストラ・バージン・オリーブオイルなど3つのランクに分かれる。バージン・オリーブオイルの下には特にグレードを定めていないオイルがある。

ここで買える
ラ・チナタ ➡P61・115
エル・コルテ・イングレス ➡P74・103

SCENE 10 スペインの2大名産品
オリーブ&ワインは要チェック

スペインみやげの代表格といえば、オリーブとワイン。
豊富な種類のなかから自分にぴったりのモノを見つけよう。

ここで買える
ヴィラ・ヴィニテカ ➡P47
エル・コルテ・イングレス ➡P74・103

➡リベラ・デル・ドゥエロ産の赤ワイン、ベンタ・ラス・バカス€43.95（ヴィラ・ヴィニテカ）

ラベルの見方

ワインがびっしり並ぶ専門店、ヴィラ・ヴィニテカ

《 ワイン 》 Wine

スペインは全土で多様なワインを造っており、ワイン用のブドウの栽培面積は世界一。リオハやナバーラなど産地ごとで個性豊かなワインが造られているので、産地をワイン選びの一つの基準にするのもいい。

☑ **熟成度**
年数が長いものから順にグラン・レゼルバGran Reserva（赤で5年以上）、レゼルバReserva（赤で3年以上）、クリアンサCrianza（赤で2年以上）

☑ **生産地**

☑ **格付け**
品質や生産地に応じて最高級のヴィノ・デ・パゴVino de Pagoや、デノミナシオン・デ・オリヘンDenominación de Origenなど6つのカテゴリに分かれる。

☑ ワイン名

ブドウの収穫年

Lala Citta Spain

Area.1

バルセロナ
Barcelona

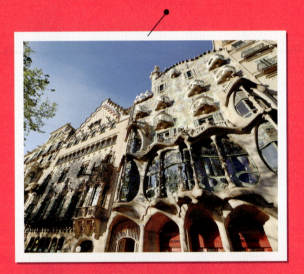

建物も街も料理も。カタルーニャ州の
州都として独自の歴史と文化に彩られた
街は、見るものすべてが個性豊か。

Lala Citta Spain | Barcelona |

┌ ガウディ建築が残るモデルニスモの街 ┐

バルセロナ エリアNAVI

三方を丘陵に囲まれ、港を中心に半円状に広がる街、バルセロナ。独創的な
モデルニスモ建築に彩られた街の美しい景観を眺めながら、アート散策をしよう。

バルセロナで やりたいこと BEST5

1 モデルニスモ建築めぐり（→P32、36、40）
ガウディのほか、カダファルクやモンタネールの作品も見逃せない。

2 ピカソ&ミロの作品を鑑賞（→P38）
バルセロナで活躍した2人の巨匠の美術館がそれぞれある。

3 バルをめぐってタパスを食べ比べ（→P48、51）
スペイン観光の醍醐味、バルをめぐっておいしいタパスを満喫!

4 ユニークなデザイン雑貨をゲット（→P56）
アートの街、バルセロナらしい斬新でおしゃれな雑貨をお買い物。

5 カタルーニャ料理を楽しむ（→P52）
海と山に囲まれたカタルーニャ地方の滋味深い味わいの料理を堪能する。

Main Area Navi

バルセロナってこんな場所です！

① 一流ブランドショップが並ぶ グラシア通り周辺
Passeig de Gràcia

カタルーニャ広場より北側のエリア。スペインブランドはもちろん、世界各国の一流ブランドのショップが並ぶ。通りにはガウディが建造したカサ・ミラやカサ・バトリョもあるので観光もできる。

主なみどころ カサ・ミラ→P37
カサ・バトリョ→P37

② プラタナスの並木が美しい ランブラス通り周辺
Las Ramblas

活気あふれる旧市街のメインストリート。イギリスの作家サマセット・モームは、「世界で最も美しい通り」と称した。通りには世界中から観光客が集まり、大賑わい。

主なみどころ ボケリア市場→P42
グエル邸→P43

③ 中世の面影が色濃く残る ゴシック〜ボルン地区
Barri Gòtic〜Born

カテドラルを中心とした歴史あるエリア。重厚な建造物が建ち並び、中世の面影が漂っている。海側に続くボルン地区は、古い街並みとトレンドが同居する話題のスポット。

主なみどころ ピカソ美術館→P38　カテドラル→P44

バルセロナ エリアNAVI

バルセロナ基本情報

カタルーニャ州の州都
人口：約166万人
面積：約101㎢

「観光案内所
（カタルーニャ広場）」
MAP 付録P12A1
Pl. de Catalunya 17SB
☎93-2853834 8時30分
～20時30分 なし

プランニングのヒント

バルセロナ観光は地下鉄が最も便利。市内各所をくまなく結んでおり、路線ごとに色分けされていて分かりやすい。メインストリートのグラシア通り、ランブラス通りはどちらもカタルーニャ広場が起点。ゴシック地区は小路が多くて迷いやすいので、カテドラルを目印に歩こう。

天高くそびえる街のシンボル
④ サグラダ・ファミリア周辺
Basílica de la Sagrada Família

グラシア通りの北東に位置するサグラダ・ファミリアはバルセロナ観光のハイライト。近隣には公園もあり、緑豊かなエリア。観光客が絶えることなく訪れるため、レストランやみやげ店も多い。

主な見どころ　サグラダ・ファミリア→P32　サン・パウ病院→P67

地中海を望むビーチエリア
⑤ バルセロネータ
Barceloneta

地中海沿いに広がるベイエリア。レストランやショッピングセンターなどが連なる。桟橋「海のランブラス」は海上に架かる光のアーチが美しい、人気の夜景スポット。

丘の上からバルセロナの街を一望
⑥ モンジュイック地区
Montjuïc

市街地の南側、モンジュイックの丘を中心とするエリア。スポーツ施設や美術館が多く、万博やオリンピックのメイン会場にもなった。

主な見どころ　ミロ美術館→P39
モンジュイック城→P67

落ち着いた雰囲気のエリア
⑦ 新市街
Zona Alta

市街地の北西部のエリア。PALAU REIAL駅周辺に、門などをガウディが手がけたグエル別邸や、F.C.バルセロナのホームスタジアムとなるカンプ・ノウなどがある。

主な見どころ　グエル別邸→P67
カンプ・ノウ→P67

バルセロナ SIGHTSEEING

今もなお建設が続く未完の大聖堂
サグラダ・ファミリアを徹底解剖!

巨大さと複雑な形状が、見る者を圧倒するサグラダ・ファミリア。
塔や装飾のそれぞれの意味を知れば、より深くこの聖堂を体感できる!

生誕のファサード
Façana del Naixement

ガウディが存命中にほぼ完成していたファサード

キリスト生誕の喜びを表現したファサード。キリスト誕生から幼少期までを彫刻で物語っている。ガウディ自ら指揮をとり、最初に完成した。

生命の木
愛徳の門の頂部にそびえるのは、永遠のシンボル糸杉と、そこにとまる大理石の鳩

愛徳の門
キリストに捧げられた中央の門。キリスト生誕の物語が彫り込まれている

希望の門
左の門は、養父ヨセフに捧げられたもの。生まれたばかりのキリストを抱え、エジプトに逃げる様子などが描かれる

聖母マリアの戴冠
宗教画でモチーフとしてよく扱われる、聖母マリアに冠を授けるキリスト。左下にいるのは聖ヨセフ

受胎告知
神の子を身ごもることを大天使ガブリエルがマリアに伝える有名な場面

信仰の門
向かって右の門は、聖母マリアに捧げられている。世俗時代のキリストなどを見ることができる

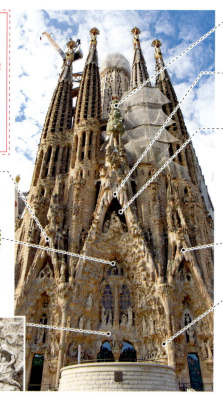

キリストの誕生
生まれたばかりのキリストをマリアとヨセフが温かい目で見つめる

羊飼いの礼拝
民衆の象徴・羊飼いたちがキリストの誕生を知り祝福する様子。彫刻の羊飼いたちの帽子はカタルーニャ州の伝統衣装

サグラダ・ファミリア
Basílica de la Sagrada Família

世界遺産

ガウディ建築の最高峰を鑑賞

1882年、聖ヨセフ信徒協会の聖堂として着工。アントニ・ガウディが31歳の若さで2代目建築家に就任し、"聖堂全体で聖書の内容を表現する"という構想を打ち出した。細密な彫刻の施された壮大なファサード、美しい曲線と光で彩られた聖堂内部など、未完にしてモデルニスモ建築の最高峰と称されている。2026年に完成予定。
MAP 付録P8B1 ㊙M2・5号線SAGRADA FAMÍLIA駅から徒歩すぐ ㊟C. de Mallorca 401
☎93-2080414 ㊙9〜20時(11〜2月は9〜18時、10・3月は9〜19時、12月25・26日、1月1・6日は9〜14時) ※日曜は10時30分〜 ㊡不定休 ㊙公式サイト予約€26、日本語オーディオガイドと鐘塔の入場付きは公式サイト予約€36

天才建築家 アントニ・ガウディとは?
銅板器具職人の家に生まれる。学生時代はバルセロナで建築を学んだ。パリ万博で後のパトロンになる富豪・グエルに見初められ、グエルの支援で数多くの傑作を生み出す。その後サグラダ・ファミリアの建設に没頭し続け晩年を過ごした。

受難のファサード
Façana del Passió

キリストの苦しみを伝える

最後の晩餐から、十字架での磔刑、復活までの受難の流れを、あえてシンプルで直線的に表現している。上中下からなる彫刻群は、柱に隠れているものもあるので見逃さないようにしよう。

キリストの磔刑
十字架に架かるキリストのそばには、ヨハネと聖母マリア、そしてマグダラのマリアが。足元には死を連想させる頭蓋骨も

福音の扉
キリストの生涯最期の2日間について新約聖書から8000字を抜粋したレリーフ。重要な文字は金色になっている

昇天するキリスト
鐘塔の中央に架かる橋に腰掛けているのは、金色に輝くキリスト。希望の象徴とされる

ネガのレリーフ
キリストの顔の跡が残る、聖顔布を広げるヴェロニカ像。キリストの顔が目立つような構図になっている

聖堂内部
Creuri i Transseptes

内部は十字架の形

森の中のような空間を表現した内部は、全36本の独特な形をした大理石の柱で支えられている。上部に近づくほど枝分かれした柱は、本物の樹木のよう。十字架の形をした聖堂内部の構造もおもしろい。

1：ガウディが目指したのは柱が成長しているかのような表現
2：自然光が入る側廊部のステンドグラスは、バルセロナ出身のガラス職人によるもの

And more

地下博物館
聖堂地下には無料の博物館があり、重りをつけて全体のバランスを計ったというガウディ特有の懸垂型の模型や、建物のパーツなどを展示。内戦の際に燃えずに残ったデッサンや建設当初の完成予想図なども必見。

ショップ
敷地内には2つのショップがある。どちらもサグラダ・ファミリアのグッズのほか、ガウディ関連の書籍やグッズが置かれている。

サグラダ・ファミリアをモチーフにしたステンドグラス€12

バルセロナ サグラダ・ファミリア

バルセロナ SIGHTSEEING

サグラダ・ファミリア攻略法

まずは 見学コースを確認！
所要時間 2時間30分

- 生誕のファザード
- 聖堂
- エレベーター
- 鐘塔
- 受難のファザード
- 博物館
- おみやげショップ

必ず！鐘塔に上ろう！

❶ 指定の時間にエレベーターへ
予約時間になったら、自分が予約したファザード側のエレベーターの前に並ぶ。リュックや大きな荷物の持ち込みはNGなので、エレベーター前のコインロッカーに預ける。

❷ 塔と塔の間にある橋を渡ってみる
エレベーターで上へ進んだら、隣の塔へ渡る橋を渡ろう。ここが、バルセロナの街並みと青い海を見渡せる、サグラダ・ファミリア最大の絶景ポイント。

great!

❸ バルコニーに立ってみる
隣の塔へ渡ったら、螺旋階段を下っていく。途中、バルコニーが現れるので寄ってみて。建物の下から見上げているときは装飾の一部に見えていた場所に、自分が立つのは不思議な気分。生誕のファザード側からは、ガウディ広場の池も見える。

❹ 螺旋階段を下る
下りは受難のファザード、生誕のファザード側のどちらも螺旋階段を下っていく。美しく渦を巻いた階段は撮影ポイントのひとつだが、足下には注意を。

チケット購入方法

事前予約は必須
現地での当日券販売は停止されており、再開は未定(2024年11月現在)。Webサイトでの事前予約が必須となっている。数週間先まで予約がいっぱいのことも多いため、旅程が決まり次第できる限り早めの予約を。

事前にオンライン予約

1 チケットの種類を選ぶ
まずは [URL] www.sagradafamilia.org/en/tiquets/ (英語)にアクセス。聖堂への入場のみのチケットだけでなく、入場+専門ガイド+鐘塔がセットになったものもある。画面に従い、聖堂への入場時間と同伴人数を選択。

2 鐘塔の種類と時間を選ぶ
鐘塔に上る人は、「生誕のファザード」と「受難のファザード」のどちらの鐘塔に上るかをセレクト。聖堂への入場1回につき、1つの鐘塔しか選べない。どちらのファザードも上りはエレベーター、下は螺旋階段になる。鐘塔を選んだら、上る時間も選択する。

3 必要情報を入力
支払いはクレジットカード。必要情報を入力し決済を。

4 プリントまたはスマホでチケットを持参
予約が完了したらQRコードが付いたチケットがメールで送られてくるので出力、またはスマホに保存。当日は生誕のファザード側の入場口へ向かい、出力したチケットかスマホのチケット画面を見せれば入場できる。

\ 外観を飾る /
全18本の塔をチェック

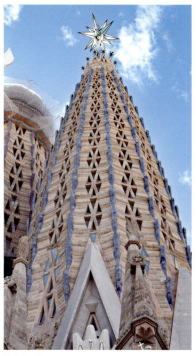

cool!

福音史家の塔

中央のイエスの塔を囲むように立つ4本の塔。先端にはマルコ(獅子)、ルカ(牛)、ヨハネ(鷲)、マタイ(天使)の4人の福音史家を象徴するオブジェが飾られている。

12使徒の塔

生誕と受難のファサード、そして栄光のファサード(建設中)に各4本ずつ備わる塔。イエスの主要な弟子である12使徒を表している。

イエスの塔

現在も建設中の中央塔。完成すると高さ172.5mにも及び、サグラダ・ファミリアで最も高く太い塔になる。頂には、高さ17m、幅13.5mもの巨大な十字架が置かれる予定。

聖母マリアの塔

高さ138mの塔で、すべての塔が完成後も2番目の高さになる。頂には、聖母マリアの象徴である星形の頂華をもち、夜には光り輝く。

ココが！撮影ポイント

ガウディ広場の池越しに

サグラダ・ファミリアに隣接するガウディ広場から。天気がよければ池の水面に映る「逆さサグラダ・ファミリア」も撮影できる。

夜のライトアップ

闇夜に浮かぶ生誕のファサードもまた美しい。ライトアップの時間帯は公式サイトで事前にチェック。

ファサードの真下から

精緻な彫刻に飾られたファサードが、よりダイナミックに映る。

光が差し込むステンドグラス

聖堂内部では、ステンドグラスの光を取り入れて撮影するのがポイント。やわらかな光が聖堂を鮮やかに照らす。

バルセロナ サグラダ・ファミリア

バルセロナ SIGHTSEEING

バルセロナの街を彩る作品群
ガウディが生み出した傑作建築

19世紀の終わりから20世紀初頭にかけて建築されたといわれるアントニ・ガウディの建築物。いずれも世界遺産に指定されているものばかりの傑作は、一見の価値あり！

ちょっと予習

ガウディ建築の楽しみ方

アントニ・ガウディ
Antoni Gaudí

1852年カタルーニャ南部の銅板器具職人の家に生まれ、16歳で建築家を目指す。バルセロナへ移住して苦学の末、建築家になった。

ムデハル様式
イスラム文化とキリスト教の建築様式が融合したスタイル。グエル別邸やカサ・ビセンスなどにその特徴を見ることができる。

色彩と曲線
ガウディは色彩にこだわることで形や量感を生かした。曲線を多用したのは建物に生命が宿っていることを表現するためだった。

彫刻
サグラダ・ファミリアの建築にあたって、ガウディは彫像を作るために、石膏で生身の人間や死者の型を取って研究したという。

世界遺産

グエル公園
Parc Güell

公園内のテラスからの眺め。街が一望できる

バルセロナ市街を見下ろすガウディの夢の庭園住宅

1900年から1914年にかけてガウディが建設した作品。パトロンのグエル氏の依頼で、イギリス風の庭園住宅街を造る予定だったが、宅地が売れず計画は失敗に。その後は市に寄贈され、1922年に公園として開放された。破砕タイルの装飾や曲線の多い広場などにガウディらしさが表れている。

攻略のコツ
街の中心からやや離れている。カタルーニャ広場からの移動には約1時間は必要。行きは上り坂なのでタクシー（約20分）が便利。

MAP 付録P4B1
Ⓜ3号線LESSEPS駅から徒歩15分 ⌂Carrer d'Olot ☎93-4091831
⏰9時30分～19時30分（冬期は～18時）休なし
料公式サイト予約€10

A テラス
列柱ホール上は広大なテラスになっている。設置された波打つベンチは破砕タイルやガラスで飾られている。

B 列柱ホール
建設された当時は市場になる予定だった、86本の柱で建設されたホール。天井の4つの円形の装飾はガウディの弟子ジョセップ・マリア・ジュジョール作品。四季を表しているという。

C トカゲの噴水
カラフルな破砕タイルが印象的な公園のシンボル。ドラゴンという説もある。中央階段で観光客を出迎える。

D 柱廊
高低差により建築様式が異なる3つの柱廊を設置。傾いた柱はヤシの木がモチーフ。車が通れるよう幅広く造られている。

カサ・ミラ（ラ・ペドレラ）
Casa Milà (La Pedrera)

遠くからでも目をひく独特の雰囲気

世界遺産

波のようなデザインが光る人気作品

波打つような外観が特徴的な住宅。地中海をイメージして建造されたという。外壁はあえて彩色せずに、切り出したままの粗い石を使用したことから「ラ・ペドレラ（石切場）」ともよばれている。屋上からはバルセロナの街並みが見渡せる。

MAP 付録P10A1　M3・5号線DIAGONAL駅から徒歩3分　Passeig de Gràcia 92　93-2142576　9時～19時30分（11～2月は～18時30分※クリスマス期間は除く）、夜間見学21～23時（11～2月は19～21時※クリスマス期間は除く）　1月の1週間　€30（夜間は€39、公式サイト予約€28）

攻略のコツ
チケット購入とエレベーターに時間がかかることも。開館直後が比較的空いていて狙い目。

屋上
屋上にはアスレホという白いタイルを使用し、山に積もる雪を表現。煙突は兜を被った戦士をイメージした。

最上階の回廊
ガウディ・ミュージアムとなっている。ガウディの全作品の模型やパネルなどを展示し、みごたえたっぷり。

不規則なタイルの配置が面白い

カサ・バトリョ
Casa Batlló

世界遺産

廃棄ガラスが輝く独創的な邸宅

実業家バトリョ氏の依頼でガウディが1870年代に建築した邸宅で、バルコニーや柱の形から別名「あくびの家」「骨の家」ともいう。装飾には廃棄物のガラス片や陶器の破片を利用している。階段の扉も工夫を凝らすなど細部までガウディのこだわりが光る。

屋上
キノコ形の煙突や竜の背のような屋根など、独特のオブジェが印象的。ガウディは煙突もオブジェと捉えていた。

ファサード
廃棄物のガラスやモンジュイックの丘の石などを利用。ガラス位置はガウディ自らが石工に指導したという。

攻略のコツ
不定期だが、14時に閉館する日があるので事前確認は必須。できれば午前中に見学するのが確実。

MAP 付録P10B3　M2・3・4号線PASSEIG DE GRACIÀ駅から徒歩3分　Passeig de Gràcia 43　93-2160306　9時～20時30分（最終入場は～19時15分。不定期に14時の日がある）　なし　公式サイト予約€41～（予約の時間帯によって異なる）

カサ・ビセンス
Casa Vicens

ムデハル様式の美しい住宅建築

ガウディ初の住宅建築。依頼主がタイル製造業者だったため化粧タイルがふんだんに使用されている。ムデハル様式をアレンジしているのもみどころ。

MAP 付録P7D1　所要時間10分　M3号線FONTANA駅から徒歩5分　C. de les Carolines 20-26　93-2711064　9時30分～20時30分（11～3月は～18時、月曜は～16時）　なし　€22

外観のタイルをよく見ると、デザインされているのはこの地区に咲いているインディアン・マリーゴールド。カサ・ミラとは反対に直線で構成。

世界遺産

コチラも！

ガウディ博物館
Casa Museu Gaudí

グエル公園内にあり、ガウディがデザインした家具や遺品などを展示。ガウディはサグラダ・ファミリアに引っ越すまでここに住んでいたという。MAP 付録P4B1　グエル公園の営業時間に準じる　なし　€6

バルセロナ　傑作建築

37

ピカソ・ミロのアートにせまる

スペインが誇る天才アーティストの世界へ

スペインが生んだ芸術家、ピカソ、ミロ。後世のアート界に大きな足跡を残した彼らは、その若き日をバルセロナで過ごしている。街にある2人が残した作品にふれてみたい。

パブロ・ピカソ
Pablo Picasso 1881～1973年

マラガ出身。14歳のときにバルセロナへ移住し、約10年近くを過ごした。ここで本格的に画家としてスタートし、若い芸術家たちと熱心に交流。パリ移住後もバルセロナを訪れており、代表作の『アヴィニヨンの娘たち』はバルセロナの旧市街のアヴィニヨン通りを描いている。

道化役者
Arlequin 1917年

ピカソがバルセロナ滞在中の初期に描いた、アルルカン（道化役者）をモチーフにした作品。画面左のカーテンの深い赤と衣装の青のコントラストが絶妙で美しい。

©2024-Succession Pablo Picasso-BCF(JAPAN)

ラス・メニーナス
Las Meninas,La Infanta Margarita D'apres Velazquez 1957年

©2024-Succession Pablo Picasso-BCF(JAPAN)

スペインの巨匠ベラスケスが描いた、プラド美術館所蔵の『ラス・メニーナス』（→P81）をもとにピカソが描いた連作のうちの1枚。全部で58枚存在する。構図や登場人物はオリジナルと同じだが、人物の描写や陰影のコントラストなど、ピカソらしさが盛り込まれた作品に仕上がっている。

+α

[ボルン地区]
建築士会会館の壁画
Mural del Col.Legi d'Arquitectes

街角で出合えるピカソ作品

建物を設計したシャビエル・ブスケッチの依頼で、ピカソが壁にデッサン画を描いている。民族舞踊のサルダナや巨人人形ヒガンテスなどをシンプルで力強いタッチで表している。
→P44 [MAP]付録P12B2

場所はカテドラルの正面。シンプルで生き生きした線で描かれている

[ボルン地区]
ピカソ美術館
Museu Picasso

展示品は遺産や寄付で形成される

少年時代の貴重なデッサンも展示

貴族の館を改装し、1963年にオープンした美術館。館内では少年時代に描いたデッサンなど、ピカソの貴重な作品にふれることができる。絵画以外にも、版画や陶器などさまざまな作品を展示している。

[MAP]付録P13C2 ㊍4号線JAUMEI駅から徒歩5分 ㊍C.de Montcada 15-23 ☎93-2563000 ㊍9時～19時45分（時間帯ごとに入場制限あり）㊍月曜 ㊍€15

美術館の入口。以前は貴族の館だった

鑑賞POINT

入場制限があるので、早めの時間に行くか、予約をするのがベター。ハイシーズンはチケットが売り切れになることも。

ジョアン・ミロ
Joan Miró
1893-1983年

バルセロナの裕福な職人の家に生まれ、幼少のころから画家になることを夢見ていたミロ。カタルーニャの田園風景をモチーフに作品を描き続け、パリ留学時代に影響を受けたキュビズム、フォービズム的表現で地位を確立した。モチーフを極限まで単純化した、陽気でカラフルな作品をバルセロナに多く残した。

© Successió Miró / ADAGP,Paris & JASPAR,Tokyo,2024 C4835

フンダシオのタペストリー
Tapiz de la Fundació 1979年

ミロが女性をモチーフにして図案を描いた作品。ウール製で、タペストリーデザイナーのジョゼップ・ロヨが編んだ。カラフルで鮮やかな色遣いが印象的。

© Successió Miró / ADAGP,Paris & JASPAR, Tokyo,2024 C4835

花咲くアーモンドの下で遊ぶカップル
Pareja de enamorados de los juegos de flores de almendro 1975年

ゲームに興じる恋人たちを表した作品。60年代以降のミロの彫刻作品には、大規模で、色を取り入れるものが増えていった。

 +α

【モンジュイック地区】
ジョアン・ミロ公園
Parc Joan Miró

ミロの作品を鑑賞できる穴場スポット

ミロ最晩年の作品『女と鳥』がそびえ立つ公園。人工池のそばに立つ像はカラフルかつ巨大で、遠くからでも確認できるため公園のシンボルになっている。
MAP付録P7D4 Ⓜ1・3号線ESPANYA駅から徒歩5分 ㊟Parc Joan Miró

【モンジュイック地区】
ミロ美術館
Fundació Joan Miró

ミロには鳥を題材にした彫刻が多い

約1万点のミロ作品を所蔵

絵画や彫刻、版画、テキスタイルなどミロのさまざまな作品を幅広く展示。収蔵作品は約1万点に及び、彼の多才ぶりを感じることができる。
MAP付録P5C4 Ⓜフニクラ PARC DE MONTJUÏC 駅から徒歩3分 ㊟Parc de Montjuïc ☎93-4439470 ⏰10〜20時(日曜は〜19時)※冬期は変更あり ㊡月曜(祝日の場合は開館) ㊤€2

鑑賞POINT
全展示室には、絵画やテキスタイルなどの作品が年代別に展示されている。備え付けのベンチに座ってじっくり鑑賞できる。

【ランブラス通り周辺】
ミロのモザイク床
Mosaico de Miró

駅前に現れるカラフルなモザイク画

LICEU駅近くの路上に描かれたミロのモザイク画。極限まで単純化されたモチーフと鮮やかな色彩が特徴。→P43
MAP付録P12B4

グラシア通りで建築鑑賞

モデルニスモ建築が彩る街並み

ガウディをはじめとする有名建築家たちが手がけたモデルニスモ建築が並ぶグラシア通り。それぞれの個性の違いにも注目しながら、彼らが残した数々の作品を見にいこう。

ちょっと予習

モデルニスモ建築とは？

モデルニスモとはスペイン語で「近代主義」を意味し、カタルーニャ地方で19世紀末から20世紀にかけて興った芸術復興運動を指す。とくに建築分野で豊富な資金力をもつ新興ブルジョアたちがスポンサーとなったため、動きが活発だった。ガウディ(→P32)は代表的なモデルニスモ建築家の一人。

ガウディのライバルたち

ドメネク・イ・モンタネール
Domènech i Montaner

1850年バルセロナ生まれ。25歳で建築学校の教職に就任し、2歳下のガウディにも講義した。スペイン国内のアラブ建築に影響を受けた合理主義とモデルニスモ様式独特の曲線の融合が特徴的。

ジョゼップ・プッチ・イ・カダファルク
Josep Puig i Cadafalch

1867年マタロ市生まれ。24歳の若さでマタロ市公認の建築家として故郷で活躍。後に、バルセロナでドメネク・イ・モンタネールの弟子として活躍し、最後のモデルニスモ建築家といわれている。

ラス・プンシャス集合住宅
Casa de les Punxes

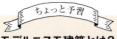 Built by カダファルク

カダファルクの代表作

1905年にテラーダス姉妹の依頼で建設された、中世ヨーロッパの城を彷彿とさせる建築物。建物の頂上にある6つの塔に針のような飾りがあることから、カタルーニャ語で「針の家」と命名された。

MAP 付録P8A1
Ⓜ3・5号線DIAGONAL駅から徒歩5分 ⓐAv.Diagonal 416-420
※見学は外観のみ

ゴシック建築の影響がみられる

アントニ・タピエス美術館
Fundació Antoni Tàpies

 Built by モンタネール

現代アート×モデルニスモ

バルセロナ出身の芸術家、アントニ・タピエスの作品を展示する美術館。建物の設計はモンタネールによる。

MAP 付録P10B3 Ⓜ2・3・4号線PASSEIG DE GRÀCIA駅から徒歩5分
ⓐAragó 255 ☎93-4870315
⏰10〜19時(日曜は〜15時)
休月曜 料€12

屋上の針金オブジェはアントニ・タピエスによるもの

カサ・アマトリェー
Casa Amatller

ユニークな切妻屋根が印象的

浅彫りのレリーフを用いた壁面や、色彩豊かな切妻屋根が美しい建築物。入口には、サン・ジョルディの竜退治を表現した彫刻が置かれている。

MAP 付録P10B3 Ⓜ2・3・4号線PASSEIG DE GRÀCIA駅から徒歩3分
ⓐPasseig de Gràcia 41 ☎93-4617460
⏰10〜19時最終入場※見学はガイドツアー(英語10時〜、スペイン語11時〜、カタルーニャ語12時〜。所要約60分)のみ。またはオーディオガイドツアー(10時から30分ごと。所要約45分)に参加 休なし 料ガイドツアー€22、オーディオガイド€20

独特の色合いの壁面がユニーク

チョコレート職人、アントニ・アマトリェーの依頼で建設

 Built by カダファルク

カサ・ミラ（ラ・ペドレラ）
Casa Milà (La Pedrera)

Built by ガウディ

波打つ外観が特徴的
実業家ペレ・ミラの依頼を受けて建造。波打つ外観や兜型の煙突がある屋上、植物をイメージしたバルコニーなどみどころが満載。

DATA →P37

波打つような外観は地中海を表現したものといわれる

世界遺産

エル・カフェ・デ・ラ・ペドレラ
El Café de la Pedrera

ちょっとひとやすみ

ランチとディナーもある

世界遺産内でのひととき
カサ・ミラに併設するカフェ・レストラン。天井はカサ・ミラと同じデザインになっている。食事も楽しめる。

MAP 付録P10A1
⊗Ⓜ3・5号線DIAGONAL駅から徒歩3分 ㊤Passeig de Gràcia92 ☎93-4880176
㊂9時〜22時30分 ㊡なし ㊎㊐（ディナー）

[地図]
ラス・プンシャス集合住宅
Ⓐ Ⓑ
地下鉄6号線
ドス・イ・ウナ P57
248コルマド P57
デ・タバ・マドレ P70
サー・ビクトル・ホテル P75
トウス P72
ディアゴナル DIAGONAL
カサ・ミラ
エル・カフェ・デ・ラ・ペドレラ
クラリス ホテル&スパ5*GL P75
マウリ P71
プリティ・バレリーナス P72
マンゴー P73
サボン P74
ルネッサンス・バルセロナ・ホテル
パセッチ・ダ・グラシア P75
PASSEIG DE GRÀCIA
セルベセリア・カタラナ P48
アントニ・タピエス美術館
Ⓒ
カサ・バトリョ
マンダリン・オリエンタル・バルセロナ P75
ホテル バルセロナ センター
ナイス・シングス P72
カサ・アマトリェー
タパス24 P49
アドルフォ・ドミンゲス P72
徒歩約3分
カカオサンパカ P74
カサ・リェオ・モレラ
ロエベ P73
パセッチ・ダ・グラシア PASSEIG DE GRÀCIA
カタルーニャ・モデルニスモ美術館 P66
サンシディプタシオ
エル アベニーダ パレス ホテル
カタルーニャ CATALUNYA

カサ・バトリョ
Casa Batlló

Built by ガウディ

ガウディ円熟期を代表する傑作
実業家ジョセップ・バトリョ・カソノバスの依頼で、ガウディが改築した邸宅。青や緑のガラス片や円盤型のタイルで装飾された正面は、光に照らされると美しく輝く。

DATA →P37   完成当時は「骨の家」などとよばれた

世界遺産

カサ・リェオ・モレラ
Casa Lleó Morera

Built by モンタネール

精緻な装飾や花柄タイルがみもの
1864年にモンタネールがリフォームした建築物で、花柄のタイルやレリーフが多用され美しい。フロアごとに異なる装飾や、曲線のバルコニー、いくつもの柱で支えられた屋上の塔に注目して鑑賞しよう。

MAP 付録P10B3
⊗Ⓜ2・3・4号線PASSEIG DE GRÀCIA駅から徒歩3分
㊤Passeig de Gràcia 35
※内部は一般公開されていない

1. 3階以上の階が住居になっている
2. 高級ブランドのロエベの店舗が1階に入っている

コチラもCHECK！

Ⓐカサ・コマラット
サルバドール・バレリによって1911年に建設された邸宅

Ⓑクアドラ男爵邸
カダファルクが設計を担当。繊細な装飾に注目

Ⓒモデルニスモの街灯
グラシア通りの両脇には、モデルニスモの街灯が並んでいる

SIGHTSEEING バルセロナ

旧市街の目抜きストリート
ランブラス通りをおさんぽ♪

イギリスの作家サマセット・モームが「世界で最も美しい通り」と称したランブラス通り。遊歩道にみやげ物などの露店やプラタナスの並木が続き、昼も夜も旅行者で賑わう。

Ⓐ ボケリア市場
（サン・ジュゼップ市場）
Mercat de la Boqueria
(Mercat de Sant Josep)

活気あふれる市民の台所

正式名称はサン・ジュゼップ市場。新鮮な野菜や肉、魚介類、フルーツなどが並ぶ昔ながらの賑やかな市場。個性的なバルも多く、買物がてら店をはしごするのも楽しい。フレッシュな果物のジュース€1.50〜なども売っているので休憩ついでに立ち寄ってみよう。

MAP 付録P12A3
㊟Ⓜ3号線 LICEU駅から徒歩3分
㊟La Rambla 91
☎93-3182017
㊟8時〜20時30分（店により異なる）
㊟日曜

1.上質なイベリコ豚も販売　2.新鮮なフルーツが山積みに　3.カラフルなお菓子類もあちこちに　4.ナッツなどは量り売り　5.疲れたらフルーツや果物ジュースでひと休み

市場内のバルも要チェック

キオスコ・ウニベルサル
Kiosko universal

新鮮シーフードを豪快なタパスで

エビなどの新鮮なシーフードが並ぶショーケースを前に食べられる。メインは食材の良さを生かしたシンプルな鉄板焼。

MAP 付録P12A3　㊟㊟市場と同じ
☎661-396594　㊟9〜17時
㊟日曜　㊊

1.キノコ4種。しいたけ、カマグロック、セップ、ロシニョールの炒めもの€15
2.1本の大きなタコ足のプリプリ食感が美味な、プルポ・ア・ラ・ガジェガ€22
3.常に順番待ちができている人気店

エル・キン・デ・ラ・ボケリア
El Quim de la Boqueria

有名人も訪れる実力店

世界各国からの客でいつも賑わう本格料理のバル。来店した有名レストランのシェフも唸らせた。香港にも支店がある。

MAP 付録P12A3
㊟㊟市場と同じ　☎93-3019810
㊟9〜16時（金は〜16時30分、土曜は8時〜16時30分）㊟日・月曜　㊊㊋

1.キノコとレンズ豆炒めフォアグラのせ €26
2.ホタルイカの目玉焼き €20.75

コの字形のカウンター

42

観光客で賑わう
ランブラス通り

バルセロナ　ランブラス通り

B エスクリバ
Escribà

1906年創業の老舗店

バルセロナ市民で知らない人はいないほどのスイーツの有名店。なかでもチョコレートとケーキに定評があり、世界で数々の賞を受賞している。パティスリーだけでなくカフェもあるのでひと休みにもぴったり。モデルニスモ様式の外観も必見。

MAP 付録P12B3
㊧3号線LICEU駅から徒歩3分
㊨La Rambla 83 ☎93-3016027
㊩9～21時 ㊤なし 囻囻

1. ランブラス通りに面した外観。入り口横にはテラス席もある
2. 店内に入って手前がショップ、奥がカフェとなっている

C ミロのモザイク床
Mosaico de Miró

通りの真ん中にある丸いモザイク画

ミロが1976年に制作したモザイク画。人通りの多い、ランブラス通りの地下鉄リセウ駅近くにある。ミロの特徴でもある抽象的な形と豊かな色彩が表現されている。

MAP 付録P12B4 ㊧3号線LICEU駅からすぐ ㊨La Rambla

人通りが多い場所なので見落とさないように

D レイアール広場
Plaça Reial

ガウディ作の街灯が立つ広場

広場に立つ街灯はガウディが建築家の資格を取得して最初に手がけた作品。広場を囲むようにバルやカフェが並び、深夜まで賑やかだ。

MAP 付録P12B4 ㊧3号線LICEU駅から徒歩3分 ㊨Pl. Reial

街灯は石と青銅で造られている

E グエル邸
Palau Güell

ガウディ初期の傑作

ガウディがグエル氏の依頼で設計した初期の作品。大理石を使った豪華な建物で、当初は別館として建てられたが、そのでき映えに満足したグエルはこちらを本館として利用していた。

MAP 付録P12B4 ㊧3号線LICEU駅から徒歩3分 ㊨C. Nou de la Rambla 3-5 ☎93-4725775 ㊩10～19時（10～3月は～16時30分）㊤月曜（祝日の場合は開館）、12月25・26日、1月1・6日、1月第3週 €12

正面玄関には鋼鉄製のカタルーニャの紋章が

F アルト・エスクデリェールス
Art Escudellers

モデルニスモグッズをおみやげに

モデルニスモ建築をモチーフにした雑貨が揃う店。グエル公園のトカゲやグエル邸の煙突を模した置物が人気。ダリやミロの作品をモチーフにしたカップなども面白い。

MAP 付録P12B4 ㊧3号線LICEU駅から徒歩5分 ㊨Escudellers 23-25 ☎93-4126801 ㊩11～23時（冬季は～22時）㊤なし 囻

グエル公園名物のトカゲ €33.54

ガウディ建築の置き物 €29.66

バルセロナ SIGHTSEEING

中世のたたずまいを色濃く残す
ゴシック地区で歴史にふれる

バルセロナ旧市街の中心に位置するゴシック地区は、13~15世紀の建物が並ぶ歴史的なエリア。荘厳なゴシック建築鑑賞や老舗店めぐりなど歴史さんぽを楽しもう。

カテドラル
Catedral de Barcelona

カタルーニャ・ゴシックの傑作

1298年から1448年まで1世紀以上をかけて完成した、カタルーニャ・ゴシック様式の教会。内部は3廊式の重厚な造りで、主祭壇の下の地下聖堂にはバルセロナの守護聖女サンタ・エウラリアの石棺が安置されている。

MAP付録P12B2 Ⓜ4号線JAUME Ⅰ駅から徒歩3分 ⓐPl. del la Seu ☎93-2853832 ⓗ9時30分~18時30分(土曜は~17時15分、日曜は14~17時。パティオは~19時15分) ⓒなし ⓟ※€15(回廊、展望台、美術館を含む)

1.ステンドグラスが美しい 2.ゴシック地区のシンボル

建築士会会館の壁画
Mural del Col. Legi d'Arquitectes

ピカソの作品を街角で鑑賞

1962年にカテドラルのほぼ正面に完成した建築士会会館の壁に、ピカソのデッサン画が描かれている。民族舞踊のサルダナや、巨人人形ギガンデスなど、少年時代に見たカタルーニャの祭事を躍動感あふれるタッチで表現している。

ピカソらしい力強いデッサン

MAP付録P12B2
Ⓜ4号線JAUME Ⅰ駅から徒歩5分
ⓐPl. Nova 5 Link→P38

市歴史博物館
Museu d'Història de la Ciutat

バルセロナの歴史がわかる

14世紀のカタルーニャ・ゴシック様式の貴族の邸宅を利用した歴史博物館。公衆浴場などを忠実に再現しており、当時の庶民の暮らしぶりを知ることができる。

MAP付録P13C2 Ⓜ4号線JAUME Ⅰ駅から徒歩3分 ⓐPl. del Rei, s/n ☎93-2562100 ⓗ10~19時(日曜は~20時)※入場は閉館45分前まで ⓒ月曜、6月24日 ⓟ€7

ローマ時代の遺跡は必見

コチラもCHECK！
カテドラル正面広場

カテドラル正面広場では、2月上旬~9月中旬の日曜の11時15分~と土曜の18時~(変更の場合あり)、カタルーニャの民族音楽のサルダナが演奏される。8月いっぱいと祝日、雨天は中止。

市民と一緒に輪を作って踊ってみよう

王の広場
Plaça del Rei

アラゴン王宮の中心地
14〜15世紀のアラゴン連合王国時代に王宮の中心だった広場。イョックティネン宮殿、ティネイの間、マルティ王の望楼、サンタ・アガタ礼拝堂が3方向を囲む。ティネイの間は1493年に新大陸から戻ったコロンブスがイザベル女王に謁見したとされる歴史的な場所。

MAP 付録P13C2 ⓂⓂ4号線JAUME I 駅から徒歩2分 ⓅPl. del Rei

広場は市歴史博物館の一部として見学可能

ゴシック様式の重厚な建物が広場を囲む

セレリア・スビラ
Cereria Subirà

伝統的な製法のろうそく
創業1761年のろうそく専門店。ハンドメイドにこだわり、商品の9割以上は市内の工房で製造している。伝統的な礼拝用のものから、ガウディ建築をモチーフにしたインテリア用品まで幅広く揃う。

3

MAP 付録P13C2 ⓂⓂ4号線JAUME I駅から徒歩2分 ⓅBaixada de la Llibreteria 7 ☎93-3152606 ⓗ10〜20時 ⓚ日曜 区

1.カラフルでかわいらしい店内 2.店はカテドラルの裏手にある 3.薔薇のロウソク各€5〜。小・中・大の3サイズあり、インテリアにもよい

バルセロナ　ゴシック地区

1.2.カテドラル前の広場　3.ランブラス通りからカテドラルへの裏通り

グランハ・ラ・パリャレサ
Granja La Pallaresa

ホットチョコとチュロスならここ
1947年開業で、名物のホットチョコとチュロスを求めて開店前から列ができる。店内は開業時のままのクラシックな雰囲気。ほかにプリンやトマトチーズの蜂蜜がけなど伝統デザートが充実。

MAP 付録P12B3 ⓂⓂ3号線LICEU駅から徒歩5分 ⓅC. de Petrixol 11 ☎93-3022036 ⓗ9〜13時、16〜21時(日曜は9〜13時、17〜21時) ⓚ7月 区

1.すっきりした店内。カウンターにはパンも並び、軽食もとれる 2.レトロなデザインの外観 3.チュロス€2.40。甘みが少ないのでチョコにつけて食べよう！ 4.ホットチョコにてんこ盛りの生クリームがのったスイソ€5

カエルン
Caelum

修道院製の菓子を味わおう
国内の修道院のオリジナルレシピで作る菓子が好評。昔ながらの手法で丁寧に作られている。1階と地下にはカフェスペースも。地下は洞窟風でロマンティック(午後のみオープン)。

MAP 付録P12B3 ⓂⓂ3号線LICEU駅から徒歩5分 ⓅC. de la Palla 8 ☎93-3026993 ⓗ12〜20時(土・日曜は11時30分〜) ⓚなし 区

1.小さな店内にぎっしりと手作りのお菓子が並ぶ 2.店は小路が交差する場所に 3.ハート型のマサパン€4(1個)、1箱は€21

45

バルセロナ SIGHTSEEING

中世の街並み×美食さんぽ
ボルン地区でおいしいもの探し

歴史ある街並みにモダンなショップが溶け込み、オシャレなエリアとして話題のボルン地区。グルメ専門店も多いので、のんびり散策しながら、おみやげを探したり食べ歩きを楽しもう。

サンタ・カタリーナ市場
El Mercado de Santa Caterina

食料品が中心の市民の台所

修道院跡地にあるバルセロナで2番目に古い市場。市場内は天井が高く開放感たっぷり。有名建築家が手がけた建物も必見。

MAP 付録P13C2 Ⓜ4号線JAUME I駅から徒歩6分
Av. Francesc Cambó16
☎93-3195740 7時30分～15時30分(夏期以外の火・木・金曜は～20時30分、店により異なる) 日曜、土曜の午後

タペオ
Tapeo

斬新なメニューが揃う

カタルーニャの伝統料理に独自のアレンジを加えたモダンスパニッシュを提供。食材を斬新に組み合わせた個性的なメニューが豊富に揃う。

MAP 付録P13D2 Ⓜ4号線JAUME I駅から徒歩5分
C. Montcada 29 ☎93-3101607 12～24時 なし

1

2

1.伝統的な料理に独自のアイデアをプラス 2.やわらかく煮た豚足とエビのオリーブオイルがけ€16 3.店内は黒と木目を基調にしたシックな雰囲気

波のような曲線を描く屋根が目印

1.2.センスのいいショップやバルが並ぶなか、人の暮らしも垣間見れる
3.暑い夏は看板犬も休憩中

46

ラ・ビニャ・デル・セニョール
La Vinya del Senyor

ワイン好き必訪のバー
国内外のワインが約3500種、グラスワインも24種を揃える。タパスはチーズや燻製の盛合せなど冷製のものが約25種。席数が少ないこともあり、満席率が高い人気店。
MAP 付録P13D3 Ⓜ4号線JAUME Ⅰ駅から徒歩7分 ⓟPl. Santa Maria 5 ☎93-3103379 ⓗ12〜24時(金・土曜は〜翌1時) ⓒなし Ⓔ Ⓓ

ブボ Bubó

有名パティシエのモダンスイーツ
数々の輝かしい受賞歴を誇るパティシエ、カルレス・マンベル氏がオーナーを務めるパティスリー。店内にはイートインスペースもある。少し先にはマンベル氏がプロデュースするバル&カフェのブボ・バルも。
MAP 付録P13D3 Ⓜ4号線JAUME Ⅰ駅から徒歩7分 ⓟC. de les Caputxes 10 ☎93-2687224 ⓗ8〜21時 ⓒなし Ⓔ Ⓓ

1.店の代表作シャビナXABINA€8.20。2005年チョコレートケーキ世界大会で最優秀賞を受賞したケーキ 2.日本語のなめらかが由来のナメラカNAMERAKAはトンカ豆風味のバニラクリームにラズベリーが華やか€8.20 3.2017年春に、日本初上陸を果たした高級パティスリー

バルセロナ／ボルン地区

1.テラス席の目の前はサンタ・マリア・ダル・マル教会 2.上質なオイルとトマトの酸味が食欲をそそるパン・コン・トマテ€2.90 3.スペイン産チーズ3種盛合せ€7.95 4.角切りスモークサーモン€9.60

サンタ・マリア・デル・マル教会
Basilica de Santa Maria del Mar

バルセロナの街の守護教会
権力者や聖職界に頼らず、港湾で働く人々の力で建てられた教会。「デル・マル」は「海の」を意味する。カタルーニャ・ゴシック様式の装飾が美しい。
MAP 付録P13D2 Ⓜ4号線JAUME Ⅰ駅から徒歩3分 ⓟPl. de Santa Maria 1 ☎93-3102390 ⓗ10時〜20時30分 ⓒなし €5(日によって無料の時間帯あり)

1.正面扉のレリーフには港の荷運人が資材を運ぶ姿が 2.アーチ型の天井が特徴的な堂内

ヴィラ・ヴィニテカ
Vila Viniteca

厳選食材がずらり
1932年創業以来地元の人に愛される食材店。店内の一角には小さなバルも併設している。メニューの数もさることながら、それぞれ熟成士がいるというこだわりのチーズと生ハムは必食。自慢のワインとともに味わいたい。
MAP 付録P13D3 Ⓜ4号線JAUME Ⅰ駅から徒歩8分 ⓟC. Agullers 9 ☎93-3101956 ⓗ8時30分〜20時30分(7・8月の土曜は〜14時30分) ⓒ日曜 Ⓔ Ⓓ

1.お店の隣ではワインショップも経営する 2.小さな店内にはこだわりの食材がぎっしり 3.豚の腸詰ロンガニサ€8.95 4.カタルーニャのガロチャチーズ€3.50 5.ハモン・イベリコ・デ・ベジョタ€24.80

コチラもCHECK！
ワインショップも経営。品揃え市内No.1
ショップとしてだけでなく、市内のレストランやバルへの卸売でも有名。国内外のワインが天井までぎっしり並ぶ。
Ⓜ4号線JAUME Ⅰ駅から徒歩8分 ⓟC. Agullers7 ☎93-2683159 ⓗ8時30分〜20時30分(7・8月の土曜は〜14時30分) ⓒ日曜

7500種のワインが集結した圧巻の店内

47

GOURMET

バルセロナ

> スペイン人の食事時間より早い17〜19時が狙い目だよ！

味も雰囲気も間違いなし！
ハズレなしの行くべきバル6

現地での楽しみのひとつ、バルめぐり。バルセロナはタパスの種類も充実し、正統派から独創的なものまで多彩に揃っている。気軽にはしごしてみよう！

グラシア通り周辺

セルベセリア・カタラナ
Cervecería Catalana

バルDATA
予算…€30〜
席数…170人収容
メニュー数…約90

タパスの種類の多さが評判

地元の人はもちろん、観光客にも大人気でいつも満席のバル。カウンターには色とりどりの冷製タパスがずらりと並び、選ぶのも楽しい。タパスもワインも価格が手ごろなので数多く試せる。

MAP 付録P10A2 M3・5号線DIAGONAL駅から徒歩6分 C. de Mallorca236 ☎93-2160368 ⊕8時30分〜翌1時30分(土・日曜は9時〜) 休なし 英

ウエボス・カブレアードス
Huevos Cabreados
ポテトフライ目玉焼きのせ。家庭的な味わい。€6.95

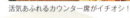
活気あふれるカウンター席がイチオシ！

ソロミージョ・デ・テルネラ
Solomillo de Ternera
分厚い牛肉のヒレ肉をパンに乗せたブルスケッタ。€7.15

ブロチェタス・デ・ランゴスティーノス
Brochetas de Langostinos
串刺し車エビ。プリプリの食感が楽しめる。€5.40

ボルン地区

チャンパニェット
Xampanyet

バルDATA
予算…€30〜
席数…約37席
メニュー数…約58

80年以上の歴史を誇る老舗

常に行列ができている大人気バル。タイル張りの店内にはワインボトルや樽が並び雰囲気抜群。看板メニューである微発泡ワインとともに、カタルーニャ料理のタパスを楽しめる。

MAP 付録P13D2 M4号線JAUME I駅から徒歩5分 C. Montcada22 ☎93-3197003 ⊕12時〜15時30分、19〜23時(土曜は12時〜15時30分、月曜は19〜23時のみ) 休日曜 英

混雑必死の人気店なので、店の外で待たされることも

ブティファラ・デ・ペロル
Butifarra de Perol
カタルーニャ地方のソーセージ、ブティファラ。芋セロリのピュレを添えて。€8.80

バカラオ・コン・ガルバンソ
bacalao con garbanzo
タラの卵巣とヒヨコ豆の煮込み。€14

48

ボルン地区

カル・ペップ
Cal Pep

バルDATA
予算…€45〜
席数…約50席
メニュー数…約40

カウンター席の後ろには次の客が並ぶ人気ぶり！

鮮度抜群、旬のこだわり料理を楽しむ

開店30分前から行列ができるバルセロナ屈指の人気店。おすすめは新鮮なシーフードタパスやトルティーリャ。カウンター席の目の前で調理されるできたての料理を味わおう。

MAP 付録P13D2 ④4号線JAUME I駅から徒歩5分 ⑭Plaça de les Olles 8 ☎93-3107961 ⑬13時～15時30分、19時30分～23時30分 ㊡月曜の昼、日曜

トルティーリャ Tortilla
炒めたジャガイモとタマネギが入ったスペインオムレツ。€10

セピア・アン・シグロンス Sepia amb Sigrons
ムール貝、甲イカ、ヒヨコ豆の煮物。€18

タルタル・デ・ブエイ・コン・フォア Tartar de Buey con Foia
牛肉とフォアグラのタルタル。€16.50

ローストビーフ・デ・ピカーニャ Roastbeef de Picaña
ブッラータチーズやルッコラなどを和えたもの。€13.50

グラシア通り周辺

タパス24
Tapas 24

バルDATA
予算…€30〜
席数…約37席
メニュー数…約50

ヌエバ・コシーナの旗手が手がけるバル

有名グルメガイドの一つ星店でグランシェフを勤めたカルロス・アベジャン氏がプロデュース。定番タパスのほか、オリジナルタパスもおすすめ。買物帰りに気軽に立ち寄れる。

MAP 付録P11C3 ④2・3・4号線PASSEIG DE GRÀCIA駅から徒歩3分 ⑭C. de Diputació 269 ☎93-4880977 ⑬12～24時 ㊡なし

ビキニ・カルレス・アベジャン Bikini Carles Abellan
イベリコ豚の生ハムとモッツァレラチーズをはさんだミニサンド€13

ボルン地区

バル・デル・プラ
Bar del Pla

バルDATA
予算…€30〜
席数…約65席
メニュー数…約40

カタルーニャ×異国の創作タパス

カタルーニャ料理を中心に、各国の食文化をミックスさせた遊び心あるスタイル。創作タパスはオーナーシェフのジョルディ氏によるもので、定番タパスも取り揃える。季節ごとにメニューは変わる。

MAP 付録P13C2 ④4号線JAUME I駅から徒歩3分 ⑭C. Montcada2 ☎93-2683003 ⑬12～23時 ㊡日曜 英 夏 予

店内はカジュアルな雰囲気

本日のメニューは黒板でチェックしよう！

ゴシック地区

イラティ Irati

バルDATA
予算…€20〜
席数…約20席
メニュー数…約50

カラフルなピンチョスがカウンターにずらり

大手レストラングループ、サガルディのバスク地方風バル。バゲットパンの上にさまざまな具がのったピンチョスは全部で60種。カウンターにずらりと並ぶ様子は圧巻。

MAP 付録P12B3 ④3号線LICEU駅から徒歩3分 ⑭Cardenal Casañas 17 ☎93-3023084 ⑬12～24時 ㊡なし 英 夏

カウンター席で立ち飲みがキホン

パステリータ・デ・ベルドゥーラス Pastelita de verduras
野菜のテリーヌにトマトジャムなどをかけた看板メニュー。甘いジャムがアクセント。€2.50

チストゥラ Txistorra
ピリ辛のソーセージ、チストゥラをのせたもの。€2.50

49

バルセロナ GOURMET

バルセロナ随一のバルストリート
ピンチョス通りでバルをはしご

数十軒のバルが立ち並び、通称"ピンチョス通り"とも呼ばれるブライ通り。飾らない、居心地のよいお店が多く、バルめぐりにはうってつけ。

アクセス
最寄り駅は Ⓜ 2・3号線 PALAL-LEL駅で、地上に出て南のモンジュイックの丘の方角へ徒歩5分ほどで着く。ケーブルカーの発着駅でもあるため、モンジュイック観光の帰りに訪れるのもあり。

おすすめ時間帯
ストリートのにぎやかな雰囲気も楽しみたいなら、夜の19時以降に訪れるのがおすすめ。カウンターに並ぶピンチョスもその時間帯が充実している。金・土曜は特に混雑する。

1：道の中央には各バルのテラス席が並ぶ
2：どのお店にも色とりどりのピンチョスがズラリ！
3：スペインの定番、サングリアで乾杯！

【モンジュイック地区】

A ラ・エスキニタ・デ・ブライ
La Esquinita de Blai

通りの雰囲気も楽しんでね

ピンチョス以外のタパスも豊富

ブライ通りの真ん中近くに位置するバル。50種以上のバラエティ豊かなピンチョスがカウンターに並ぶ。パタタス・ブラバスなど、おなじみのタパスも用意。

MAP 付録P5C3 Ⓜ 2・3号線PALAL-LEL駅から徒歩5分 ℹ C.de Blai 16 ☎ 93-1889203 営 11時30分～翌0時15分(金～日曜は10時30分～翌1時) 休なし 英 英

お店はブライ通りとカバニェス通りが交差するところに位置

バルセロナ名物のパタタス・ブラバス €6

ピンチョスは€1.90～

【モンジュイック地区】

B ブライ・ノウ
Blai 9

お店はブライ通りに入ってすぐ

バゲットなしのピンチョス

バゲットに飽きることがないようにと、ピンチョスの具材をバゲットに乗せずに提供しているのが特徴。パンケーキなどのスイーツもある。

MAP 付録P5C3 Ⓜ 2・3号線PALAL-LEL駅から徒歩5分 ℹ C.de Blai 9 ☎ 93-3297365 営 12～24時(金・土曜は～翌1時) 休なし 英 英

ピンチョス以外のメニューも充実してるよ

バゲットなしのピンチョスは€1.90とプレミアムの€2.50の2種類

モンジュイック地区

C ピンチョ・ジェイ
Pincho J

行列必死のバル

早い時間から待ちができるほどの人気店。肉や海鮮などの食材を豪快に使ったピンチョスが多い。店内はこじんまりとしているので、荷物には注意。
MAP付録P5C3 ❷M2・3号線PALAL-LEL駅から徒歩5分 ❸C.de Blai 26 ☎93-6675065 ㊟12～24時(金曜は～翌1時) ㊡なし ㊋㊌

1：フランクフルトと卵、トマトをサンドしたピンチョス(左)€1.30と蒸しダコを乗せたピンチョス€2.40 2：ガンバス(えび)1尾をまるごと乗せたピンチョス(右)€2.40

夜は常に満席のため、早い時間に訪れるのがおすすめ

モンジュイック地区

E ラ・タスケタ・デ・ブライ
La Tasqueta de Blai

広々としたバル

隣接する2つの建物を利用した、ブライ通りのなかでは比較的大きなバル。ピンチョスのほか、お店秘伝のブラバスソースを使ったパタタス・ブラバスも人気。
MAP付録P5C3 ❷M2・3号線PALAL-LEL駅から徒歩5分 ❸C.de Blai 15-17 ☎93-0130318 ㊟12～24時(金・土曜は～翌1時) ㊡なし ㊋㊌

テーブル席も多いのでゆっくり過ごしたい人におすすめ

ニシンやソーセージ、ポテトグラタンなどバラエティ豊かなタパス€1.90～2.50

パタタス・ブラバスがおすすめですよ

タパスはオリジナルソースを使ったパタタス・ブラバス€5.50のみ

モンジュイック地区

D キング・ピンチョス
King Pinchos

種類豊富なピンチョスが人気

常時90種が揃うピンチョスは、€1～とブライ通りのなかでも特にリーズナブルなのが魅力。ブライ通り中心の交差点角にあり、テラス席も。
MAP付録P5C3 ❷M2・3号線PALAL-LEL駅から徒歩5分 ❸C.de Blai 25-27 ☎93-0429779 ㊟10時～24時(金・土曜は～翌1時) ㊡なし ㊋㊌

カウンターの上を彩るピンチョス

ピンチョスは€1～1.95

来店待ってるよ！

YUMMY!

モンジュイック地区

F キメッ&キメッ
Quimet & Quimet

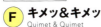

厳選素材と絶品ソース

こだわりの食材で作る料理が人気のバル。トーストしたパンの上にサーモンやエビなどをのせたモンタディート€4～は試したい一品。具によってソースも使い分ける。
MAP付録P5C3 ❷M2・3号線PALAL-LEL駅から徒歩5分 ❸C.Poeta Cabanyes 25 ☎93-4423142 ㊟12～16時、18時～22時30分 ㊡土・日曜 ㊋㊌

地元客も多く、バルの活気を満喫できる

看板メニューのモンタディート

バルセロナ GOURMET

これぞバルセロナの郷土の味！
カタルーニャ料理を堪能

バルセロナがあるカタルーニャの郷土料理はシンプルで滋味深い味わい。
海を見渡すテラス席や歴史感じる内装などロケーションや雰囲気にもこだわりたい。

カタルーニャ料理とは…?
東は地中海、北はピレネー山脈に囲まれたカタルーニャ地方は山海の幸に恵まれ、キノコや新鮮な魚介をシンプルに調理することが多い。近隣のフランスやイタリアの食文化が融合しているのも特徴。

［ゴシック地区］
ロス・カラコレス
Los Caracoles

画家・ダリも訪れた歴史ある名店

1835年創業の老舗レストラン。伝統を感じる趣ある店内には多くの著名人のサインが飾られている。パエーリャのほか、名物のカタツムリ料理も絶品。

MAP 付録P12B4 Ⓜ3号線DRASSANES駅から徒歩5分 ⓐC. dels Escudellers 14 ☎93-3012041 ⓗ13〜16時、19〜23時 ⓒ火曜 Ⓔ Ⓥ

歴史と風格を感じる店内

名物 カラコレス Caracoles €15.90
ピリ辛のトマトソースでカタツムリを煮込んだ料理。巻き貝を食べるときのように楊枝を使っていただく。

delicious!

こちらもオススメ
伊勢エビやイカ、ハマグリなどが入ったパエーリャ・デ・ボガバンテ €39

名物 サルスエラ Zarzuela €30
エビ、イカ、ムール貝などをトマトベースのスープで煮込んだもの。メニューにないが注文すれば作ってくれる。

こちらもオススメ
プルポ・ア・ラ・ガジェガ€19。茹でたタコをジャガイモとともに

［バルセロネータ］
カン・マジョ
Can Majó

リピーターが絶えない海沿いレストラン

1968年創業の家族経営の店。とれたての魚介を使ったオーブン焼や鉄板焼、多種多様な米料理を目当てに地元の人も多く訪れる。ビーチを望むテラス席も人気。

MAP 付録P5D3 Ⓜ4号線BARCELONETA駅から徒歩10分 ⓐC/d Emilia Llorca Martin 23 ☎93-2215455 ⓗ13時〜22時30分(日・火曜は13時〜16時30分) ⓒ日・火曜の夜、月曜 Ⓔ Ⓥ Ⓣ

地中海を眺めながら食事ができるテラス席も

バルセロナ / カタルーニャ料理

ランブラス通り周辺

ジュリベルト・メウ
Julivert Meu

受け継がれる郷土の味

カタルーニャならではの素朴な味わいを大切にするレストラン。時代の流れにのらず、昔ながらの郷土料理を提供している。種類豊富なワインは、カタルーニャやスペイン北部産を中心に数十種類揃う。

MAP付録P12A2 ⊗M3号線LICEU駅から徒歩5分 ㊤C. Bonsuccés 7 ☎93-2464262 ⊛12時30分〜23時30分 ㊡日曜 ⊛⊛

ノスタルジックな雰囲気が漂う店内

こちらもオススメ
焼き野菜にキャラメリゼしたヤギのチーズをのせたエスカリバーダ・コン・ケソ・デ・カブラ €11.30

ブティファラ 名物
Butifarra €12.50
豚肉を腸詰めにしたカタルーニャの定番料理。豚の血入りと血なしがあり（写真は血なし）、どちらも赤ワインとベストマッチ。

tasty!!

バルセロネータ

ラ・マル・サラーダ
La Mar Salada

新感覚のシーフード料理

毎朝オーナーが市場のセリに参加して魚介を仕入れているという、素材にこだわる地中海料理店。パティシエ経験もあるオーナーが考案するデザートもクオリティが高くおすすめ。

MAP付録P5D3 ⊗M4号線BARCELONETA駅から徒歩8分 ㊤Passeig de joan de Borbò, 58 ☎93-2212127 ⊛13〜16時（土曜は〜16時30分）、20〜23時 ㊡火曜、日曜の夜 ⊛⊛⊛

白を基調にした店内。テラス席もある。

フィデウア 名物
Fideua €22.70(1人前)
米の代わりに2cmほどのショートパスタ（フィデウア）を魚介と一緒に調理(オーダーは2人前〜)。

ゴシック地区

カン・クジェレテス
Can Culleretes

スペインを代表する老舗で家庭料理を

1786年創業、バルセロナ最古のレストラン。「スペインで2番目に古いレストラン」のギネス記録をもつ。元はホットチョコレートのカフェだったが、現在はカタルーニャの伝統料理を提供する店に。

MAP付録P12B3 ⊗M3号線LICEU駅から徒歩3分 ㊤Quintana 5 ☎93-3173022 ⊛13時〜15時30分、20時〜22時30分 ㊡月曜、日・火・水曜の夜 ⊛⊛⊛

内装の一部は創業当時のまま残されている

こちらもオススメ
レチョン・ア・ラ・カタラナ €20.50。皮をパリッと焼き上げたジューシーな仔豚料理

カネロニ 名物
Cannelloni €9.50
具のひき肉を板状のパスタで巻き、クリームソースをかけてオーブンで焼いたカタルーニャの定番料理。

53

バルセロナ GOURMET

どれがお好み？ 名店勝負！
絶品パエーリャ食べ比べ

バレンシアの家庭料理として誕生したパエーリャ。現在ではスペインの代表料理に。
シンプルながら店により味が異なるので食べ比べてみるのもおもしろい。

地中海を目の前に望む

バルセロネータ

チリンギート・エスクリバー
Xiringuito Escribà

バルセロネータの港にあるシーフード料理の有名店。名物のパエーリャは、注文が入ってから作るので、できたてが味わえる。魚介料理のアラカルトも充実している。

地中海一望のロケーションが魅力

MAP 付録P5D2 Ⓜ4号線 CIUTADELLA VILA OLÍMPICA駅から徒歩5分 ⓗ Av. Litoral 62 ☎ 93-2210729 ⓚ 12〜24時（料理の注文は22時30分まで）ⓗなし（変更の場合あり）Ⓔ

一緒にチョイス！

シャト・デ・ヌエストロ・ウエルト
Xató de Nuestro huerto
€19.50
自家菜園の野菜にタラ、ツナ、アンチョビを加えたサラダ

種類豊富で味も確かなパエーリャ

新市街

アロセリア・シャティバ
Arrosseria Xàtiva

バルセロナに3店舗構えるレストラン。食材は地産地消にこだわり、カタルーニャの海鮮や肉、野菜をふんだんに使ったパエーリャは全部で約30種揃う。

奥行きのある店内はモダンな雰囲気

MAP 付録P8A4 Ⓜ1・2号線UNIVERSITAT駅から徒歩3分 ⓗ C. de Muntaner 6 ☎ 93-4195897 ⓚ 12〜23時（金・土曜は〜23時30分）ⓗなし Ⓔ

一緒にチョイス！

アンチョアス
anchoas
€17.50
カタクチイワシの塩漬け。バゲットとよく合う。

パエーリャ・バレンシアーナ
Paella Valenciana
1人€23.50

サフラン不使用のバレンシア風。鶏肉やモロッコインゲン、アーティチョークなど具だくさん

パエーリャ・ミクスタ
Paella Mixta 1人€22.50

うさぎ肉や鶏肉、イカ、エビ、ムール貝、手長エビなど、海と山の幸をミックスしたパエーリャ

使える!! パエーリャ単語帖
エビ..........Gamba ガンバ
車エビ.......Langostino ランゴスティーノ
イカ..........Calamar カラマール
白身魚......Merluza メルルーサ
イカ墨.......Tinta de Calamar テインタ・デ・カラマール
ムール貝...Mejillón メヒジョン
ウサギ.......Conejo コネホ
豚肉..........Cerdo セルド

パエーリャとは？

パエジェーラとよばれる専用のパエーリャ鍋（底が浅く平らなフライパン）で作るお米料理。肉や魚介、野菜などの具材を炒め、お米、スープ、黄色にする香辛料サフランを加え、炊き上げる。具材から出た旨みたっぷりのダシを吸い込んだお米は深みのある味わい。みんなでシェアして食べるのが主流だが、お店によっては1人前から注文できるところも。

バルセロナ 絶品パエーリャ

街並みを眼下に料理を堪能

【モンジュイック地区】

エル・シャレ・デ・モンジュイック
El Xalet de Montjuic

バルセロナの街並みを一望する抜群のロケーションにあるレストラン。パエーリャをはじめとした地中海料理がメインで、ワインも360種類以上揃う。

MAP 付録P5C4 Ⓜ2・3号線PARALLEL駅からケーブルカーで約5分 ⌂Av. de Miramar 31 ☎93-3249270 ⏱13〜16時、20〜23時 休なし 英

街なかにそびえるサグラダ・ファミリアも望める

豪快なシーフード料理ならココ!

【バルセロネータ】

カン・ソレ
Can Solé

1903年創業、家族経営の老舗レストラン。店内は淡いブルーを基調にしており、すぐ近くの地中海を連想させる。毎日漁港から仕入れる新鮮な魚介を使った料理が自慢。

MAP 付録P9C4 Ⓜ4号線BARCELONETA駅から徒歩6分 ⌂C. Sant Carles 4 ☎93-2215012 ⏱13〜16時、20〜23時（金・土曜は13〜16時、20時30分〜23時） 休月曜、日曜の夜 英

気品ある店内で、毎日仕入れる新鮮な魚介を堪能

一緒にチョイス!
タルタル・デ・アトゥン
Tartar de Atún
€27.60
刻んだマグロにアボカドのペーストを添えたもの

一緒にチョイス!
シガリータス・デ・ラ・コスタ・サルテアドス
Cigalitas de la costa Salteados
€24
アカザエビをオリーブオイルで炒めた料理。手で豪快にいただく。

パエーリャ・ミクスタ
Paella Mixta
1人€32.60
エビ、イカ、鶏肉などがミックスされたパエーリャ。ダシは魚とエビ

シーフードパエーリャ
Arroz a la Paella con Mariscos 1人€24
手長エビ、イカ、ムール貝、アサリ、ハマグリとシーフード盛りだくさん（オーダーは2人前〜）

SHOPPING / バルセロナ

センスがキラリと光る
POP雑貨をお持ち帰り！

アートな街らしく、バルセロナには個性的な雑貨がいっぱい。オシャレなだけでなく、機能性も兼ね備えたセンスのいいものが目白押し。自分用にはもちろん、おみやげにも◎！

€15.95 ←ユニセックスデザインのソックス。パエーリャがモチーフ …Ⓐ

各€20 ←マドリードの小さな工房「Olula」で作られたエコバッグ。にっこり顔がユニーク …Ⓑ

ユニーク雑貨

各€1.50 ←バルセロナの街並みなどが描かれたポストカード …Ⓑ

←OMGオリジナルデザインの缶入りキャンドル 各€15

€10 ←バルセロナらしいデザインのコイン＆キーケース …Ⓑ

各€5

→高温で焼いたセラミックのマグネット。バルセロナのタイルがモチーフ …Ⓑ

←ガウディのタイルやバルセロナ柄モチーフのメガネホルダー ※メガネは別 …Ⓓ

€10.65

Ⓐ ボルン地区

OMG バルセロナ
OMG BCN

**バルセロナの
デザイナーのモノが中心**

扱う商品のほとんどが、バルセロナでデザインされたもの。インテリア、キッチングッズ、カバン、服などジャンルも多彩に揃う。MAP 付録P13C2 Ⓜ4号線JAUME I駅から徒歩3分 C.Corders 7 93-1526185 11時30分～21時（日曜は12時～20時30分）なし

Ⓑ サグラダ・ファミリア周辺

ベ・デ・バルセロナ
B de Barcelona

**バルセロナらしい
おみやげが揃う**

街のタイルなどをモチーフにした作品をはじめ、バルセロナらしいグッズが揃う店。市が選ぶバルセロナのおみやげショップベスト賞を受賞した経験もある。MAP 付録P5C1 Ⓜ2・5号線SAGRADA FAMILIA駅から徒歩2分 Av.Gaudi 28 93-6035006 10時30分～14時、17時～20時30分 日曜

キッチングッズ

- €16
- €31 → ガリシアの陶磁器ブランド「サルガデロス」の水差し …Ⓔ
- → イワシの形をしたミニフォークはオイルサーディンの缶入り …Ⓒ
- €21
- 各€49.50 → かぼちゃをモチーフにしたポルトガル産のボール …Ⓔ
- → トマトとレモンの形をした塩コショウ入れ。2つセットで …Ⓔ
- €60 → 4つ積み重ねるとネコの姿になる遊び心満載のグラス。4つセットで販売 …Ⓐ

バルセロナ POP雑貨

- 各€19.95 → サッカー選手をモチーフにしたワインオープナー …Ⓐ

ステーショナリー

- 各€0.30〜 → 小さくてコロンとした形がかわいい消しゴム …Ⓒ
- 各€17 → スタイリッシュなノートブック。表紙にはサグラダ・ファミリアなどが描かれている …Ⓓ
- 各€9.85 → 開くと飛び出すポストカード。カタルーニャ地方の伝統文化"人間の塔"がモチーフ …Ⓓ
- €29.95 → 表紙に描かれたカサ・バトリョがバルセロナらしいノートブック …Ⓓ
- €27.95 → えんぴつ削りの形をしたペン立て
- 各€22〜 → 淡い色使いがかわいい、イワシ型のキーケース。内部には骨を描くなど、細部までこだわっている …Ⓐ

Ⓒ グラシア通り周辺
ドス・イ・ウナ
Dos I Una
レアな人気商品がある穴場

1975年オープンの雑貨店。小さな店内に国内外の雑貨が揃う。なかでも便箋や封筒などの種類はバルセロナで一番の取り扱いを誇る。同グループの店が市内に他4店もある。

MAP 付録P10A1 ⓂM3・5号線DIAGONAL駅から徒歩2分
C.del Rosselló 275
☎93-2177032
11〜15時、16〜20時(夏季は11〜14時、17〜20時)
休 日曜

Ⓓ ゴシック地区
ライマ
Raima
大人が集う大型文具店

シンプルながらセンスのいい文具が充実している。なかでも便箋や封筒などの種類はバルセロナで一番の取り扱いを誇る。同グループの店が市内に他4店もある。

MAP 付録P12B1 ⓂM1・4号線URQUINAONA駅から徒歩5分
C.Comtal 27
☎93-3174966
10〜21時 休 日曜(12月はなし)

Ⓔ グラシア通り周辺
248 コルマド
248 Colmado
スペイン産のセラミカが豊富

2021年に開業したセラミカ(陶磁器)ショップ。扱うのはカタルーニャ、グラナダ、ガリシアなどのスペイン産とポルトガル産が中心で、鮮やかな色合いのものが多い。

MAP 付録P10A1 ⓂM3・5号線DIAGONAL駅から徒歩3分
C.de Pau Claris 181
☎93-5138423
10時30分〜20時30分
休 日曜

エキスパートだからこその品揃え
こだわりみやげは専門店で

買いたいものが決まっているならやはり専門店がおすすめ。
品揃えが豊富で、どれにしようか迷ってしまうほど。しっかり吟味しよう。

ナッツ / Nuts

➡店内の壁棚にナッツやドライフルーツ、茶葉などがズラリ ⬅店内ではナッツ類の量り売りも行っている

€1
⬆マカデミアナッツをチョコレートでコーティング

➡日本では稀少なラルゲタアーモンドをローストしたもの €11

€4.18
⬅アーモンドや松の実などを使ったカタルーニャの伝統菓子、パナジェッツ3個入り

ボルン地区
カサ・ジスペルト
Casa Gispert

炒りたてのスペイン産ナッツ
1851年創業の老舗ナッツ専門店。店内に並ぶナッツ商品は、すべてていねいに手作りされたもの。週に2回、開店当初からある店内の古い鉄の炉で炒られている。ドライフルーツやコーヒー、スパイスなどの食品も。

MAP P13D2
🚇4号線JAUMEI駅から徒歩7分
📍C. dels Sombrerers 23
☎93-3197535
🕘9時30分〜20時
休日曜

キャンディ / Candy

€8.50
➡フルーツキャンディミックスのバルセロナ限定バージョン ➡店内では職人のキャンディ作りを見学することも

⬆くるくるキャンディはミニ€2.9、大€5

各€4
➡スイカやパイン、ライムなど袋入りのフルーツキャンディ。3つで€10

ゴシック地区
パパブブレ
Papabubble

カラフルでキュートなキャンディ
20年前にバルセロナでオープンして以来、世界各国に支店を置く、人気アートキャンディショップ。店内でキャンディ作りの見学ができるのもユニーク。棒付き、袋入り、瓶入りなどがある。

MAP P13C4
🚇3号線LICEU駅から徒歩3分
📍C. dels Banys Nous 3
☎93-2688625
🕘11時〜14時30分、16時30分〜20時
休日曜

いろんな種類を試食してみて

トゥロン / Turron

€12.75

↑アーモンド入りの定番トゥロン

€13.40

←チュッパチャプスとコラボしたストロベリー味のトゥロン

€8.95

←ヘーゼルナッツが入った円形のトゥロン

[サグラダ・ファミリア周辺]

ビセンス
Visens

スペインの名物菓子、トゥロン

クリスマスによく食べられるスペインの伝統菓子、トゥロンの専門店。常時150種類以上のトゥロンが並んでおり、試食もできる。定番のほか、斬新なアイデアを取り入れた商品も続々登場。

MAP P8B1 ㊚M2・5号線 SAGRADA FAMÍLIA駅から徒歩2分 ㊐C. Provença 427-431 ☎93-3606567 ㊋9時30分～21時45分(日によって変更の場合あり) ㊡なし 英

バルセロナ／専門店

[新市街]

エントレ・ラタス
Entre Latas

品数の豊富さはダントツ

2018年にこの地に移転、スペイン産を中心に多種類で上質な缶詰が揃う専門店。樽出しワインの量り売りも行っており、店内で購入した缶詰をつまみにワインを飲むこともできる。

MAP P8A1 ㊚M3号線FONTANA駅から徒歩10分 ㊐C.de Torrijos 16 ☎93-0154725 ㊋11～14時、18～21時(日曜は12～15時) ㊡月曜(夏季は土曜の午後と日曜も休み) 英

缶詰 / Canned food

€4.75

←ムール貝を白ワインビネガーで酢漬けしたもの。調味にパプリカパウダーも

€16.50

↑炭焼きタコのオリーブオイル漬け。かわいいタコのイラストが印象的

↑ユニークなパッケージも特徴的なスペインの缶詰

€8.10

←チョリソーのオリーブオイル漬け。栗入り

チョコレート / Chocolate

各€1.40

↑アルフォンス・ミュシャの作品がデザインされたパッケージがおしゃれ。中身はミルクチョコやオレンジチョコなど

€6.90

←キャラメリゼされたアーモンドをカカオパウダーでコーティング

€3.95～

←水や牛乳に溶かして飲むチョコレート

[グラシア通り周辺]

チョコレート・アマトリェー
Chocolate Amatller

スペインで最も古いチョコレート

始まりは1797年、スペイン最古といわれるチョコレートブランド「アマトリェー」のショップ。同じ商品でもイラストが異なるおしゃれなパッケージも人気。ガウディ建築のカサ・アマトリェーの1階にも店舗がある。

MAP P10A1 ㊚M3・5号線DIAGONAL駅から徒歩3分 ㊐C,de Provença 269 ☎93-4874354 ㊋10～20時(日曜は11～14時、14時30分～19時) ㊡なし 英

バルセロナ SHOPPING

ナチュラルパワーで憧れの肌美人に
おみやげにも人気！ 自然派コスメ

近年、スペインでは天然由来の原料を成分としたナチュラルコスメが大人気！美意識の高いおみやげとしてマストバイ。おすすめショップをチェックしておこう。

役に立つ！コスメ単語

- **tónico**（トニコ）…化粧水
- **champú**（チャンプ）…シャンプー
- **crema**（クレマ）…クリーム
- **jabón**（ハボン）…石けん
- **sólido**（ソリド）…固形
- **desmaquillante**（デスマキヤンテ）…クレンジング
- **hidratante**（イドラタンテ）…保湿
- **facial**（ファシアル）…顔の〜
- **antiedad**（アンティエダッド）…アンチエイジング
- **regenerador**（リヘナラドール）…再生

［ランブラス通り周辺］
ガタ・コスメティカ・オルガニカ
Gata Cosmética Orgànica

多彩なブランドのヴィーガンコスメ

スペイン産のものを中心に、世界各国のコスメ商品を扱うセレクトショップ。エコ認証を受けた商品のみを取り扱っており、そのうち9割が、動物由来の成分を一切使用しないヴィーガンコスメ。

MAP 付録P12A3 ⊗ Ⓜ3号線LICEU駅から徒歩7分
⊕ C.del Pintor Fortuny 33
☎ 93-1483220 働11時〜14時30分、16時30分〜20時 働なし 英

€18
→スペインのワイン産地、リオハ産のブドウやシアバターを使ったボディミルク

€32
←スペイン・ジローナ発のブランド「ジウラ」のナイトオイル。傷や肌のストレスを修復する

→オーガニックコスメブランド「マタラニア」のスプレータイプの肌再生ローション
€23.50

€16.50（左）
€13（右）
€1
€8
€29

①油っぽい髪に適した100%天然由来の固形シャンプー

①「アマポーラ」の肌のトーンを明るくするシャイニーエッセンス。シミ消し効果あり

①キンセンカとハッカが入った、敏感肌用の手足用クリーム

①スペイン・セゴビア発のオーガニックコスメブランド「アマポーラ」の敏感肌用ローション（左）と乾燥肌用ボディクリーム（右）

実際に商品を試すこともできます

①パッケージもおしゃれなコスメアイテムが揃う
※写真はイメージ
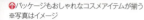

バルセロナ　自然派コスメ

ランブラス通り周辺
ラ・チナタ
La chinata

オリーブオイルの名店のコスメ

スペインで人気のオリーブオイルの専門店。グルメ商品のほか、オリーブオイルを使ったコスメも豊富に取り揃えている。バルセロナにはほかに2店舗を展開している。

MAP 付録P12A3 ㊤3号線LICEUから徒歩7分 ㊟C.dels Angels 20 ☎93-4816940 ㊡10〜21時（日曜は12〜20時、祝日は12〜19時）㊡なし ㊐

€4.10
→ €10.90
→ エキストラバージンオリーブオイル入りのフェイスクリーム。軽くマッサージしながらつける
→ エキストラバージンオリーブオイル入りのハンドクリーム
→ オーガニック100％のコスメシリーズ「ORIVITA」専用のコーナー

€9.90
€22
€15.90

→ 100％天然成分使用の「OLIVITA」のボディオイル。肌に潤いを与え、肌の日焼けや炎症を抑える

→ 髪や肌など全身に使えるオイル。お風呂に数滴入れたり、ほかのフェイシャルクリームと混ぜて使うとより保湿効果アップ

→ ハイビスカスオイルやアマニオイルを配合した夜用フェイシャルクリーム。アンチエイジングに効果的

ゴシック地区
サバテル
Sabater

自分の肌に合わせて選べる石けん専門店

1937年創業の石けん工場がショップをオープン。約80種の石けんが揃い、香りも50種とバラエティ豊かな品揃え。敏感肌、乾燥肌、脂性肌など、自分の肌に合った石けんが選べる。

MAP 付録P12B3 ㊤3号線LICEUから徒歩7分 ㊟Plaça de Sant Felip Neri 1 ☎93-3019832 ㊡10時30分〜20時30分（日曜は12〜18時）㊡なし ㊐

€18
→ 花びらの石けん4種セット

各€1.50
→ アルファベット型の石けんはおみやげにも◎

各€1.50
各€6
→ 折って少しずつ使えるトラベル用の固形シャンプー

各€1.50
→ ガウディのタイルをモチーフにした石けん

→ アヒルやクジラ、ハートなど色鮮やかで見た目もかわいい石けん

石けんの香りも楽しんでね

ここもCHECK！　オーガニックスーパー

ヴェリタス Veritas

スペインのオーガニックスーパー「ヴェリタス」にもナチュラルコスメが豊富に揃う。バルセロナに複数店舗展開している。

→ オーガニックコスメの品質を認証する国際的な制度「コスモス認証」の商品も

バルセロナ 1DAY TRIP

バルセロナから列車で1時間

晴天時はバルセロナにあるテレビ塔も見える

パワーあふれる聖地
モンセラット Montserrat

アクセス
バルセロナのプラザ・エスパーニャ駅（付録MAP/P4B3）からカタルーニャ鉄道でMONTSERRAT AERI駅まで約1時間。駅からロープウェイで約5分。

街歩きポイント
ショッピングや食事はロープウェイ山頂駅前の通りがメイン。大聖堂へはその通りを渡り石畳の階段を上って右へ。

Information
観光案内所
MAP P62 ⊕Pl,la Creu s/n
☎93-8777701 ⊕9時〜17時30分（土・日曜は〜18時30分、7〜9月は〜20時）⊕なし ⊕

バルセロナの北西約50kmに位置するモンセラットは9世紀後半、山中の洞窟で聖母マリア像が発見されたという伝説から歴史が始まった。16世紀後半に現在の聖堂が完成すると、聖母マリア像が移され、多くの巡礼者が訪れるようになった。 MAP 付録P3B2

モンセラット美術館
Museu de Montserrat

ピカソやダリなど1300以上の作品を収蔵

ピカソ、ダリをはじめ地元カタルーニャの画家の作品や、サグラダ・ファミリアの彫刻で有名なジュゼップ・マリア・スビラックスの作品を収蔵。古代文明の発掘品も見られる。 MAP P62 ⊗観光案内所から徒歩2分 ⊕Plaza de Santa María s/n ☎93-8777745 ⊕10時〜17時45分（季節により異なる）⊕なし ⊕€8

個人コレクションと寄付がメインとは思えないほどの収蔵数を誇る

大聖堂の中庭。正面彫像にも注目したい

大聖堂
Basílica (de Montserrat)

黒いマリア像。参拝者が続々と訪れる

岩山の麓にそびえる聖地

16世紀に建設を開始。その後スペイン独立戦争で大打撃を受け、19世紀後半まで修復が行われていた。守護聖人として奉られている黒いマリア像や澄んだ歌声の聖歌隊は必見。 MAP P62 ⊗観光案内所から徒歩3分 ⊕Plaza de Santa María s/n ⊕7〜20時（マリア像の礼拝堂は8時〜10時30分、12時〜18時25分、季節により異なる）⊕なし ⊕€7〜（黒いマリア像込み€8、少年聖歌隊込み€8）

モンセラット 地図内表記：
- P62 モンセラット美術館 Museu de Montserrat
- 大聖堂 P62 Basílica (de Montserrat)
- ラ・カフェテリア P62
- サンタマリア広場 Plaça de Santa María
- ベネディクト会修道院 Monestir
- 入口
- 黒いマリア像
- 展望台
- 展望遊歩道 La Moreneta
- 観光案内所
- 両替所
- オリバ僧院広場 Plaça de l'Abat Oliva
- 十字架広場
- オーディオビジュアルスペース
- Pl. i Pujada de la Creu
- ロープウェイ山頂駅 Aeri de Montserrat
- 登山電車 MONISTOL DE MONTSERRATへ
- サン・ジュアンへのケーブルカー Funicular Sant Joan
- サンタ・コバへのケーブルカー Funicular Santa Cova
- MONTSERRAT AERIへ

ラ・カフェテリア
La Cafeteria

サンドイッチやドリンクが充実

2階建てのセルフサービス式カフェ・レストラン。スペイン風サンドイッチ€5.85、生ビール€3.20などがある。 MAP P62 ⊗観光案内所から徒歩2分 ⊕Plaza de la Creu s/n ☎93-8777701 ⊕8時45分〜18時15分（土・日曜、祝日は〜19時15分）⊕なし

しっかり食事もとれる

モンセラットへの別のアクセス…プラザ・エスパーニャ駅からR5号線でMONISTOL DE MONTSERRAT駅まで約1時間。駅から登山電車で約15分。

バルセロナから列車で1時間

ローマ時代の栄華が残る
タラゴナ Tarragona

世界遺産

街全体が世界遺産に登録されている

バルセロナから南へ約90kmの海沿いにあるタラゴナ。紀元前3世紀にローマ人によって築かれ、イベリア半島最大の都市として栄えた。今もローマ時代の貴重な遺跡が残っている。 MAP 付録P3B2

アクセス
バルセロナのサンツ駅からタラゴナTARRAGONA行きの快速列車で30分〜1時間30分（到着駅により異なる）。

Information
観光案内所
⊕Carrer Major 37
☎697-414973
⊕10〜13時（木・金曜は18〜20時も営業）
㊡日曜、祝日 ㊄

街歩きポイント
カテドラルへ続くマジョール通りが街の中心。主なみどころは旧市街に集中している。

ローマ円形闘技場
Amfiteatre Romà

2世紀に建造された巨大競技場

約1万人を収容したという円形の闘技場。キリスト教勢力を迫害したローマ帝国による、街の司教と助祭の処刑場でもあった。㊊TARRAGONA駅から徒歩10分 ⊕Parc de l'amfiteatre, s/n ☎977-242579 ⊕9時30分〜21時（土曜は10時〜、日曜、祝日は10〜15時）※季節によって変更あり ㊡月曜 ㊄€5

カテドラル
Catedral

2つの建築様式が融合

1171年から約160年の長きにわたって建造された。そのためゴシック様式とロマネスク様式の2つの建築様式が混在した造りになっている。㊊TARRAGONA駅から徒歩20分 ⊕Pla de la Seu s/n ☎977-226935 ⊕9時30分〜17時（季節や日によって変更あり）㊡なし ㊄€11

上部と下部で様式が異なる

バルセロナ 1 DAY TRIP

バルセロナから列車で1時間

奇才ダリの生誕地
フィゲラス Figueres

バルセロナの北約140kmに位置する小さな街で、スペインを代表する画家、サルバドール・ダリの生まれた地として有名。ダリは美術の勉強のためにマドリードへ出る前と、晩年をこの地で過ごした。 MAP 付録P3B2

アクセス
バルセロナのサンツ駅からフィゲラス・ヴィラファントFIGUERES VILAFANT行きのAVE,AVANTで約1時間。30分〜3時間おきに運行。

街歩きポイント
みどころはダリ美術館。駅と美術館を結ぶ通りにはカフェやショップがある。

Information
観光案内所
⊕Plaça de l'Escorxador 2
☎972-503155
⊕9時30分〜18時（日曜、祝日は10〜15時）
㊡1月1、6日、12月24〜26日

シンプルな外観に配された彫刻も必見

ダリ美術館
Teatre Museu Dalí

ダリの1万点超の作品を所蔵

1974年に開館。ダリが亡くなるまでに残した1万点以上の絵画やオブジェを所蔵する。初年から晩年までのダリ作品にふれられる。㊊FIGUERES VILAFANT駅から徒歩20分 ⊕Plaça Gala Salvador Dalí 5 ☎972-677500 ⊕10時30分〜17時15分（7〜8月は9時〜19時15分。そのほか季節によって変更あり）㊡月曜（7〜8月は無休）㊄€17（7月1日〜8月1日は€21）

1：屋根の上に卵やパンの装飾がされている
2：市民劇場を改装した美術館

63

バルセロナ 1DAY TRIP

太陽が降り注ぐオレンジの街
バレンシア Valencia

バルセロナから列車で3時間

アクセス
バルセロナのサンツ駅からバレンシア行きの列車EuromedでJOAQUIN SOROLLA駅まで約3時間。1日約5本運行。JOAQUIN SOROLLA駅からNORTE駅まで徒歩で約15分。

街歩きポイント
カテドラルなどの主なみどころは、NORTE駅の北側の旧市街に集中している。

Information
市庁舎観光案内所
MAP P64B2 ⊕Plaza del Ayuntamiento 1 ☎96-3524908
⊕9〜18時（土曜は〜17時30分。日曜、祝日は10〜14時）
※季節により変更あり ㊡なし

1：カテドラルのミゲレテの塔からの眺め　**2**：バレンシア・ノルテ駅。街の中心地に近く便利　**3**：レイナ広場からひと際目立つミゲレテの塔へ

スペイン第3の都市、バレンシア。輝く太陽と青空が印象的で、地元の人は「明るい」という意味で「ラ・クラーラ（La Clara）」とよぶ。温暖な気候と肥沃な土壌によるオレンジの産地として名高いほか、スペイン3大祭りのひとつ「火祭り」でも有名。 MAP 付録P3B2

TOPIC❶
春を知らせる火祭り
3月中旬に開催され、牛追い祭り、春祭りと並ぶスペイン3大祭りのひとつ。街の広場や通りに張子人形を飾り付け、最終日の夜に一斉に火をつけて焼き払う。バレンシア広場の巨大な張子人形が炎に包まれると閉幕となる。

大小さまざまな張り子が登場する

TOPIC❷
リヤドロ（→P100）
本社で工房見学
スペインみやげとしても人気のリヤドロ。その工房はバレンシア中心部から車で約20分のところにあり、公式サイトから予約すれば工房内を見学できる。
URL www.lladro.com/en_us/visit-us/

ポーセリンシティともよばれる工房のある本社

バルセロナ 1DAY TRIP

ラ・ロンハ
La Lonja

らせん状の長い柱が印象的な大広間

15世紀末に建造された交易取引所

世界遺産にも登録されているゴシック様式の建造物。19世紀まで交易取引所として使用された。入口すぐの大広間はかつて商取引が行われていた場所で、当時の机や道具を見学できる。MAP P64A1 ㊨カテドラルから徒歩2分 ㊟C.de la Lonja 2 ☎96-2084153 ㊋10時〜18時30分(日曜、祝日は〜13時30分) ㊡なし ㊠€2

世界遺産

入口は簡素な造りとなっている

国立陶器博物館
Museo Nacional de Cerámica

入口の細かい装飾が印象的

バレンシア陶器を展示

19世紀のバレンシアの台所を再現した3階

バレンシアが誇る3大陶器のパテルナ、マニセス、アルクラを鑑賞できる博物館。建物は元ドス・アグアス侯爵邸で装飾も豪華。 MAP P64B2 ㊨カテドラルから徒歩5分 ㊟Poeta Querol 2 ☎96-3516392 ㊋10〜14時、16〜20時 ㊡月曜 ㊠€3(土曜の16〜20時、日曜の10〜14時は無料)

カテドラル
Catedral

モスク跡地に立つ教会

13世紀中ごろの建造。南側パラウの門はロマネスク様式、北側使徒の門はゴシック様式とさまざまな様式が混在。MAP P64B1 ㊨NORTE駅から徒歩12分 ㊟Plaza Almoina s/n ☎661-909687 ㊋10時30分〜18時30分(土曜は〜17時30分、祝日は14時〜17時30分。夏期は変更あり) ※ミサの時間は入場不可 ㊡なし ㊠塔に上る場合は€2.50、英語ガイド€9

ミゲレテの塔からはバレンシアの街が一望できる

天井が高い大聖堂

コロン市場
Mercado Colón

正門上部にはバレンシアのシンボルであるコウモリの装飾が

正門入口の装飾が美しい

正門の独特なデザインが目を惹く市場。地下階は生鮮食品売り場だが地上階はレストランやカフェになっており、軽い食事や休憩もできる。MAP P64B2 ㊨カテドラルから徒歩10分 ㊟C.Jorge Juan 19 ☎96-3371101 ㊋7時30分〜翌2時(金・土曜は〜翌3時。店により異なる) ㊡なし

エル・ラル
El Rall

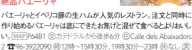
イベリコ豚は飼育の過程も確認したものを仕入れている

開放感あるテラスで絶品パエーリャ

パエーリャとイベリコ豚の生ハムが人気のレストラン。注文と同時に作り始めるパエーリャは底にできたお焦げと混ぜて食べるとよりおいしい。MAP P64B1 ㊨カテドラルから徒歩6分 ㊟Calle dels Abaixadors 2 ☎96-3922090 ㊋12時〜15時30分、19時30分〜23時 ㊡なし

魚介パエーリャ€35(2人前)。15〜20分程度で提供される

カラフルなテラス席は広々として気持ちがいい

トレンカッ
Trencat

ガラス越しに入る自然光で明るい店内。朝から地元客で賑わう

バレンシア中央市場の近くにあるオシャレカフェ

古い建物を利用したリノベカフェ。店内では無料でWi-Fiも使えて便利。おすすめはエンパナディージャという薄い生地の中に、さまざまな具材を入れた半月型のパイ。MAP P64B1 ㊨カテドラルから徒歩4分 ㊟C.Trench 21 ☎96-3122389 ㊋8時30分〜17時 ㊡日曜 ㊐

65

まだある！ バルセロナの観光スポット

バルセロナにはまだまだみどころがいっぱい！モデルニスモ建築や美術館、華麗な教会など、思う存分満喫しよう。

📷 見る ｜ グラシア通り周辺 ｜ MAP 付録P11D3

カサ・カルベット
Casa Calvet

ガウディ唯一の受賞作品

繊維業を営むグエル家と交流があったカルベット家がガウディに依頼し、繊維会社の事務所兼住居として建設。ガウディ作品としては、保守的な建造物として知られ、バルセロナで最もアーティスティックな建築物に贈られる第1回建築年間賞を受賞。DATA Ⓜ1・4号線URQUINAONA駅から徒歩3分 ⓘC. Casp 48

📷 見る ｜ グラシア通り周辺 ｜ MAP 付録P10B4

カタルーニャ・モデルニスモ美術館
El Museu de Modernisme Català

近代を代表する作品の数々

モデルニスモ期の絵画や彫刻、家具などを収蔵する美術館。ガウディやプッチ・イ・カダファルクの家具なども展示している。DATA Ⓜ2・3・4号線PASSEIG DE GRÀCIA駅から徒歩6分 ⓘC. Balmes 48 ☎93-2722896 ⓗ11～19時 ⓒ日曜 ⓔ€12 ※2024年12月現在は閉館中。

📷 見る ｜ グラシア通り周辺 ｜ MAP 付録P12B1

カタルーニャ音楽堂
Palau de la Música Catalana

モンタネールらしさ満載の華麗な装飾が必見

モザイク画や色彩タイルを存分に使ったモンタネールの傑作。世界遺産にも登録されている。DATA Ⓜ1・4号線URQUINAONA駅から徒歩5分 ⓘPalau de la Música 4-6 ☎90-2475485 ⓗ9時～15時30分（所要約50分の予約制ガイドツアーも催行）ⓒ不定休 ⓔ€18（ガイドツアー€22）

上：万華鏡のように輝く天窓など、壮麗な装飾が施されたホールで聴く音楽は格別　下：建物正面のモザイク画は必見

📷 見る ｜ ランブラス通り周辺 ｜ MAP 付録P5C3

サンタ・モニカ美術センター
Centre d'Arts Santa Mònica

瀟洒なたたずまいの美術館

現代アートを主に展示する美術館。もともとは17世紀にサンタ・モニカ修道院として建てられたもので、ランブラス通りでは、唯一300年前の姿を今に伝える建物だ。DATA Ⓜ3号線DRASSANES駅からすぐ ⓘLa Rambla 7 ☎93-5671110 ⓗ11時～20時30分（日曜は～17時）ⓒ月曜（祝日の場合は開館）ⓔ無料

📷 見る ｜ ゴシック地区 ｜ MAP 付録P8A4

バルセロナ現代美術館
Museu d'Art Contemporani de Barcelona

前衛的な作品を楽しむ

洗練された外観が印象的な美術館。主に1950年代以降のコンテンポラリーアートを展示。DATA Ⓜ1・2号線UNIVERSITAT駅から徒歩5分 ⓘPlaza de los Ángeles 1 ☎93-4813368 ⓗ11時～19時30分（土曜）と夏季は～20時、日曜・祝日と冬季は11～15時）ⓒ火曜 ⓔ€12（土曜の16時～は無料）

📷 見る ｜ バルセロネータ地区 ｜ MAP 付録P13D4

カタルーニャ歴史博物館
Museu d'Història de Catalunya

カタルーニャの歴史を解説

1996年に海の会館にオープンした博物館。紀元前からスペイン内戦を経て1979年に自治政府が確立されるまでの歴史を紹介している。DATA Ⓜ4号線BARCELONETA駅から徒歩3分 ⓘPl. de Pau Vila 3 ☎93-2254700 ⓗ10～19時（水曜は～20時、日曜、祝日は～14時30分）ⓒ月曜 ⓔ€8（特別展示は別途）

Barcelona Catalog

バルセロナ 観光スポット

📷 見る | サグラダ・ファミリア周辺 | MAP 付録P9C1

ミラドール・トーレ・グロリアス
Mirador Torre Glòries

バルセロナの街を見晴らす展望台

ガラスで覆われたデザインが特徴的なビル「トーレ・グロリアス」の最上階にある展望台。バルセロナ市街を360度見晴らせる。
DATA Ⓜ1号線GLÒRIES駅から徒歩3分 🏠Av.Diagonal 209 ☎93-5478982 🕐10～21時(冬季は9時30分～18時30分) 休なし(10～4月は火曜) 料展望台入場€15～

上：バルセロナの新たなビュースポット。下：ジャン・ヌーヴェル氏設計の美しいフォルムのタワー。夜はライトアップも

📷 見る | サグラダ・ファミリア周辺 | MAP 付録P5C1

サン・パウ病院
Hospital de la Santa Creu i Sant Pau

代表的なモデルニスモ建築

銀行家パウ・ジルの遺志により、その遺産をもとに建てられたドメネク・イ・モンタネールの代表作のひとつ。
DATA Ⓜ5号線SANT PAU-DOS DE MAIG駅から徒歩5分 🏠Sant Antoni María Claret 167 ☎93-5117876 🕐9時30分～18時30分(11～3月は～17時、ガイドツアーは土・日曜、祝日のみ) 休なし 料€17、ガイドツアー€21

上：芸術的な装飾がいたるところに施されている 下：現在も病院として使用

📷 見る | モンジュイックの丘 | MAP 付録P5C4

モンジュイック城
Castell de Montjuïc

バルセロナ屈指のビュースポット

モンジュイックの丘の一番高い場所にあり、バルセロナ市街やバルセロナ港を一望できる。17世紀に造られた要塞で、19世紀以降は監獄としても使われた。
DATA スペイン広場からバスで20分 🏠Carretera de Montjuïc 66 ☎93-2564440 🕐10～20時(11～3月は～18時) 休なし 料€12(庭園込み。第1日曜は無料)

📷 見る | 新市街 | MAP 付録P6B3

グエル別邸
Pavellons Güell

初期のガウディの真髄を見る

グエルの週末の邸宅。門衛館、厩舎と馬場、塀や門などはガウディが手がけた。幅約5mの正面の錬鉄製の「ドラゴンの門」は圧倒的な迫力で、見応え充分。
DATA Ⓜ3号線PALAU REIAL駅から徒歩10分 🏠Avinguda Pedralbes 7 ☎93-3177652 🕐10～16時 休なし 料€6 ※2024年12月現在は閉館中。再開は未定

📷 見る | 新市街 | MAP 付録P6A2

ペドラルベス修道院
Reial Monestir de Santa Maria de Pedralbes

時代を彩った作品群を展示

14世紀のゴシック様式の修道院。礼拝堂や僧房には宗教画などを展示。注目はハイメ2世の王妃、エリセンダの墓。DATA Ⓜ3号線MARIA CRISTINA駅から徒歩10分 🏠Baixada del Monestir 9 ☎93-2563434 🕐10～14時(土・日曜は～17時。4月～9月は～17時で土曜は～19時、日曜は～20時、祝日は～14時) 休月曜 料€5

📷 見る | 新市街 | MAP 付録P6B4

カンプ・ノウ
Camp Nou

世界屈指の規模を誇るサッカースタジアム

FCバルセロナのホームスタジアム。観客収容数9万9354人(改修前)と欧州最大規模。DATA Ⓜ5・9・10号線COLLBLANC駅から徒歩10分 🏠C.d'Aristides Maillol 12 ☎90-2189900 🕐ミュージアムツアー€28～(複数のツアーあり)。公式サイトから購入が基本 ※2024年12月現在、スタジアムは改装工事中。

67

おすすめ レストラン

定番のパエーリャやサルスエラなどのカタルーニャ料理は旧市街やグラシア通り周辺に店舗が集中している。

食べる | グラシア通り周辺 | MAP 付録P8A2

グレスカ
Gresca

地元でも話題を集める注目のレストラン

「エル・ブジ」などで修業したシェフがオープン。食材はほぼカタルーニャ産のものを使用し、多国籍の食文化も取り入れた創作料理を提供している。DATA ❍Ⓜ3・5号線DIAGONAL駅から徒歩7分 ⌂C.de Provença 230 ☎93-4516193 ◯13時30分～15時、20時～22時30分 ㊡なし 英 西

食べる | グラシア通り周辺 | MAP 付録P10B3

ビニトゥス
Vinitus

モダンな店内で人気の創作タパスを

行列店セルベセリア・カタラナ（→P48）の姉妹店。本店の名物、車エビとトマトをのせたパンタパス€5.40を含めた創作タパスが気軽に味わえる。DATA ❍Ⓜ2・3・4号線PASSEIG DE GRÀCIA駅から徒歩5分 ⌂C. del Consell de Cent 333 ☎93-3632127 ◯11時～翌1時 ㊡なし 英 西

食べる | ランブラス通り周辺 | MAP 付録P12B4

ラス・キンザ・ニッツ
Les Quinze Nits

手頃な価格が魅力

レイアール広場にある180人収容可能な大型店。天井が高くゆったりとしたオシャレな空間で地中海料理が食べられる。イカ墨のパエーリャが好評で、コストパフォーマンスも◎。DATA ❍Ⓜ3号線LICEU駅から徒歩5分 ⌂Pl.Reial 6 ☎93-3173075 ◯9時～23時30分 ㊡なし 西

食べる | グラシア通り周辺 | MAP 付録P7D1

ボタフメイロ
Botafumeiro

伝統的なカタルーニャの味を堪能

新鮮な魚介を使った料理が人気。店内は4つのフロアからなり、緑が配され居心地のよい雰囲気。おすすめはエビ、カニ、貝類の盛合せカンタブリコ€193（2人前）や、魚のグリル野菜添え€44～。DATA ❍Ⓜ3号線FONTANA駅から徒歩5分 ⌂C. Gran de Gràcia 81 ☎93-2184230 ◯12時30分～翌1時 ㊡なし 英 西

上：タラのヒヨコ豆添え€44.35
下：木の温もりを感じる店内

食べる | グラシア通り周辺 | MAP 付録P8A2

マリスコ・コルセガ
Mariscco Còrsega

好みの素材をその場でチョイス

店内の水槽には、生きたままのロブスターやカニ、アサリなどの魚介類が。自分で素材を選んだらすぐに調理してくれるので、新鮮な味わいを堪能できる。DATA ❍Ⓜ5号線DIAGONAL駅から徒歩5分 ⌂C.Còrsega 272 ☎93-2922816 ◯13時～22時30分 ㊡なし 英 西

食べる | ランブラス通り周辺 | MAP 付録P12B3

ボー・デ・ボケリア
Bo de Boqueria

市場から仕入れる海鮮料理

ボケリア市場のすぐそばにあるレストラン。地中海料理やスペイン料理のほか、観光客向けにさまざまなジャンルのメニューを用意している。ランブラス通りから小路に入ったところにある。DATA ❍Ⓜ3号線LICEU駅から徒歩3分 ⌂C. Pextina 7 ☎93-3042294 ◯12～24時（金・土曜は～翌1時）㊡なし 英 西

フィスムレール
Fismuler

美食家たちの間でも好評なレストラン

独創的な料理が評判を呼び、予約が殺到している伝説の名店「エル・ブジ」出身のシェフが、マドリードでスタートさせたレストラン。バルセロナでも、またたく間に話題に。DATA ㊤Ⓜ1号線ARC DE TRIOMF駅から徒歩5分 ㊤C. del Rec Comtal 17 ☎93-5140050 ㊺13〜16時、20時〜22時30分 ㊡なし ㊥㊦

上：店内はカジュアルモダンな雰囲気
下：半熟成の鯛にアーモンドとぶどうを添えた料理€19

セッテ・ポルタス
7 Portes

著名人が訪れる有名店

1836年創業時から毎日オープンしている老舗。訪れた著名人が座った席がプレートで示され、入口付近にはピカソやチェ・ゲバラが座った席も。DATA ㊤Ⓜ4号線BARCELONETA駅から徒歩5分 ㊤Pg. Isabel Ⅱ14 ☎93-3193033 ㊺13時〜翌1時 ㊡なし ㊥㊦㊧

ディスフルタール
DIsfrutar

スペインを代表する超人気店

伝説の名店「エル・ブジ」出身のシェフ3人が手がける、スペインのトップレストラン。クリエイティブな料理が次々と供され、品数も多い。DATA ㊤Ⓜ5号線HOSPITAL CLINIC 駅から徒歩3分 ㊤C. Villarroel 163 ☎93-3486896 ㊺12時30分〜13時30分、19時30分〜20時30分（いずれも入店時間）㊡土・日曜 ㊥㊦㊧

ハモン・イ・ビノ
Jamón y Vino

炭火焼料理が自慢

種類豊富なタパス、炭火で香ばしく焼いた肉、魚介などの料理や、パエーリャが自慢。タパスの定番、エビのアヒージョ€13.90、魚介のパエーリャ€16.90もおすすめ。DATA ㊤Ⓜ2・5号線SAGRADA FAMILIA駅から徒歩5分 ㊤C. de Sardenya 310 ☎93-0171396 ㊺11〜23時 ㊡なし ㊥㊦

バルデニ
Bardeni el Meatbar

オーナーシェフの腕が光る肉料理

肉料理が中心のミートバル&レストラン。最優秀若手シェフ受賞歴のあるオーナーシェフが手掛ける上質な味わいが好評。DATA ㊤Ⓜ2・5号線SAGRADA FAMILIA駅から徒歩2分 ㊤C. de Valencia 454 ㊺13時15分〜14時30分（木・金曜は20時〜21時30分の夜営業あり）㊡土・日曜 ㊥㊦㊧

上：テーブル席のみのモダンな店内
下：アメリカ・ネブラスカ州産アンガスビーフのサーロイン €28

シンク・サンティッツ
Cinc Sentits

繊細で独特なモダン・カタルーニャ

シェフ、ジョルディ・アルタル氏の独自の発想で創作した、モダンカタルーニャ料理を提供。€185と€200の2つのコースがある。DATA ㊤Ⓜ2・5号線ROCAFORT駅から徒歩3分 ㊤C.de Entença 60 ☎93-3239490 ㊺13時30分〜14時30分、20時30分〜21時30分（キッチンのオープン時間）㊡日・月曜、水曜の昼 ㊥㊦㊧

Barcelona Catalog

おすすめ バル

気軽に立ち寄れて、食事やカフェ、
お酒も楽しめるバルは、
旅行者にとっても利用価値大。

🍴 食べる｜グラシア通り周辺｜MAP 付録P10B1

デ・タパ・マドレ
De Tapa Madre

極上の生ハムとワインで乾杯

スペインの内陸部、サラマンカ地方の料理が専門のバル。海がないため肉料理が中心。スペイン最高級ブランド、ホセリート社の生ハム100g€24〜はぜひ味わいたい。**DATA** ⊗Ⓜ4・5号線VERDAGUER駅から徒歩5分 ⒶC.de Mallorca 301 ☎93-4593134 ⊛11時30分〜23時 ㊡日曜 夏

🍴 食べる｜グラシア通り周辺｜MAP 付録P8A2

バル・ムット
Bar Mut

落ち着いた大人のバル

アンティーク調のインテリアがシックな雰囲気を演出する隠れ家のようなバル。スペイン産のワインを豊富に取り揃えている。メニューは日によって異なる。**DATA** ⊗Ⓜ3・5号線DIAGONAL駅から徒歩3分 ⒶC.de Pau Claris 192 ☎93-2174338 ⊛13〜16時、19時30分〜24時 ㊡なし 夏

🍴 食べる｜グラシア通り周辺｜MAP 付録P5C3

モン・バル
Mont Bar

フォーマルとカジュアルが融合

食材はすべて地元カタルーニャとスペイン産を使用。各国の食文化を少しずつ取り入れた創作料理が豊富に揃う。**DATA** ⊗Ⓜ3・5号線DIAGONAL駅から徒歩10分 ⒶC.de la Diputació 220 ☎93-3239590 ⊛13〜17時（入店は〜14時）、19時〜翌1時（入店は〜22時） ㊡日・月曜 夏 ㊟

上：お店はグラシア通りの北側に位置
下：壁にはワインセラーが設けられている

🍴 食べる｜新市街｜MAP 付録P7D2

パコ・メラルゴ
Paco Meralgo

粋な美食空間

清潔感が漂う店内には、カウンターに旬の魚介類がずらりと並ぶ。メニューはひと皿€5〜20ほど。どれもハーフ・ラシオン（半皿）なので、いろいろな料理を試せる。**DATA** ⊗Ⓜ5号線HOSPITAL CLINIC駅から徒歩5分 ⒶC.de Muntaner 171 ☎93-4309027 ⊛13〜24時 ㊡なし

🍴 食べる｜ランブラス通り周辺｜MAP 付録P12B3

ブルマ
Bruma

ボケリア市場に面する大型バル

スペイン北部バスク地方の料理がメインのバル。お米料理や肉、魚料理などボリュームのあるメニューも。カウンターにタパスがズラリと並び、注文は指差しでOK。**DATA** ⊗Ⓜ3号線LICEU駅から徒歩5分 ⒶLa Rambla 87 ☎93-3181531 ⊛8時〜翌1時 ㊡なし 夏

上：海鮮、肉、野菜と料理のジャンルは多彩
下：有名グルメガイドにも掲載された実力店

おすすめ カフェ

大通りや広場沿いのカフェは
テラス席がある店も多いので、
天気のよい日は地元の人に混じって利用したい。

🍴 食べる｜グラシア通り周辺　MAP 付録P10A2

マウリ
Mauri

テイクアウトも可能

ケーキ€3.50〜やパン、惣菜が並び、横のカフェスペースで味わえる。同じフロアでオリーブオイルや各種パテも販売。DATA ⊗ M3・5号線DIAGONAL駅から徒歩2分 ⊕ Rambla de Catalunya 102 ☎ 93-2150998 🕗 8時〜22時30分（金曜は〜23時、土曜は9〜23時、日曜は9時〜16時30分）休 なし 英

🍴 食べる｜ランブラス通り周辺　MAP 付録P12A2

カフェ・スーリック
Café Zürich

待ち合わせにも最適なカフェ

カタルーニャ広場に面した三角ビル、トリアングルの1階にあり、多くの人で賑わう老舗のカフェ。観光の合間に寄れる立地が評判で、ビールが€3、カフェは€2〜。DATA ⊗ M1・3号線CATALUNYA駅からすぐ ⊕ Pl.de Catalunya 1 ☎ 93-3179153 🕗 8〜24時（日曜は〜22時）休 なし 英

🍴 食べる｜ランブラス通り周辺　MAP 付録P12B4

カフェ・デ・オペラ
Café de L'Òpera

老舗カフェで優雅に休憩

リセウ大劇場前にある1929年創業のカフェ。街の喧騒とは打って変わって静かなアンティーク調の店内で、コーヒーやケーキ類のほか、軽食やアルコールも楽しめる。カプチーノ€2.70。DATA ⊗ M3号線LICEU駅から徒歩3分 ⊕ La Ramblas 74 ☎ 93-3177585 🕗 8〜24時（金・土曜は〜翌2時、日曜は〜翌1時）休 なし 英

🍴 食べる｜ゴシック地区　MAP 付録P12A3

グランハ・ヴィアデル
Granja Viader

元牛乳店が営む老舗カフェ

1870年創業、牛乳店としてオープンした老舗カフェ。おすすめはクレマ・カタラナ€5.25など良質な乳製品を使った自家製スイーツ。乳製品は購入も可能。DATA ⊗ M1・3号線CATALUNYA駅から徒歩5分 ⊕ C. d'en Xuclà, 4-6 ☎ 93-3183486 🕗 9時〜13時30分、17時〜20時30分 休 日・月曜 英

🍴 食べる｜ボルン地区　MAP 付録P12B1

チュレリア・ライエタナ
Xurreria Laietana

モーニングにもおすすめのチュロスの老舗

店守のホセさんとアナさんが夫婦で経営する1966年創業の人気店。昔ながらの製法で作るチュロスやポラスが愛され、開店から多くの人で賑わう。DATA ⊗ M1・4号線URQUINAONA駅から徒歩5分 ⊕ Via Laietana 46 ☎ 93-2681263 🕗 7〜13時、16時30分〜20時30分（日曜、祝日は8時〜13時30分）休 土・日曜

🍴 食べる｜ゴシック地区　MAP 付録P12B2

クアトロ・ガッツ
4 Gats

10代のピカソも通ったカフェ

1897年創業。モデルニスモの芸術家が集まったことで知られ、10代のピカソもメニューや看板を書いた。6年で閉店したがピカソ生誕100年を記念し復活。内装はピカソが通った当時のまま。DATA ⊗ M1・3号線CATALUNYA駅から徒歩5分 ⊕ C.Montsió 3 ☎ 93-3024140 🕗 12〜24時（日曜は〜17時）休 月曜 英

上：店内はカウンター席のみで狭いので、大きな荷物は控えよう
下：チュロス（左）€1.50と、ホットチョコレートに生クリームを乗せたスイソ€3.20

Barcelona Catalog

おすすめ
ファッション

一流有名ブランドやスペイン発ブランドなど、
最旬ファッションで
スペインのトレンドをチェック。

買う｜グラシア通り周辺｜MAP 付録P11C3

アドルフォ・ドミンゲス
Adolfo Dominguez

シンプルなラインが特徴

世界中で展開するスペインブランド。アドルフォ・ドミンゲスのテーマは「ミニマリズム」。洗練された大人のおしゃれを提供し、シンプルかつ計算されたデザインに日本のファンも多い。DATA Ⓜ2・3・4号線PASSEIG DE GRÀCIA駅から徒歩3分 🏠Passeig de Gràcia 32 ☎93-4874170 ⏰10～21時 休日曜 英

買う｜グラシア通り周辺｜MAP 付録P11C4

ストラディバリウス
Stradivarius

トレンドファッションをリーズナブルに

バルセロナを拠点とするブランド。トレンドアイテムからベーシックなものまで幅広いコレクションを展開している。DATA Ⓜ1・3号線CATALUNYA駅から徒歩1分 🏠Passeig de Gracia 3 ☎93-3437439 ⏰10～21時(夏期は～22時) 休日曜(不定期で営業の場合あり) 英

買う｜グラシア通り周辺｜MAP 付録P12A1

デシグアル
Desigual

個性的なアイテムならここ

バルセロナを拠点とするファッションブランド。ブランド名のスペイン語の意味は「同じでない」。鮮やかなカラーと大胆なデザインは独創性に富んでおり、ほかでは手に入らない商品が揃う。DATA Ⓜ1・3号線CATALUNYA駅から徒歩3分 🏠Pl. de Catalunya 9 ☎93-3435940 ⏰10～21時(夏期は～21時30分) 休日曜 英

上：アパレルのほか、インテリア雑貨も扱う
下：ほかにはないオリジナル柄アイテムが揃う

買う｜グラシア通り周辺｜MAP 付録P10A1

トウス
Tous

キュートなクマがアイコン

1920年に誕生し、現在ではNYや東京など世界28カ国に支店をもつハイブランド。ジュエリーやバッグなどの商品も充実している。DATA Ⓜ2・3・4号線PASSEIG DE GRÀCIA駅から徒歩すぐ 🏠Passeig de Gràcia 99 ☎679-596155 ⏰10時～20時30分 休日曜 英

買う｜グラシア通り周辺｜MAP 付録P10A3

ナイス・シングス
Nice Things

バルセロナ発ブランド

地元でも人気のバルセロナ発ブランド。フェミニンな雰囲気の洋服やバッグ、スカーフなどの小物を多数揃える。バッグ€50～、ワンピース€60～など。DATA Ⓜ2・3・4号線PASSEIG DE GRÀCIA駅から徒歩5分 🏠C. de València 235 ☎93-4873752 ⏰10時～20時30分 休日曜 英

買う｜グラシア通り周辺｜MAP 付録P10A1

プリティ・バレリーナス
Pretty Ballerinas

キュートなデザインのフラットシューズ

上質な革靴で知られるスペインのマスカログループからできた人気フラットシューズ専門店。色鮮やかなシューズは柔らかい生地で、歩きやすい。DATA Ⓜ3・5号線DIAGONAL駅から徒歩1分 🏠Passeig de Gràcia 106 ☎93-4156524 ⏰10時～20時30分(日曜は12時～) 休なし 英

 72

Barcelona Catalog

買う | グラシア通り周辺 | MAP 付録P10B2

マンゴ
Mango

スペイン発の世界的カジュアルブランド

バルセロナ発祥のカジュアルブランド。世界的に活躍する女優やモデルをイメージモデルとして起用し、流行を発信し続けている。シンプルなデザインのものが多く、コーディネートしやすい。**DATA** ⓂM2・3・4号線PASSEIG DE GRÀCIA駅から徒歩1分 ⒽPasseig de Gràcia 65 ☎93-2555745 ⓄG10時～21時 ⒽG日曜

買う | グラシア通り周辺 | MAP 付録P10B3

ロエベ
Loewe

スペインが誇るブランド

1846年創業のレザーブランド。1階がウィメンズ、地階がメンズフロアで、バッグ、財布、スカーフなどから気品あふれるドレスまで揃う。**DATA** ⓂM2・3・4号線PASSEIG DE GRÀCIA駅から徒歩3分 ⒽPasseig de Gràcia 35 ☎93-2160400 ⒽG11時～20時30分(日曜は12～20時) ⒽGなし

買う | グラシア通り周辺 | MAP 付録P10A2

ルポ
Lupo

スペイン女子が憧れるバッグ

バルセロナ生まれの牛革バッグブランド。洗練されたデザインのバッグは地元スペインの女性も憧れる人気商品。自社店舗はバルセロナ店のみ。ぜひ立ち寄りたい。**DATA** ⓂM3・5号線DIAGONAL駅から徒歩5分 ⒽC. Mallorca 257 ☎689-185808 ⒽG10～14時、16～20時 ⒽG日曜

買う | グラシア通り周辺 | MAP 付録P10B2

ビンバ・イ・ロラ
Bimba y Lola

働く女性が使えるモード服

アドルフォ・ドミンゲスの姪にあたる姉妹が2006年に創設。遊び心のあるテキスタイルを使った洋服や独特なデザインが、スペインの働く女性たちに好評。**DATA** ⓂM2・4号線PASSEIG DE GRÀCIA駅から徒歩1分 ⒽPasseig de Gràcia, 51 Bajo L.2 ☎93-2668382 ⒽG10時30分～21時 ⒽG日曜

買う | グラシア通り周辺 | MAP 付録P11C4

カンペール
Camper

履き心地抜群の人気靴ブランド

マヨルカ島生まれの人気カジュアルシューズブランド。つま先が丸いフォルムに柔らかなソールは日本でもファン多数。**DATA** ⓂM1・3号線CATALUNYA駅から徒歩1分 ⒽPasseig de Gracia 2-4 ☎93-5216250 ⒽG10～21時 ⒽG日曜

買う | モンジュイック地区 | MAP 付録P4B3

マテス
Mates

履き心地とデザイン性を両立

市内の工房で職人が手作りするスニーカーが並ぶ。さまざまな素材を使ってアスリートのために作り始めた靴だけに、履き心地抜群。**DATA** ⓂM1号線HOSTAFRANCS駅から徒歩5分 ⒽC. de Gayarre 25 ☎93-4318386 ⒽG10時～13時30分、17～20時(土曜は10時～13時30分のみ) ⒽG日曜、8月

買う | ゴシック地区 | MAP 付録P12B3

ラ・マヌアル・アルパルガテラ
La Manual Alpargatera

熟練職人が作るエスパドリーユ

1941年創業の老舗エスパドリーユ専門店。農業用に作られた縄底でできた靴は、軽くて履き心地抜群。さまざまなサイズ、色、形のシューズからお気に入りを探そう。**DATA** ⓂM3号線LICEU駅から徒歩5分 ⒽC. Avinyó 7 ☎93-3010172 ⒽG10～20時 ⒽG日曜

上：1947年創業の老舗スニーカーブランド
下：シューズはすべてハンドメイド

おすすめ
雑貨・その他

デザイン性に優れた雑貨から伝統工芸、
おみやげにぴったりのスイーツなど、
まだまだ欲しいモノがいっぱい。

🎁 買う | グラシア通り周辺 | MAP 付録P10A1

リヤドロ
Lladró

スペインを代表する磁器ブランド

伝統を守りつつ、独自のスタイルを確立させたポーセリン(磁器)の世界的なアートブランド。店内には、今にも動き出しそうな美しい人形が並ぶ。作品は本社のあるバレンシアにて手作業で作られている。 DATA Ⓜ3・5号線DIAGONAL駅から徒歩すぐ ⊕Passeig de Gràcia 101 ☎93-2701253 ⑪11〜20時 ㊡日曜 🈁

🎁 買う | グラシア通り周辺 | MAP 付録P10B3

カカオ・サンパカ
Cacao Sampaka

チョコブームの火付け役

スパイスなど一風変わった風味のチョコで人気を集めるスペイン王室御用達のチョコレートブランド。近年は希少なカカオを使った板チョコなどもある。 DATA Ⓜ2・3・4号線PASSEIG DE GRÀCIA駅から徒歩6分 ⊕Consell de Cent 292 ☎93-2720833 ⑪10時〜20時30分 ㊡日曜 🈁

🎁 買う | グラシア通り周辺 | MAP 付録P7D2

メゾン・デュ・モンデ
Maisons du Monde

デザイングッズの宝庫

1階がキッチン雑貨、2階がベッドやソファなどが揃うセレクトショップ。フォトスタンド€5〜やクッションカバー€9など、持ち帰りに便利なアイテムが充実。 DATA Ⓜ3・5号線DIAGONAL駅から徒歩10分 ⊕Avda. Diagonal 405 ☎93-0330630 ⑪10〜21時 ㊡日曜 🈁

🎁 買う | グラシア通り周辺 | MAP 付録P10B2

サボン
Sabon

バス&ボディケアブランド

死海のミネラルを含んだバスプロダクトや、ボディケアコスメが人気のブランド。ハンドメイドのオリジナルソープ€5.80/100gの量り売りが人気を集めている。 DATA Ⓜ2・3・4号線PASSEIG DE GRÀCIA駅から徒歩3分 ⊕C. de València 260 ☎93-4871215 ⑪10〜21時 ㊡日曜 🈁

🎁 買う | グラシア通り周辺 | MAP 付録P10A1

ファルガ
Farga

高級感あふれるパッケージが評判

1957年創業の老舗パティスリー。伝統的なケーキやチョコレート€10〜は、味はもちろん、エレガントな包装が評判。店内はレストラン・カフェとしても利用できる。 DATA Ⓜ3号線DIAGONAL駅から徒歩3分 ⊕Diagonal 391 ☎93-4160112 ⑪8〜24時 ㊡なし 🈁

🎁 買う | グラシア通り周辺 | MAP 付録P11C4

エル・コルテ・イングレス
El Corte Inglés

何でも揃う総合デパート

スペイン全土に支店を構える何でも揃う大型デパート。観光客に人気の店は、地下1階にある食料品のスーパーと高級食材を扱うグルメコーナー。観光の中心となるカタルーニャ広場にある。 DATA Ⓜ1・3号線CATALUNYA駅から徒歩3分 ⊕Pl. de Catalunya 14 ☎93-3063800 ⑪9〜21時(6〜9月は〜21時30分) ㊡日曜 🈁

🎁 買う | サグラダ・ファミリア周辺 | MAP 付録P8B1

バルサ・ストア
Barça Store Sagrada Familia

バルサグッズが満載

サグラダ・ファミリア近くにあるFCバルセロナ公式ショップ。ユニフォームから小物までFCバルセロナ関連のグッズが幅広く揃う。サッカーファンなら必ず訪れたいスポット。 DATA Ⓜ2・5号線SAGRADA FAMÍLIA駅から徒歩すぐ ⊕C. de Mallorca 406 ⑪10〜21時 ㊡なし 🈁

74

おすすめ ホテル

5ツ星、4ツ星レベルのホテルは
設備だけでなく、サービスにも品格が漂う。
旅行プランに合わせて上手に選ぼう。

泊まる｜グラシア通り　MAP付録P10A1

サー・ビクトル・ホテル
Sir Victor Hotel

光使いが見事な癒しの空間

設計をジュリ・カペッラ、インテリアのデザインをイザベル・ロペスとサンドラ・タルエラが担当したスタイリッシュなホテル。スパやレストランなど館内設備も充実している。DATA ⓧM3・5号線DIAGONAL駅から徒歩3分 ⓗC. del Rosselló 265 ☎93-2711244 €275～ 客室数91

泊まる｜グラシア通り周辺　MAP付録P10B3

マンダリン・オリエンタル・バルセロナ
Mandarin Oriental Barcelona

立地抜群の最高級ホテル

グラシア通りに面し、サグラダ・ファミリアやゴシック地区まで徒歩圏内など立地が抜群。有名グルメガイドで星を獲得したレストランやスパ、屋外プールなど館内設備も充実。DATA ⓧM3・5号線DIAGONAL駅から徒歩5分 ⓗPasseig de Gràcia 38-40 ☎93-1518888 €950～ 客室数120

泊まる｜グラシア通り周辺　MAP付録P11C3

エル・パレス
El Palace

伝統のヨーロッパスタイル

市内を代表する最高級ホテル。ロビーには1920年頃のアンティークなどが配され、格式ある雰囲気が漂っている。客室は改装により、明るい印象に生まれ変わった。DATA ⓧM1・4号線URQUINAONA駅から徒歩5分 ⓗGran Via de les Corts Catalanes 668 ☎93-5101130 €500～ 客室数120

泊まる｜グラシア通り周辺　MAP付録P8A1

カサ・フステル
Casa Fuster

モンタネール作品に滞在できる

1908年建造で、ホテルとしては2004年にオープン。モデルニスモの建築家モンタネールの最後の作品で、改装はされたものの、館内の贅沢な装飾は今も健在。DATA ⓧM3・5号線DIAGONAL駅から徒歩5分 ⓗPasseig de Gràcia132 ☎93-2553000 €300～ 客室数105

泊まる｜グラシア通り周辺　MAP付録P10B2

クラリス ホテル&スパ5*GL
The Claris Hotel & Spa 5*GL

全室造りが違う個性派

19世紀に建てられた邸宅を改装したホテル。館内には、個人所有としては最大級のエジプト美術コレクションがある。最上階にはプールとバルがあり、施設も充実。DATA ⓧM2・3・4号線PASSEIG DE GRÀCIA駅から徒歩5分 ⓗC. de Pau Claris 150 ☎93-4876262 €290～ 客室数115

泊まる｜グラシア通り　MAP付録P11C2

ルネッサンス・バルセロナ・ホテル
Renaissance Barcelona Hotel

モダンな空間には和の趣も

市内中心部に位置する洗練されたホテル。和風のインテリアも採用し、客室ドアの引き戸など日本の客間を彷彿させる。DATA ⓧM2・3・4号線 PASSEIG DE GRÀCIA駅から徒歩3分 ⓗC. de Pau Claris 122 ☎93-2723810 €200～ 客室数211

泊まる｜ランブラス通り　MAP付録P12B4

エスパーニャ
Hotel España

モデルニスモ建築を利用したホテル

1856年築の建物を20世紀の初めにモンタネールが改築、その後ホテルのためにリフォームした。モデルニスモ建築の館内は必見。DATA ⓧM3号線LICEU駅から徒歩3分 ⓗC. de Sant Pau 9-11 ☎93-5500000 €200～ 客室数83

Barcelona Catalog

泊まる｜サグラダ・ファミリア周辺　MAP 付録P5D1

カタロニア・アテナス
Catalonia Atenas

屋上からバルセロナの街を一望

サグラダ・ファミリア近くという、旅行者にとって好立地に位置するホテル。屋上にはプールを備えており、バルセロナの街やサグラダ・ファミリアが一望できる。DATA ⓂM1・2号線CLOT駅から徒歩すぐ ⌂Av. Meridiana 151 ☎93-2322011 ¥€100〜 客室数218

泊まる｜バルセロネータ　MAP 付録P9D3

アーツ
Arts Barcelona

ベイエリアのランドマーク

オリンピック港に立つツインタワーのひとつ。44階建てのホテルはどの部屋も眺望抜群。地中海が見える2階には屋外プールがある。バルやレストランも揃う。DATA ⓂM4号線CIUTADELLA VILA OLÍMPICA駅から徒歩6分 ⌂C. de la Marina 19-21 ☎93-2211000 ¥要問合せ 客室数482

泊まる｜バルセロネータ　MAP 付録P5D1

ヒルトン・ディアゴナル・マール
Hilton Diagonal Mar Barcelona

近代的なデザインのホテル

国際コンベンションセンターの向かいに立ち、ビーチまでは400m、市中心部までは15分という好立地。客室には全室高速インターネットのサービスもある(有料)。DATA ⓂM4号線EL MARESME FORUM駅から徒歩5分 ⌂Passeig del Taulat 262-264 ☎93-5070707 ¥€195〜 客室数433

泊まる｜バルセロネータ　MAP 付録P5D4

ユーロスターズ・グラン・マリーナ
Eurostars Grand Marina Hotel

海の前というロケーションが人気

地中海に面した桟橋の端に位置するホテル。屋上テラスから目の前の海や港の景色が見えるロケーションが人気。DATA ⓂM3号線DRASSANES駅から徒歩10分 ⌂Moll de Barcelona, s/n ☎93-6039000 ¥€200〜 客室数294

泊まる｜モンジュイック　MAP 付録P5C4

インターコンチネンタル・バルセロナ・IHG・ホテル
InterContinental Barcelona, an IHG Hotel

モンジュイック周辺観光に最適

モンジュイックの丘近くに位置するホテル。カタルーニャ美術館やスペイン広場へも徒歩で行けて、観光にも便利。DATA ⓂM1・3・8号線ESPANYA駅から徒歩10分 ⌂Avenida Ruis I Taulet1-3 ☎93-4262223 ¥€250〜 客室数273

泊まる｜新市街　MAP 付録P7C2

メリア・バルセロナ・サリア
Meliá Barcelona Sarrià

機能的なシティホテル

ビジネス客の利用が多い、21階建ての高層ホテル。シンプルな造りの客室は、最新設備を備え機能的。ディアゴナル大通りに近く、ショッピングにも最適の立地。DATA ⓂM3号線MARIA CRISTINA駅から徒歩15分 ⌂Avda. de Sarrià 50 ☎93-4106060 ¥要問合せ 客室数300

泊まる｜新市街　MAP 付録P6B3

ヒルトン・バルセロナ
Hilton Barcelona

新市街のモダンスタイル

ディアゴナル大通りに面した機能的な高級ホテル。客室は洗練されたシンプルモダンなインテリアでまとめられている。最新機器を備えたフィットネスもある。DATA ⓂM3号線MARIA CRISTINA駅から徒歩5分 ⌂Av. Diagonal 589-591 ☎93-4957777 ¥€185〜 客室数290

泊まる｜新市街　MAP 付録P4B3

ペスターナ・アレーナ・バルセロナ
Pestana Arena Barcelona

スペイン広場近くにあるモダンなホテル

ターミナル駅であるバルセロナ・サンツ駅のほど近くに位置。スペイン広場にも徒歩圏内。DATA ⓂM3号線TARRAGONA駅から徒歩3分 ⌂C. Consell de Cent 51-53 ☎93-2893921 ¥平均価格€180〜 客室数84

Lala Citta Spain

Area 2

マドリード
Madrid

壮麗な王宮や珠玉の芸術作品が集う
スペインの首都。"太陽の沈まぬ国"と
称された華やかな街をめぐろう。

Lala Citta Spain | Madrid

＜スペイン王室の歴史が息づく＞

マドリード エリアNAVI

スペイン文化の最高峰が集う首都、マドリード。かつて「太陽の沈まぬ国」と称えられ、空前の繁栄を極めた。エリアによって異なる表情を持つ、マドリードの今を堪能しよう。

マドリードでやりたいこと BEST 5

1 プラド美術館で中世の名画鑑賞（→P80）
中世を代表する画家たちの名画をゆっくり観賞。

2 ピカソの傑作『ゲルニカ』を観に行く（→P84）
ソフィア王妃芸術センターに展示されている『ゲルニカ』は必見。

3 王族が暮らした絢爛豪華な王宮に感動（→P86）
スペイン王家の歴史をたどる王宮は豪華な造りや装飾が特徴。

4 マドリード伝統の味、肉料理を堪能（→P96）
仔豚の丸焼きなど、豪快な肉料理がマドリードの伝統の味。

5 スペインブランドのショッピングを楽しむ（→P90）
セラーノ通りにはロエベやリヤドロなどスペイン発のブランド店が並ぶ。

Main Area Navi

マドリードってこんな場所です！

絢爛豪華な王宮を起点に観光

① 王宮周辺
Palacio Real

地下鉄ÓPERA駅を起点に西側に広がる王宮を中心としたエリア。周辺は緑豊かで、のんびり散策できる。フェリペ4世の騎馬像があるオリエンテ広場には歴史あるカフェが多いので、朝食や休憩に使いたい。

主な見どころ　王宮→P86
王立エンカルナシオン修道院→P109

観光の中心となるシンボル広場

② プエルタ・デル・ソル周辺
Puerta del Sol

地下鉄の駅が交差し、地方へのびる街道の起点となっている。時計台が目印の自治政府庁ビルを中心にショップやレストランなどが集中し、旅行者や地元客で年中賑わう。

主な見どころ
プエルタ・デル・ソル→P88
デスカルサス・レアレス修道院→P88

周辺にはグルメスポットも多数

③ マヨール広場周辺
Plaza Mayor

主な見どころ　マヨール広場→P94
カヴァ・デ・サン・ミゲル通り→P95

市民生活の中心となっているマヨール広場周辺は、細い路地が多く、古い街並みが残る趣深いエリア。ヘミングウェイも通った世界最古のレストランやメソンが並ぶ名物通りもあり、グルメスポットとしても楽しめる。

78

マドリード エリアNAVI

マドリード基本情報

スペインの首都／マドリード州の州都

- 人口：約333万人
- 面積：約605km²

観光案内所（マヨール広場）
MAP 付録P20B3
Plaza Mayor 27
☎91-5787810 ⏰9〜20時
休なし

プランニングのヒント

街歩きの起点はプエルタ・デル・ソルで、観光客が集まるマヨール広場や王宮は徒歩圏内。セラーノ通り周辺、世界遺産に登録されたプラド通り周辺など、各エリアの特徴をつかんで歩いてみよう。マドリード近郊にはトレドをはじめ歴史ある街が点在しているので、鉄道やバスで訪ねてみるのもおすすめ。

マドリードのメインストリート
④ グラン・ビア通り周辺
Calle Gran Vía

グラン・ビアはスペイン広場からアルカラ通りまでを結ぶ大通り。通りの中ほどにあるカリャオ広場を中心に、映画館や劇場、デパート、ブランド店などが並んでいる。

主な見どころ　スペイン広場→P109

高級ブランド店がズラリ
⑤ セラーノ通り周辺
Calle de Serrano

マドリード随一の高級ショッピング街。スペインの高級ブランドをはじめ世界中の一流ブランド店から新進デザイナーものまでが集まっている。

主な見どころ　セラーノ通り→P90
ラサロ・ガルディアーノ美術館→P110

個性的なお店が揃うエリア
⑥ チュエカ地区
Barrio de Chueca

流行に敏感な人たちが集まる話題のエリア。センスのいいセレクトショップやカジュアルファッションブランド、オシャレなカフェなど、若者たちに人気のショップが点在している。

主な見どころ　サン・アントン市場→P116

アートの薫り漂うエリア
⑦ プラド美術館周辺
Museo Nacional del Prado

プラド美術館をはじめ、美術館や博物館が集まっているエリア。美しい並木道が印象的なプラド通り、広大なレティーロ公園など、市民の憩いの場としても親しまれている。一帯は2021年に世界遺産にも登録。

主な見どころ　プラド美術館→P80
ソフィア王妃芸術センター→P84

マドリード SIGHTSEEING

入場はヘロニモスの扉から

三大巨匠の傑作が目の前に
プラド美術館で名画鑑賞

スペイン王家の豪華コレクションを収蔵するプラド美術館。
ベラスケス、ゴヤ、エル・グレコの三大巨匠の作品群を鑑賞できる。

プラド美術館
Museo Nacional del Prado

王家の豪華コレクション

プラド美術館は1819年、フェルナンド7世の命でスペイン王家の所蔵絵画を王立美術館として公開したことに始まる。所蔵作品数は約8000点で、なかでもハイライトはベラスケス、ゴヤ、エル・グレコの三大巨匠による絵画。

MAP 付録P15D2 Ⓜ2号線BANCO DE ESPAÑA駅から徒歩10分 ㊟Paseo del Prado, s/n ☎91-3302800 ㈱10〜20時(日曜、祝日は〜19時、1月6日、12月24日、12月31日は〜14時) ㊡なし ㊓€15(18時〜と日曜、祝日の17時〜は無料)

美術館の正面。ベラスケス像があることから、ベラスケスの扉とよばれる

攻略のコツ

所要時間の目安
有名な作品だけなら2〜3時間ほど。まんべんなく見るなら2〜3日はかかる。

狙い目の時間
シエスタの時間になる14〜16時が比較的空いている。混雑するのは開館直後と閉館2〜3時間前。18時からは無料になるので特に混雑する。

チケットはオンラインで事前に購入
公式サイトで事前購入(日時指定必要、購入後の変更・払い戻しは不可)すれば、当日並ばずに入れる。
URL www.museodelprado.es/en/

入口
プラド美術館の入口は全部で4つある。基本はヘロニモスの扉から。ゴヤの扉は企画展専用、ムリーリョの扉と、南イオニアギャラリーは団体専用なので気をつけよう。入口ではセキュリティチェックが行われる。

写真撮影はNG
館内は一切撮影禁止。カメラはクロークに預けられないので、カバンの中に。

パンフレット、音声ガイド
日本語の無料パンフレットがあるので、最初に入手するといい。公式の日本語ガイドブック€19.50もあり、入場券とセットだと€24と少しお得になる。ガイドブックは厚く重いが、内容は充実している。

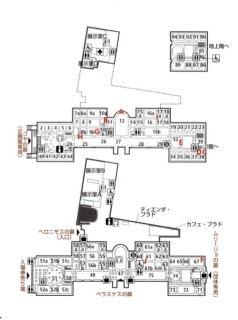

※展示作品の位置は頻繁に変わるので注意　※(　)内の階数表示は日本式の表示

ベラスケス
Diego Velázquez
1599〜1660年

17世紀のスペイン絵画を代表する巨匠。セビーリャ出身で、10代初めに画家に弟子入り。24歳のとき、フェリペ4世に肖像画を気に入られて宮廷画家になる。61歳で亡くなるまで王室に仕え続けた。

©Photographic Archive Museo Nacional del Prado

ラス・メニーナス（女官たち）
Las Meninas
1656年ごろ　館内図→A

縦3.18m、横2.76mに及ぶ大作で、ベラスケスの最高傑作でもある。変化に富んだ人物配置に、明暗の対比や微妙な色彩のぼかしを駆使し、対象の間に漂う空気までもキャンバスに封じ込めたといわれ、その描写力が巨匠といわれる所以だ。のちにピカソがこの作品をもとに58枚の連作を描いており、その絵はバルセロナのピカソ美術館（→P38）に収蔵されている。

鑑賞POINT
画家の視点ではなく、肖像画のモデルとしてキャンバス手前に立つフェリペ4世と王妃の視点を表している作品。複雑な構成と実際に王女にあたっているような光の表現にも注目。

ベラスケス本人も登場！
絵の左側には、画筆とパレットを持った画家本人が。王と王妃の肖像画を描いている最中だ。

鏡の中にいるのは??
部屋の奥には鏡が。映っているのは、肖像画のモデルを務めているフェリペ4世と王妃。

主役は王女マルガリータ
タイトルは「女官たち」だが、本当の主役は両親をじっと見つめる王女マルガリータ。

©Photographic Archive Museo Nacional del Prado

バッカスの勝利
Los Borrachos, o El triunfo de Baco
1628-1629年ごろ　館内図→B

神話で酒の神として登場するバッカスと、それを囲む市民たちを描いた作品。半裸でブドウのつるで作られた帽子をかぶり、ワインの樽に腰掛けているのがバッカスで、神話と現実が混在するユニークな作品といえる。作中では、バッカスが目の前のひざまずく市民に冠を与えているが、これは当時の絵画や文学の隆盛を称える意図が隠されているという。

鑑賞POINT
楽しそうに杯を上げる市民たちの赤ら顔から、酔っ払っている様子がよく表されている。当時の風俗や人物を細かく表現した描写が見事だ。

※プラド美術館とソフィア王妃芸術センター、ティッセン・ボルネミッサ美術館の入場券がセットになったパセオ・デル・アルテ・カードは€32.80。購入は各美術館のチケット売り場で。入館は各美術館につき1回のみ可能。

マドリード SIGHTSEEING

ゴヤ
Francisco de Goya
1746〜1828年

出身はサラゴサ郊外。43歳でカルロス4世の宮廷画家に出世したが3年後に大病で聴覚を失う。その後、社会性の強い絵画や人間の内面を表現した作品を描いた。

裸のマハ
La Maja Desnuda
1795-1800年ごろ　館内図→C

着衣のマハ
La Maja Vestida
1800-07年ごろ　館内図→D

同じポーズの女性の、着衣姿と裸体を描いた連作。タイトルの「マハ」とは特定の人物の名前ではなく、「流行の最先端をいく女性」の通称。誰がモデルなのかは、いまだに謎とされている。体と顔のモデルは別人という説もある。

鑑賞POINT
宰相ゴドイの注文で描かれた。当時は宗教上の理由で裸体画を描くことは禁止されていたため、ゴドイが裸婦像を隠す目的で「着衣のマハ」を描かせたといわれている。

©Photographic Archive Museo Nacional del Prado

我が子を喰らうサトゥルノ
Saturuno Devorando a un hijo
1820-23年ごろ　館内図→F

「黒い絵」とよばれる、14枚の壁画シリーズの代表作。マドリード郊外にあるゴヤの別荘「聾者の家」の食堂やサロンの壁などに描かれた。神が自分の子を食べるというショッキングなテーマをグロテスクに描いている。劣化が激しいため、門外不出とされており、他の美術館への貸し出しはない。

©TURESPAÑA

カルロス4世の家族
La Familia de Carlos IV
1800年　館内図→E

徹底的なリアリズムが表れている作品。人物そのままの姿を忠実に描いたもので、入念にデッサンを行い、その習作が本作の周辺に飾られている。

鑑賞POINT
左奥にはゴヤ自身も描かれている。それぞれの配置にも注目したい。

鑑賞POINT
自身が聴覚を失ったことや社会への不満などが影響している作品といわれている。

エル・グレコ
El Greco
1541～1614年

出身はギリシアのクレタ島。ヴェネツィアで絵を学び、35歳でトレドに移り住んだ。本名はドメニコス・テオトコプーロスで、エル・グレコとは「ギリシア人」という意味。過剰に人体を細長くデフォルメする画風が特徴。トレドにある教会の祭壇画で、一躍脚光を浴びた。

©Photographic Archive Museo Nacional del Prado

©Photographic Archive Museo Nacional del Prado

聖三位一体
La Trinidad
1577-79年
館内図→H

トレドの教会の主祭壇に飾るために描かれた絵。スペイン時代初期の作品で、細長い人物と鮮やかな色が印象的。この絵がグレコの画家の仕事を増やすきっかけとなったといわれている。

鑑賞POINT
上空を飛ぶ白い鳩が聖三位の聖霊を表している。中央の父子の、心が温かになる穏やかな表情がすばらしい。

胸に手を置く騎士
El Caballero de la Mano en el Pecho
1580年ごろ　館内図→G

人物名は不明だが、フェリペ2世時代の騎士を描いた肖像画。胸の手は、誓いを忠実に守ることを宣言する際の仕草という。正面を見据える視線も特徴的だ。

鑑賞POINT
モデルはトレドの上級公証人という説が有力。作品は顔と手に特に光が当たっているように表現されている。

---

check まだある必見作品

17世紀に活躍したスペインの画家ムリーリョの「よき羊飼い」や19世紀のスペインを代表する肖像画家フェデリコ・デ・マドラーソの作品も必見。ほか、イサベル女王が収集に熱心だったフランドル絵画の代表作、ルーベンスの「三美神」も見逃せない。

よき羊飼い
El Buen Pastor
ムリーリョ作 1660年　館内図→I

幼な子の頭に後光が差していることから、彼がキリストであることがわかる。背景にある古代の廃墟は、異教に対するキリスト教の勝利を象徴している。

©Photographic Archive Museo Nacional del Prado

ビルチェス伯爵夫人の肖像
Amalia de Llano y Dotres, condesa de Vilches
フェデリコ・デ・マドラーソ作 1853年
館内図→J

優雅な構成と自然なポーズはロマン主義のスタイル。光の焦点がモデルにあたっているので、ドレスの生地の質感がよく出ている。

©Photographic Archive Museo Nacional del Prado

ひと休み＆お買物

カフェ・プラド
Café Prado　地上階(1階)

疲れたらココで
美術館の1階にあるカフェテリア。セルフサービス式で終日ドリンクや軽食が楽しめる。㊉10時～19時30分㊡美術館に準ずる

ティエンダ・プラド
Tienda Prado　地上階(1階)

所蔵作品のグッズが買える
書籍や文具、雑貨類など作品関連のオリジナルグッズが揃う。展示作品のガイドブックからTシャツまで。㊉10～20時㊡美術館に準ずる

明るく広い店内

マドリード SIGHTSEEING

スペインのモダンアートが一堂に！
名画が集うソフィア王妃芸術センター

20世紀のスペイン美術の代表的画家であるピカソ、ダリ、ミロなどの作品を所蔵する国立美術館。『ゲルニカ』をはじめ、必見の名画が揃う。

プラド美術館周辺
ソフィア王妃芸術センター
Museo Nacional Centro de Arte Reina Sofía

スペイン現代アートの殿堂

1992年にオープンした、近現代作品を収蔵する美術館。1982年のダリの遺言によって56点の作品が寄贈され、1985年にミロの作品を収蔵している。最大の目玉は、1992年にプラド美術館から移されたピカソの『ゲルニカ』。

MAP 付録P15D3 M1号線ESTACIÓN DEL ARTE駅から徒歩3分 C. de Santa Isabel 52 ☎91-7741000 10〜21時（日曜は〜14時30分） 火曜 €12（月・水〜土曜の19〜21時と日曜の12時30分〜14時30分は無料）

18世紀に病院だった建物を改装。ガラス張りのエレベーターが目印

攻略のコツ

所要時間の目安
常設展示のみなら1〜2時間。企画展も観るなら3時間はみておきたい。

狙い目の時間
シエスタ時間の14〜16時。開館直後も比較的空いている。無料時間と月曜日は近隣の美術館が休みなので混雑しやすい。

セキュリティーチェック
入口で金属探知機と荷物のX線検査を受ける。リュックなどの大きな荷物は持ち込み不可。

パンフレット、音声ガイド
日本語版の音声ガイドはなく、英語のみで1台€4.50。パンフレットも英語のみ。併設の書店で解説書（ガイド）が手に入るが、日本語版はない。

写真撮影
ゲルニカなど一部を除き撮影OK。ただしフラッシュ撮影や三脚使用は厳禁。

配置換え
館内は画家別ではなくテーマ別の配置のため、作品を探しにくい。配置換えも頻繁に行われているので、目的の作品が見つかりにくいことも。

有名作品は2階に集中

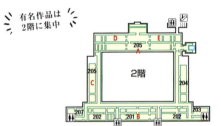

ひと休み＆お買物

1階 **ヌーベル**
Nubel

アート鑑賞の合間にお気軽ランチ

カタルーニャ料理が食べられるカフェ＆レストラン。新鮮な魚介類などが味わえるセットメニューは€14。コーヒーは€3、ドリンクのみの注文も可能。

9〜24時（金・土曜は〜翌2時、日曜は〜18時）火曜

バルセロナ出身のシェフの料理が楽しめる

1階 **ミュージアムショップ**
Tienda Museo Reina Sofia

ピカソやダリのグッズが揃う

館内ショップでは展示品をモチーフにした雑貨や文房具などが手に入る。さまざまなデザインのマグカップ€17.90〜などアイテムが揃うので、おみやげにもオススメ。10時30分〜20時45分（日曜は〜14時15分）火曜

作品をモチーフにしたアイテムや公式ロゴグッズが人気

ピカソ
Pablo Picasso
1881～1973年
ピカソの紹介→P38

青衣の女
Mujer en Azul　1901年　館内図→B

ピカソが20歳ごろに描いた作品。特定のモデルではなく、記憶の中のパリジェンヌを描いたものとされている。

ゲルニカ　Guernica　1937年ごろ　館内図→A

縦約3.5m×横約7.8mの巨大絵画。ゲルニカはバスク地方の町の名前で、1937年にドイツ空軍の空襲を受け町の70％が焼失した。戦争の悲惨さ、不条理さを深く表現した代表作。

鑑賞POINT
左上のランプは爆弾、その下の馬は犠牲者たちを象徴しているとされる。

©2024-Succession Pablo Picasso-BCF(JAPAN)

ミロ
Joan Miró
1893～1983年
ミロの紹介→P39

ダリ
Salvador Dalí　1904～1989年

カタルーニャ州フィゲラス出身。独特な世界観を絵画やオブジェ、映像で表現した芸術家。自ら「天才」と称するなど、奇抜な言動で知られる。妻ガラの存在は大きく、ダリの創作力の源で、無名であった彼の作品を世に売り出した。

パイプをくわえた男
Pintura (Hombre con pipa)
1925年ごろ　館内図→C

ミロの人気作。ソフィア王妃芸術センターには1988年に収蔵された。簡潔に描かれたように見えるが、ラインなどにミロの特徴がみえる。

© Salvador Dalí, Fundació Gala-Salvador Dalí, JASPAR Tokyo, 2024 C4832

窓辺の少女
Figura en una finestra
1925年ごろ　館内図→E

ダリ20歳ごろの作品で、後のシュルレアリスム作品とは大きく異なる。やさしい光の色合いや髪の質感など、要所でダリの才能が発揮されている。

© Salvador Dalí, Fundació Gala-Salvador Dalí, JASPAR Tokyo, 2024 C4835

偉大なる手淫者
Visage du Grand Masturbateur
1929年　館内図→D

自身の妄想を表現した作品。右上には女性の上半身と男性の下半身。画面中央をよくみると、ダリ作品に多々登場しているバッタとアリがいるのがわかる。
※2024年10月現在、他の美術館へ貸し出し中。

マドリード　ソフィア王妃芸術センター

マドリード SIGHTSEEING

華麗なる宮廷生活を垣間見る
王宮でタイムトリップ

ハプスブルク朝に代わり、ブルボン朝となってから代々国王が暮らしてきた場所。最上の品々で彩られ、贅を尽くした王宮内をのぞいてみよう。

\\ 王宮に向かって左側にある回廊 //

\\ 王宮の北側に広がるサバティーニ庭園 //

beautiful!!

王宮
Palacio Real de Madrid

スペイン王家の栄華を伝える

1700年に即位したブルボン王朝初代国王フェリペ5世から1931年まで在位したアルフォンソ13世まで、代々の国王が暮らしていた宮殿。当初アラブ式にアルカサルとよばれた居城は1734年の火災にて一度焼失。現在の宮殿は1738〜55年にかけて再建されたもの。3000室以上ある部屋の一部は公開されており、豪華な内装を見学することができる。現在国王は住んでいないが、公式行事などで使用されている。

MAP 付録P20A2 ⊗M2・5・R号線ÓPERA駅から徒歩5分 ⊛C. Bailén s/n ☎91-4548700 ⊛10〜19時(10〜3月は〜18時。日曜は通年〜16時) ※入館は閉場1時間前まで ⊛不定休 ⊛€14(ガイドツアー€20) ※公式行事の日は見学不可。日程は事前に決定することもあるので、事前にWebサイトで確認を
URL www.patrimonionacional.es/

\\ フランスとイタリアの建築様式を融合した建物 //

コチラもCHECK!

衛兵交代式を見よう!!

毎週水・土曜日に行われている衛兵交代の厳粛な儀式。衛兵たちがアルフォンソ12・13世の時代と同じ衣装に身を包み、楽隊が奏でる音楽に合わせて行進し、交代の儀式を遂行する。⊛アルメリア広場 ⊛11〜14時

1：厳かな式に見合う騎馬隊の凛々しい姿　**2**：馬も衛兵も号令通りにマーチングれぬ動きで行進するさまは壮観　**3**：一糸乱

豪華絢爛

王宮内部必見SPOT

初代国王がフランス・ブルボン王朝出身だったことから、ヴェルサイユ宮殿を参考に造られたという王宮。3000を超える部屋から必見スポットをピックアップ。

饗宴の間
Comedor de gala del Palacio Real

アルフォンソ12世の時代に、公式の宴をするホールとして設置された。現在でも国賓が訪れた際には晩餐会などを開くバンケットルームとして使用されている。

gorgeous!!

列柱の間
Salón de Columnas

1985年のスペインEC加盟調印など、公式行事に今も用いられる大きな部屋。1879年以前の饗宴の間で柱が並ぶ壁にかけられた美しいタペストリーが印象的。

カルロス3世の私室
Salón de Gasparini

植物をモチーフにした華麗な装飾が施された「ガスパリーニの間」という3つ続きの部屋のひとつ。18世紀のロココ様式が採用されている。

elegant!!

磁器の間
La Saleta de Porcelana

©Patrimonjo Nacional

部屋の壁一面に磁器が施された古典的タルドバロック式装飾の部屋。カルロス3世の18世紀後半にナポリとシチリア王の王室を模倣して造られた。

玉座の間
Salón de Trono

赤いビロードと銀糸で覆われたきらびやかな部屋。天井にはティエポロ作の天井画が描かれ、クリスタルのシャンデリアがきらめく。

王室礼拝堂
La Real Capilla

華やかな丸天井が重なる美しいチャペル。丸天井の中には大階段と同じコラード・ジアキントのフレスコ画が描かれている。

マドリード SIGHTSEEING

地面に埋め込まれている0km地点を示すプレート

旧市街の街歩きは午後からスタート!
プエルタ・デル・ソル周辺散策

マドリード随一の古い歴史を誇り、歴史的建造物や細い路地など、情緒あふれる雰囲気のプエルタ・デル・ソル周辺のエリア。賑わい始める夕方の散策もおすすめ。

START 13:00 プエルタ・デル・ソル
Puerta del Sol

活気あふれるマドリードの中心

マドリードの中心部に位置する広場。「太陽の門」を意味する広場の名前は、16世紀まで存在していた城門に由来する。地方へ向かう国道の起点にもなっており、地面には0km地点のプレートもある。

MAP付録P21D2 Ⓜ1・2・3号線SOL駅から徒歩すぐ ⓗPuerta del Sol

1：マドリード自治政府庁。時計台が目印　2：マドリード市の紋章である山桃の木と熊の像は定番の待合せ場所　3：メトロの標識。奥にはカルロス3世像も

徒歩7分

13:30 デスカルサス・レアレス修道院
Monasterio de las Descalzas Reales

王侯貴族の女性が暮らした修道院

カルロス5世の娘フアナ・デ・アウストゥリアが16世紀に創設した女子修道院。内部見学は約45分のツアーのみだが、フレスコ画が描かれた大階段、ルーベンスの下絵による巨大なタペストリーなどみごたえ充分。

MAP付録P21C2 Ⓜ1・2・3号線SOL駅から徒歩7分 ⓗPlaza de las Descalzas 3 ⏰10〜14時、16時〜18時30分(日曜は10〜15時) ㊡月曜 ※基本は教会関係者の案内による見学のみ。日本語はない ㊎€8.77(オンライン) ※水・木曜の16時〜18時30分は無料

1：フレスコ画のある大階段　2：内部には王家ゆかりの品々が

徒歩3分

15:00 チョコラテリア・サン・ヒネス
Chocolatería San Ginés

1894年から続くスイーツの老舗

スペイン名物のチュロスをホットチョコレートにディップして食べる、ローカルにも大人気の老舗店。自宅で味わえるホットチョコレートの素1箱500g入り€9.60も販売。

MAP付録P21C3 Ⓜ1・2・3号線SOL駅から徒歩5分 ⓗPasadizo de San Ginés 5 ☎91-3656546 ⏰24時間(月〜水曜は8〜24時) ㊡なし Ⓔ

店内はいつも満席

徒歩5分

濃厚なホットチョコレート €3.50

1：チュロスを太くしたポラス
2：チュロスはホットチョコレートとのセット€5.90で注文できる

16:30 マヨール広場
Plaza Mayor

マドリード市民の憩いの広場
17世紀建造の集合住宅に囲まれた石畳の広場。かつては国王の宣誓から闘牛、絞首刑などの行事が行われていた。現在はパフォーマーやバル、みやげ店などで賑わう。近くにはサン・ミゲル市場(→P94)も。

MAP 付録P20B3
Ⓜ1・2・3号線SOL駅から徒歩5分 ㊟Pl. Mayor

1：週末は特に大勢の人で賑わう **2**：広場の中心にはフェリペ3世の騎馬像 **3**：南角のクチェーロスの門 **4**：たくさんのパフォーマーがいる

徒歩5分

18:00 サン・イシドロ教会
Colegiata de San Isidro

2つの塔をもつ教会
スペイン初のイエズス会として、17世紀はじめに建てられた。18世紀後半にイエズス会が追放されたあとは、マドリードの守護聖人サン・イシドロを祭る教会となった。

MAP 付録P20B4 Ⓜ5号線LA LATINA駅から徒歩5分 ㊟C.Toledo 37 ☎91-3692037
㊋9時30分～11時、11時30分～12時、12時30分～13時、18時～19時30分(9月は9時30分～11時30分、18時～19時30分)※ミサの時間は見学不可 ㊡なし ㊷無料

ミサのときは地元の人々が集まる

GOAL 19:30 サンタ・アナ広場
Plaza de Santa Ana

地元の人で毎晩賑わう
老舗バルやメソン、ワインバーなどが軒を連ねる、地元の人で賑わう飲み屋街。スペインの詩人ガルシア・ロルカの像が目印。

MAP 付録P21D4 Ⓜ1・2・3号線SOL駅から徒歩7分 ㊟Plaza de Santa Ana

夜はライトアップされて美しい

徒歩10分

バルで一杯！

ラス・ディエス・タパス・デ・サンタ・アナ
Las 10 Tapas de Santa Ana

安くておいしい穴場バル
従来の店を新装開店し、店自慢のメニューを厳選して提供。おすすめはガスパチョ€4.50。ビールは€3～。

MAP 付録21D4 Ⓜ1・2・3号線SOL駅から徒歩7分 ㊟Plaza de Santa Ana 11 ☎91-4296000 ㊋8～23時(土・日曜は9時～) ㊡なし ㊷

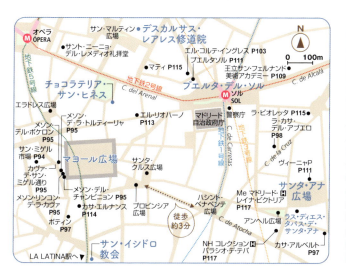

マドリード随一の高級ブランド街
セラーノ通りでお買いもの

国内外のハイブランドが軒を連ねるセラーノ通りは、マドリードでも特にショッピングが楽しいエリア。買物の途中にひと休みできるスポットも多い。

↑アルカラ門が建つインディペンデンス広場がセラーノ通りの南側の入口

アクセス
Ⓜ4号線SERRANO駅はセラーノ通りのちょうど中間あたりにある。Ⓜ2号線RETIRO駅から歩きながら北上するのもいい。セラーノ通りにはバスも通っている。

歩き方
碁盤の目のように通りが交差しているので歩きやすい。南北に延びるセラーノ通りから東に入ったゴヤ通り、アラヤ通りなどにもショップやバルが多い。

↑マドリード随一のショッピングスポット

↓店内に並ぶ可憐な人形の繊細な装飾に目を奪われる

Ⓐ リヤドロ
Lladró

美術館も所蔵する磁器アート

ヨーロッパ磁器の伝統を守りつつ、独自のスタイルを確立させたポーセリン(磁器)アートブランド。一つひとつ手作業で生み出される作品は、繊細な花細工や曲線美が高く評価されている。DATA→P100

Ⓑ アドルフォ・ドミンゲス
Adolfo Domínguez

洗練された大人のオシャレを提供

1970年代にガリシア地方で発祥した、スペインが誇る世界的人気ブランド。服から靴、バッグ、アクセサリーとトータルに揃うのがうれしい。

MAP付録P18B4 Ⓜ4号線SERRANO駅から徒歩3分 C.de Serrano 5 ☎91-4362600 圏10〜21時(日曜は12〜20時) 休なし

←服はきれいめカジュアルなものが中心
←お店はセラーノ通りの交差点に立つ

↑トップス€119(右)、プリーツワンピース€199(左)など

ⓒ ロエベ
Loewe

スペインを代表する高級レザーブランド

スペイン王室からも愛される、ラグジュアリーレザーブランド。職人が伝統技で作り出す皮革製品は、流行を取り入れた新作も。その機能性や美しいフォルムは世界中のセレブにもファンが多い。

MAP付録P18B3
Ⓜ4号線SERRANO駅から徒歩3分 C.de Serrano 34 ☎91-5776056 ⏰11～20時(日曜12～19時) 休なし

→シックな雰囲気を醸す黒のフラメンコクラッチバッグ€2200

→スペインブランドを代表するロエベは、セラーノ通りのマストスポット

↑広々とした店内に、洗練されたバッグが並ぶ

Ⓓ トウス
Tous

↑華やかな雰囲気の店構え

セレブも愛用のリュクスブランド

→天然石で作られたシンボルのくまのネックレス€69(トップのみ)

TOUSベアがシンボルとして知られるリュクスブランド。ジュエリーを中心に、バッグ、フレグランスなど幅広く展開。さりげないくまのモチーフが若い女性からマダムまで人気。

MAP付録P18B3 Ⓜ4号線SERRANO駅から徒歩3分 C.de Serrano 50 ☎630-148362 ⏰10時～20時30分(日曜、祝日は12～20時) 休なし

Ⓔ プリティ・バレリーナス
Pretty Ballerinas

フラットシューズならココ

上質な革靴で知られるマスカログループからできたフラットシューズ専門店。デザイン性と機能性を備えたシューズが揃う。赤い看板が目印。

MAP付録P19C3 Ⓜ4号線SERRANO駅から徒歩3分 C.de Ayala 17 ☎676-144918 ⏰10時30分～20時30分(日曜、祝日は12～20時) 休なし

→さまざまなジャンルのフラットシューズが揃う ↓ピンクのパンプス、ロザリオ€149

Ⓕ カンペール
Camper

遊び心たっぷりのカジュアル靴

マヨルカ島のインカという町で、代々靴作りを続けている人気ブランド。日本でもよく知られ、ユニークなデザインと履き心地のよさに男女ともにファンが多い

MAP付録P18B4 Ⓜ4号線SERRANO駅から徒歩3分 C.de Serrano 24 ☎91-5782560 ⏰10～21時(日曜は12～20時) 休なし

↓壁のデザインもおもしろい店内

↑普段使いしやすい鮮やかなカラーのスニーカー ↓自分好みにカスタムできるシューズ、ロク€170

↑左右非対称の色の組み合わせが特徴のトウインズ€170

ひと休みはココで!

Ⓖ マヨルカ
Mallorca

朝食の利用にも便利

マヨルカ島発の老舗菓子店が手がける、人気のカフェレストラン。軽食のほかランチメニューもある。赤い看板が目印。

MAP付録P18B4 Ⓜ2号線RETIRO駅から徒歩5分 C.de Serrano 6 ⏰9～21時 休なし

→テラス席でのんびりひと休み

Ⓗ ビアンダス・デ・サラマンカ
Viandas de Salamanca

イベリコ豚ハム・腸詰め専門店

生ハムやサラミのほか、舌の上でとろけるような生ハムをはさんだボカディーリョ(スペイン風サンドイッチ)が評判。

MAP付録P19C3 Ⓜ4号線VELÁZQUEZ駅から徒歩5分 C. de Goya 43 ☎91-0616081 ⏰10～21時(日曜は11～20時) 休なし

↑店内には大量の肉が並ぶ →ボカディージョ€5.50

マドリード　セラーノ通り

マドリード SIGHTSEEING

緑と芸術が集う世界遺産エリア
プラド通りを優雅に散策

市民の憩いの場、プラド通り周辺が、その歴史的背景から世界遺産に！
アカデミックなスポットと緑の美しい公園が調和したエリアを歩いてみよう

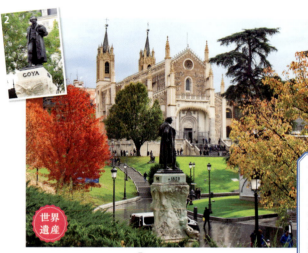

1：一帯は緑も豊かで気持ちよく散策できる　2：プラド美術館そばに立つゴヤの像　3：通りの中央には美しいプラタナスの並木道が続く

世界遺産になるまで

16世紀に、ヨーロッパの都市で初めての並木道として建造されたプラド通り。芸術と科学が共存する都市景観はスペイン国内のほか、ラテンアメリカの多くで都市モデルとなった。その歴史的背景から、2021年7月にアトーチャ駅とシベレス広場の間にあるプラド通りやレティーロ公園などがスペインで49番目の世界遺産に登録された。

王立植物園
Real Jardín Botánico

世界各国の植物に彩られた公園

1755年にフェルナンド6世によって設立された植物園。テーマ別に分かれた園内には温室も複数あり、世界中から集めた5000種以上の植物を目にすることができる。スペイン最大の植物標本館もみどころのひとつ。

MAP 付録P15D3　ATOCHA駅から徒歩10分　Plaza de Murillo, 2　☎91- 4203017　10～21時（4・9月は～20時、11～2月は～18時、3・10月は～19時）　なし　入園€4（火曜の10～13時は無料）

1：マドリードの発展に多大な貢献をした国王、カルロス3世の像　2：緑豊かな園内は市民の憩いの場

3大美術館はすべてプラド通りに

"マドリード3大美術館"とよばれるプラド美術館、ソフィア王妃芸術センター、ティッセン・ボルネミッサ美術館はプラド通り周辺に集まっている。いずれも見ごたえ満点のため、ぜひ3館とも訪れたい。

プラド美術館 →P80
Museo Nacional del Prado

ソフィア王妃芸術センター →P84
Museo Nacional Centro de Arte Reina Sofía

ティッセン・ボルネミッサ美術館 →P110
Museo Nacional Thyssen-Bornemisza

サン・ヘロニモ・エル・レアル教会
Parroquia de San Jerónimo el Real

プラド美術館の裏手に位置

カトリック両王の命によって15世紀に建設された教会。内部には今も芸術的価値の高い貴重な彫刻作品が残されている。

MAP付録P15D2 ㊉ATOCHA駅から徒歩10分 ㊉Calle Moreto 4 ☎91-4203078 ㊟10～13時、18～20時(冬期は10～13時、17時～19時30分) ㊡なし ㊎無料

1：プラド美術館の裏手に位置する
2：教会内には荘厳な雰囲気が漂う

海軍博物館
Museo Naval

帆船のオブジェが目印

スペイン海軍の歴史を紹介

1932年に開館した、スペイン海軍付属の博物館。新大陸の発見から大航海時代、レパント海戦、そして現代の海軍までの歴史を貴重な資料とともに紹介している。

MAP付録P15D1 ㊉M2号線 BANCO DE ESPANA駅から徒歩4分 ㊉Paseo del Prado, 3 ☎91-5238516 ㊟10～19時(8月は～15時) ㊡月曜 ㊎€3

1：大きな海図の展示も
2：戦艦の模型をはじめ、館内には貴重な展示が目白押し

シベレス広場
Plaza de Cibeles

宮殿の上階にはレストランや展望台がある

広場の噴水や宮殿は街のシンボル

マドリードの中心部にある広場で、レアル・マドリードの優勝パレードが行われることでも知られる。シベレス宮殿は現在、市庁舎となっており、屋上には展望台やレストランも備わる。

MAP付録P15D1 ㊉M2号線BANCO DE ESPANA駅から徒歩3分 ㊉Plaza de Cibeles

白亜の姿が美しい、現マドリード市庁舎のシベレス宮殿

レティーロ公園
Parque de El Retiro

かつて王族の庭園だった公園

アルフォンソ12世通り沿いにあり、かつては王族の庭園として、館や宮殿が建てられていた。園内にはアルフォンソ12世の記念碑が立つ池や展示スペースとして使われるクリスタル宮殿がある。

MAP付録P15D1 ㊉M2号線RETIRO駅から徒歩すぐ ㊉Plaza de la Independencia,7 ㊟6～24時(10～3月は～22時) ㊡なし ㊎無料

1：園内にあるクリスタル宮殿
2：緑と水の豊かなマドリード市民の憩いの公園

マドリード GOURMET

メルカドグルメ&タペオに挑戦！
マヨール広場界隈で食べ歩き！

Salud！(乾杯)

マヨール広場のすぐ西側、カヴァ・デ・サン・ミゲル通りとサン・ミゲル市場はマドリード有数のグルメエリア。地元の人に交じって、気軽に楽しもう！

サン・ミゲル市場
Mercado de San Miguel

人気グルメスポットとなっている市場。場内には約20のテイクアウトグルメ店がずらり。購入したものは、市場内の中央にあるテーブルで食べられるのもうれしい。

MAP付録P20B3 Ⓜ1・2・3号線SOL駅から徒歩6分 ㊟Plaza San Miguel s/n ☎91-5424936 ㊟10〜24時(金〜土曜は〜翌1時) ㊡なし Ⓔ Ⓙ

㊧マヨール広場(→P.89)のすぐ近くという好立地

サン・ミゲル広場　*Plaza San Miguel*

カヴァ・デ・サン・ミゲル通り　*Cava de San Miguel*

コンデ・ミランダ通り　*Conde Miranda*

入口／正面入口／入口／入口／入口／入口／イートインスペース

➡ビールも売っている　⬇中央にイートインスペースがある

⚠注意
☑暗くなると引ったくりなどの危険性が高まるので、なるべく明るい時間に利用しよう（夏は21時、冬は19時ごろまで）
☑スリや置き引きに注意！荷物は最小限で、肌身離さないこと　☑値切りはNG
※トイレは場内の地下にある。チップ式

⬅新鮮な牡蠣も味わえる

❶ ピコリスト
Picolisto

種類豊富なふわふわトルティーリャ

スペインのタパスの定番、トルティーリャを専門に扱うお店。伝統的なものからアレンジを加えたものまで幅広い種類が揃う。

➡ミニサイズのフライパンにのったトルティーリャ€9
⬇店頭にはトルティーリャがずらり

スペイン定番の名物を味わってみて

❷ カラスコ
Carrasco

市場で肉料理を楽しむならここ

サラマンカ地方のイベリコ豚を扱うカラスコ社と腸詰めメーカーのマス社が共同経営で出店。生ハム、ブティファラ、チョリソなど品数豊富。

量り売りメニューもあるよ

➡乾パン付きのイベリコ豚生ハム€25　➡市場内でも比較的大きな店構え

❸ ラ・オラ・デル・ベルム
La Hora del Vermut

オリーブのつまみが充実

ヘレス特産のシェリーにぴったりのおつまみとしてオリーブやナッツ類を多種販売。フレーバードワインのベルムットも名物。

➡オリーブと相性バッチリのベルムット€4.50　⬇乾き物も多数用意している

➡ウズラやエビなどを挟んだオリーブの串刺し1個€5

シェリーの奥深さを体験しにきてね！

94

カヴァ・デ・サン・ミゲル通り
Cava de San Miguel

マヨール広場の西側にある通り。メソンとよばれるスペイン風居酒屋が立ち並ぶ飲み屋街として知られ、毎晩ハシゴ酒を楽しむスペイン人で大賑わい。

サン・ミゲル市場

タペオとは？
タパスをつまみながら、数軒の店を飲み歩くこと。地元の人たちは、一般的に1ドリンクずつを互いにおごりあいながら、ハシゴ酒を楽しんでいる。

↑夜のサン・ミゲル通りはバルめぐりが楽しい

⑥ メソン・リンコン・デ・ラ・カヴァ
Mesón Rincón de la Cava

新鮮な芝エビとカヴァに舌鼓

店のおすすめは、ニンニク入りオイルで芝エビを煮たガンバス・アル・アヒーリョ。メニューはハーフと大サイズがあるので、ハーフサイズの場合は注文時に必ず伝えること。
[MAP]付録P20B3 ⓂM1・2・3号線SOL駅から徒歩8分 Cava de San Miguel17 ☎91-3665830 12～24時 なし

↑プリプリ芝エビと、ニンニクの風味が食欲をそそる。ガンバス・アル・アヒーリョGambas al Ajillo €8.50（ハーフ）

④ メソン・デル・ボケロン
Mesón del Boquerón

40年来の味でファンに愛される店

オーナー手作りのボケロン（カタクチイワシ）のマリネが名物のメソン。自家製サングリアはジョッキ€12もある。
[MAP]付録P20B3 ⓂM1・2・3号線SOL駅から徒歩8分 Cava de San Miguel 13 ☎91-5482616 13～17時、19時30分～23時30分 火曜

→ボケロネス・フリトスBoquerones fritos €9。からっと揚げたボケロンに塩を振りかけた料理

自家製サングリア€3（グラス）もぜひ
←オーナーのホセさん

←レンガ造りで穴場的雰囲気

→酢と塩のバランスがよく上品な味のボケロネス・エン・ビナグレBoquerones en vinagre €11

⑤ メソン・デ・ラ・トルティーリャ
El Mesón de la Tortilla

トルティーリャといえばココ

スペイン風オムレツ、トルティーリャが名物。ふわふわの生地の中には、ジャガイモやハムが入ってボリューム満点。1人前から注文可能で、人数に応じたサイズで作ってくれる。
[MAP]付録P20B3 ⓂM1・2・3号線SOL駅から徒歩8分 Cava de San Miguel 15 ☎91-5471008 19～25時（金・土・日曜は13～17時の昼営業あり） なし

←店内は細長くのびた洞窟のような雰囲気
→シンプルながらふわふわアツアツでおいしいトルティーリャTortilla €12（2人前）

⑦ メソン・デル・チャンピニョン
Mesón del Champiñón

アツアツの絶品の鉄板焼き

看板料理はマッシュルームの鉄板焼き。マッシュルームは肉厚でジューシー。カウンターの立食席と、テーブル席では料金が異なる。
[MAP]付録P20B3 ⓂM1・2・3号線SOL駅から徒歩8分 Cava de San Miguel 17 ☎91-5596790 11時～翌1時（金・土曜は～翌2時、日曜は12時～翌1時） なし

→自家製サングリア€2
←マッシュルームにニンニク、チョリソなどがのったチャンピニョン・ア・ラ・プランチャChampiñón a la Plancha €7.90

マドリード マヨール広場

95

マドリード GOURMET

名店で郷土料理に舌鼓
カスティーリャ料理を味わう

煮込み料理や豪快な肉料理が豊富な料理。マドリードには味はもちろん、伝統を感じる雰囲気抜群の老舗レストランが多い。

カスティーリャ料理とは…?
内陸部では牧畜が盛んなため、ローストや煮込みなどの肉料理が多い。寒暖の差が激しく乾燥した気候から、塩味が強めのこってりとした、温かみのある家庭料理が主流。

【王宮周辺】
ラ・ボラ
La Bola

【名物】**マドリード風コシード**
Cocido Madrileño €24.50
ジャガイモや豚肉、ひよこ豆などを煮込んだ料理。スープを味わったあとに具材を食べる。こってり濃厚な味わい。

マドリードが誇る伝統の味
1870年創業のカスティーリャ料理の老舗。3種類のコシードを供する食堂としてスタートして以来、伝統の味を受け継いできた。一番人気は1人前ずつ壺に入れじっくり煮込んだコシード。最初は壺のスープを短いパスタに注ぎ食べ、そのあと、壺の中の具材を味わおう。

MAP 付録P20B1 ⓧ Ⓜ2・5・R号線ÓPERA駅から徒歩5分 ⓒC. de la Bola 5 ☎91-5476930 ⓗ13〜16時（木・金曜は12時〜21時30分、土曜は13時30分〜21時30分）ⓒなし 【英】【予】

1：歴史を感じる趣ある店内　2：赤い看板が目印

こちらもオススメ
壺の中のスープは短いパスタとともに、スープは豚肉と野菜の旨みがたっぷり

【名物】
カジョス・ア・ラ・マドリレーニャ
Callos a la Madrileña €17
牛の胃袋（ハチノス）やチョリソなどを煮込んだ料理。こってりした味で、パプリカなどのスパイスも効いている。

こちらもオススメ
揚げポテトと炒り玉子を和えた、フエボス・エストレジャードス
Huevos Estrellados €12.50

【王宮周辺】
エル・ランド
El Landó

スペイン国王も訪れた有名店
伝統的なスペイン料理とホスピタリティの高さが評判の隠れ家レストラン。エグゼクティブな人たちが多く集まり、スペイン国王やハリウッドセレブも訪れている。

MAP 付録P17C4 ⓧ Ⓜ5号線LA LATINA駅から徒歩8分 ⓒPlaza de Gabriel Miró 8 ☎91-3667681 ⓗ13〜16時、20時30分〜23時30分 ⓒ日曜の夜、月曜 【英】

1：大人たちが集まる落ち着いた店内
2：壁にはスペイン国王やハリウッドセレブたちの記念写真がたくさん！

マドリード　カスティーリャ料理

> 名物
> コチニーリョ・アサード
> Cochinillo Asado €32〜
> ※写真は1頭(6人前)
> 仔豚丸ごと1頭を巨大な釜でじっくり焼き上げたダイナミックな料理。外はパリパリ、中はジューシー。肉本来の味が楽しめる。

マヨール広場周辺
ボティン
Botín

世界最古のレストラン

創業は1725年で、ヘミングウェイも常連だった名店。世界で一番古いレストランとしてギネスにも登録されている。名物の仔豚の丸焼きにスープ、デザート、ドリンクが付いたセット€45.90がおすすめ。

MAP 付録P20B4 SOL 1·2·3号線SOL駅から徒歩10分 C. de Cuchilleros 17 ☎91-3664217 13〜16時、20時〜23時30分 なし

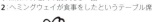

1：熟練の料理人の技が光る一品
2：ヘミングウェイが食事をしたというテーブル席

> こちらもオススメ
> 肉と野菜たっぷりのコシード・マドリレーニョ
> Cocido Madrileño €35
> (月〜金のみで前日までに要予約)

マヨール広場周辺
ポサダ・デ・ラ・ビーリャ
Posada de la Villa

17世紀のポサダを改装

1642年に建てられたポサダ(旅籠)を改装した趣のある店内で郷土料理が楽しめる。マドリードの定番メニューが揃うなか、一番の自慢は大きな薪の釜で焼き上げる仔羊の丸焼き、コルデーロ・レチャル。ハウスワイン(ボトル)€24.50〜とともに味わいたい。

MAP 付録P20B4 5号線LA LATINA駅から徒歩5分 Cava Baja 9 ☎91-3661860 12時45分〜15時45分、19時45分〜23時30分 日曜の夜

> 名物
> コルデーロ・レチャル
> Cordero Lechal 2人前 €64
> 大きな薪の釜で時間をかけ焼き上げるため、肉はとても軟らかい。仔羊を使っているので臭みもまったくなく食べやすい。

木造りの店内は温もりがあふれている

プエルタ・デル・ソル周辺
カサ・アルベルト
Casa Alberto

地元の人たちに愛される実力店

1827年創業のレストラン。建物はかつて『ドン・キホーテ』の作者セルバンテスが暮らしていたといわれている。カジョス€24といった定番の郷土料理もおすすめ。

MAP 付録P21D4 1·2·3号線SOL駅から徒歩10分 C. de las Huertas 18 ☎91-4299356 12〜23時(バルは〜24時、日曜は〜16時) 月曜

1：老舗ながら、入りやすい雰囲気
2：手前はバル、奥がレストランに

> 名物
> ラボ・デ・ブェイ・エストファド
> Rabo de Buey Estofado €24.50
> 牛の尾を煮込んだオックステールシチュー。やわらかくなった肉にコクのあるソースがよく絡む。

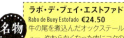

> こちらもオススメ
> 塩ダラのトマトソース添え、バカラオ・ア・ラ・マドリレーニャ
> Bacalao a la Madrileña €23.50
> (ない場合あり)

97

マドリード GOURMET

個性的なお店が集結！
マドリードバル案内

マドリードの夜もやっぱりバル！　地元民に愛されるお店が多く、昔ながらの風情が魅力のお店も。なかでも観光客も立ち寄りやすいおすすめバルをご紹介。

プエルタ・デル・ソル周辺

ラ・カサ・デル・アブエロ
La Casa del Abuelo

看板料理はエビのアヒーリョ

1906年創業の老舗バル。店内は基本的に立ち飲みで、名物のエビ料理をつまみにビールで1杯、というのが地元流だ。通りの向かいにテーブル席メインの支店もあり、好みで使い分けることもできる。

MAP付録P21D3 ⓜ1・2・3号線SOL駅から徒歩3分 C. Victoria 12 ☎91-0000133 12～24時（木・金曜は～翌1時）なし

おすすめタパス
ガンバス・アル・アヒーリョ　€10.90
Gambas al Ajillo
名物料理のエビのオイル煮。ニンニクが利いたオイルはパンに付けて。大サイズは€17.50

1：まずはカウンターで注文を。主なメニューは店内の鏡に書かれている　2：エビを串揚げにしたバンデリーリャ・デ・ラングスティーノ €11.70　3：各種タパスは入口横のカウンターで調理。アツアツを供してくれる

セラーノ通り周辺

ラ・ヒラルダ
La Giralda

スペイン南部の味を忠実に再現

陶器のタイルやシェリー樽のテーブルなど、アンダルシア風のインテリアがかわいい郷土料理店。本格的な料理をバルでも味わうことができるのが魅力。金曜の夜はフラメンコショーも。

MAP付録P19C4 ⓜ4号線SERRANO駅から徒歩5分 C. Claudio Coello 24 ☎91-5764069 13～16時、20～24時 日曜の夜、祝日の夜

1：スタッフにアンダルシアのおすすめのお酒を聞いてみて
2：ヒヨコ豆と桜エビのかき揚げ、トルティーリャ・デ・カマロネス1枚€3.30

おすすめタパス
バリアード・デ・ペスカディート　€39.90
Variado de Pescadito "Giralda"
アンダルシアの定番タパス。エビ、イワシ、イカなどを使った魚介のフリット。2～3人前

98

王宮周辺
セルベセリア・ラ・マヨール
Bar Cervecería la Mayor

150種類のビールが味わえる

スペインだけでなく世界各地の地ビールを味わえる、ビールがテーマのバル。アイリッシュ・パブのようなカジュアルな雰囲気のなか、ビールにあうスペイン料理を味わえる。

MAP 付録P20A3 Ⓜ1・2・3号線SOL駅から徒歩5分 ⒽC.Mayor 77 ☎91-1302435 営13~24時（金・土曜は～翌1時）休なし 英 西

たくさん飲んで食べて楽しんでね

おすすめタパス

ハモン・イベリコ
ハーフ€16.95　Jamón Ibérico

生ハムの中でも最高級のイベリコ豚はぜひ味わいたい

1：天井にビールのボトルが飾られたユニークなインテリアが目を引く店内　2：ラ・マンチャ地方のチーズ、ケソ・マンチェゴ€8.60（ハーフ）

プエルタ・デル・ソル周辺
ラ・オレハ・デ・ハイメ
Bar la Oreja de Jaime

鉄板焼き料理を食べてみて！

豚の耳が名物の美食居酒屋

スペイン語でオレハ（耳）と店名にあるように、豚の耳の鉄板焼が看板料理のバル。イカやエビ、ムール貝などを使った魚介のタパスも評判で、バルらしい賑やかな雰囲気のなかでくつろげる。

MAP 付録P21D3 Ⓜ1・2・3号線SOL駅から徒歩3分 ⒽC.de la Cruz 15 営12~17時、19時～翌1時 休なし 英 西

おすすめタパス

オレハ・エスペシアル・デ・ラ・カサ　€7.50
Oreja Especial de la Casa

豚の耳とジャガイモの鉄板焼。豚の耳はスペインではポピュラーな食材

1：天井からトウガラシやニンニクがぶら下がるバルらしい雰囲気　2：ピミエントス・デ・パドロン€5はシシトウの素揚げ

市街地外辺
ラ・カタパ
La Catapa

シーフードを食べるならココ

その日仕入れた新鮮な魚介がショーケースに並ぶバル。シーフードはそのまま生で、または焼き、蒸しなど店のおすすめの方法で調理してくれる。値段は時価だが、どれも手頃。

MAP 付録P14B3 Ⓜ9号線IBIZA駅から徒歩3分 ⒽC.Menorca 14 ☎91-5742615 営12~24時 休日・月曜 英 西

おすすめタパス

ベルベレチョス・ヒガンテス　€22.50（時価）
Berberechos Gigantes

ベルベレチョスという二枚貝をシンプルに蒸した、磯の香りがたまらない一品。ほどよい塩気が白ワインや発泡ワインとよく合う

1：おすすめの魚介はその日によって異なる　2：魚介をライムでマリネしたサルピセビッチェ€18.35など、メキシコ料理をイメージした創作料理も。カバはグラス€5.50　3：観光客向けの店ではあまり見かけないシーフードもリーズナブルな値段で味わえる店

SHOPPING マドリード

愛らしいスペインの定番みやげ
心温まるスペイン陶磁器

なめらかな曲線や植物、星などをモチーフにした色彩豊かなデザインが特徴のスペイン陶磁器。日本でも人気のリヤドロをはじめ、個性的で伝統あるメーカーが多い。

セラーノ通り周辺
リヤドロ
Lladró

店内のシャンデリアもリヤドロ製
スペインが誇るポーセリンアート(磁器芸術)で知られるリヤドロの直営ブティック。上品な色彩と繊細な花細工、リアリティある美しい曲線をとりヤドロの作品は、すべてハンドメイドで制作されており温もりにあふれている。

MAP 付録P19C2 ⊕M4号線SERRANO駅から徒歩10分 ⊕C. de Serrano 76 ☎91-4355112 ⊕10〜20時 ⊕日曜、祝日 ⊕🎫

1：飛び立とうとするハチドリがのったリヤドロのつぼ€465　**2**：リヤドロの人気コレクション「THE GUEST」€355　**3**：赤いハートを持つ姿がかわいいウサギのリヤドロ作品€120　**4**：今にも踊り出しそうなフラメンコダンサーのリヤドロ人形。スペイン国内限定品€695　**5**：かわいいお花屋さんの少女。リヤドロらしい繊細な花細工が施されている€1675　**6**：リヤドロのスタンドライト。USBコードで充電可能€365　**7**：花をくわえた犬のリヤドロ作品€260

100

マドリード スペイン陶磁器

[グラン・ビア通り周辺]
セラミカ・カンタロ
Ceràmica Càntaro

手頃な陶器が豊富に揃う
日常でも使いやすい陶器を、手頃な価格で手に入れられる。カスティーリャ地方やバレンシア、アリカンテ、ムルシアなどスペイン各地の陶器が集まる。カンタロは「水瓶」「壺」の意味
[MAP] 付録P17C2 ⓂM3・10号線 PLAZA DE ESPAÑA駅から徒歩2分 ㊟C.Flor Baja 8 ☎91-5479514 ㊟10時30分～14時、17時～20時30分(土曜は11～14時のみ) ㊡日曜

1：ウベダ産のポット€17.25 2：花の形がかわいいタラベラ焼の丸皿€17.40 3：緑色が美しい皿はアンダルシアのハエン県にある村、ウベダ産€27.50 4：タラベラ焼のおたま置き€13.50 5：花柄模様がほっこりする掛時計は大人気€36.90 6：動物や狩猟の様子が描かれたバレンシア様式の皿。15世紀のタイルを再現している 各€15.80(10×10cm) 7：ラ・マンチャ地方の都市、エル・ブエンテ・デル・アルソビスポ産の長皿€33.80

一皿で食卓を華やかに

[プラド美術館周辺]
アルテ・スティロ
Arte Stilo

スペイン各地の焼物が勢揃い
陶磁器を中心に各地の工芸品を揃えるみやげ店。2階にはスペイン各地の焼き物が並んでおり、スペインブランドのバッグやアクセサリーなども扱っている
[MAP] 付録P15D2 ⓂM1号線ANTÓN MARTÍN駅から徒歩10分 ㊟Paseo del Prado 12 ☎91-4296646 ㊟10～20時 ㊡日曜、祝日

1：セビーリャ焼の置時計は、スペインらしい闘牛がモチーフ€29.50 2：水をイメージしたデザインが特徴的なコルドバ焼のポット€11 3：卵型のデコボコがユニークなコルドバ焼の大皿€15 4：タラベラ焼の塩こしょう入れ€22

機能性にもすぐれた焼き物

101

マドリード SHOPPING

自分用からバラマキ系まで大集合!
巨大デパートでおみやげ探し

スペイン全土に展開する巨大デパート、エル・コルテ・イングレス。
スペインならではの食材やお菓子などなんでも揃う。お気に入りの味を持って帰ろう!

食材 FOOD

アーティチョーク €8.90
スペインならではの食材、アーティチョーク

イワシャコのパテ €4.90
スペインではクリスマスディナーなどのぜいたくな料理に使われる鳥・イワシャコのパテ

アロス・ネグロのセット €12.90
イカ墨パエーリャ、アロス・ネグロのお手軽セット。お米とダシ付き

イカの缶詰 €7.90
チピロンとよばれる小さなイカの墨なしと墨ありの缶詰

ツナ €10.90
ツナ(黒マグロ)を瓶詰めしたもの

トマトジャム €6.90
オリジナルブランドのトマトジャム

飲み物 DRINK

ベルムット €39.50
スペインでは食前酒として親しまれているフレーバードワイン

カバ €19.50
スペインの発泡ワイン、カバのロゼ

サングリア €9
ワインにフルーツを漬けたスペイン定番のドリンク

ガスパチョ €7.19
アンダルシア地方のトマトベースの冷製スープ。夏バテに効果ありといわれる

赤ワイン €39.80
ワイン愛好家から注目を集めるワインの産地プリオラートで造られた赤ワイン

調味料 SEASONING

アリオリソース €4.50
スペイン料理の定番、ニンニク入りのマヨネーズ

サフラン €56
質のよさで知られるラ・マンチャ地方産

キャビアロリ 左€13.90 右€13.50
オリーブオイルを粒状にしたユニークな商品。バジル風味など複数の種類がある

ブラバスソース €6.40
スペインの辛いソースでおなじみのブラバスソース

カバビネガー €8.90
スペインの発泡ワイン、カバを使ったビネガー

イビサの塩 €19.90
塩の名産地として知られるイビサ島の自然保護地域で作られた海塩

オリーブオイルスプレー €8.26
エクストラバージンオリーブオイルのスプレータイプは使い勝手◎

マドリード　巨大デパート

お菓子 SNACK

ポテトチップス €1.90
イビサ産の塩を使ったポテトチップス

マロングラッセ €9.90
上品な甘さが楽しめる

クッキー €9.90
老舗メーカーTRIAS（トリアス）の5種クッキー詰め合わせ

クラッカー €4.90
オリーブオイルを使用したトマト風味のクラッカー

ビスケット €8.90
TRIASのスペシャルセレクション

HEALTHY

ぜんぶここで買える！

グラン・ビア通り周辺

エル・コルテ・イングレス
El Corte Inglés

スペインを代表する巨大デパート
スペイン全土に支店を構える国内最大級のデパート。館内にはスーパーのほか、上質な食材専門のコーナーやテイクアウトコーナーもあり、お菓子や加工食品、ワインなどなんでも揃う。上階には飲食できるフードエリア「グルメ・エクスペリエンス」も。
MAP付録P21C2 ㊽M1・2・3号線SOL駅から徒歩1分 ㊟C.Preciados 3 ☎91-3798000㊋10～22時（日曜、祝日は11～21時）㊡なし

コチラもCHECK！

メルカドーナ
Mercadona

安さ重視ならココ
スペインのスーパーチェーン。地元の人が普段使いするので手頃な値段が魅力。品質のよい自社ブランドの食品やコスメなどの品揃えも充実している。MAP付録P18B2 ㊽M3・5号線RUBÉN DARÍO駅から徒歩3分 ㊟C.de Serrano 61 ☎91-7164862㊋9時～21時30分 ㊡日曜

マドリード 1DAY TRIP

中世の面影が残る悠久の古都
トレド Toledo

マドリードから列車で35分

マドリードの南約70kmに位置するトレドは、古代ローマ時代から要塞都市として栄えてきた街。迷路のように入り組んでいる路地を歩きながら、独自の文化にふれよう。

MAP 付録P3A2

世界遺産

grand!!

1: タホ川を挟む対岸の丘からの街の景色
2: サント・トメ教会からエル・グレコ博物館への途中
3: 街の中心ソコドベル広場

アクセス

マドリードのアトーチャ駅から高速列車AVANTでTOLEDO駅まで35分。平日は1日12本、土・日曜は1日9本運行

街歩きポイント

移動は徒歩で充分。また、街を一周する観光列車は、途中下車はできないが、各名所を車窓から眺められるので人気。ソコドベル広場発、所要45分。9時30分〜19時30分(金・土曜は〜20時30分) €9

Information

アユンタミエント広場観光案内所
MAP P114A1
Plaza del Consistorio 1
☎925-254030 10〜15時30分
(土曜は〜18時)
12月24・25・31日、1月1・6日

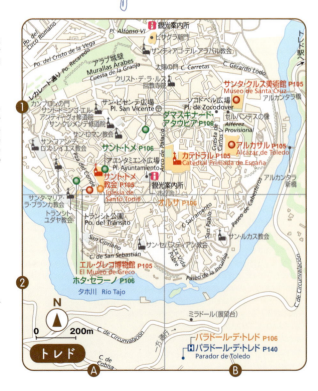

カテドラル
Catedral Primada de España

スペインにおける
カトリック教会総本山
1226年に着工し、1493年に完成した、スペインの主席大司教座がある大教会。エル・グレコなど貴重な絵画や宝物の展示でも有名。 MAP P104B1 ⓜソコドベル広場から徒歩5分 ㊐C. del Cardenal Cisneros 1 ☎ 925-222241 ㋖10時〜18時30分（日曜は14時〜、最終入場は18時）※ミサの時間は見学不可 ㋬なし ㋔€10

アユンタミエント広場は撮影スポット

彫刻の至宝として名高い主祭壇

サント・トメ教会
Iglesia de Santo Tomé

グレコの名画を展示
アラブ建築に影響を受けた、ムデハル様式を取り入れた教会。エル・グレコの最高傑作のひとつ『オルガス伯爵の埋葬』を展示。 MAP P104A1 ⓜソコドベル広場から徒歩10分 ㊐Plaza del Conde 4 ☎ 925-256098 ㋖10時〜18時45分（10月中旬〜2月は〜17時45分、12月24・31日は〜12時45分） ㋬なし ㋔€4

入口部分には西ゴートのデザインも残る

サンタ・クルス美術館
Museo de Santa Cruz

有名作家の作品が一堂に
エル・グレコの絵画をはじめ、考古学からトレドの重要美術、そして陶器・織物工芸品までを2階の3部屋に展示している。プラド美術館の姉妹美術館で、巡回展や臨時展なども開かれている。 MAP P104B1 ⓜソコドベル広場から徒歩すぐ ㊐C. Miguel de Cervantes 3 ☎ 925-221402 ㋖10〜18時（日曜は9〜15時） ㋬なし ㋔無料 ※今後、有料となる可能性あり

15世紀後半に病院として建てられた

パティオも回廊も美しい館内でゆっくりと

エル・グレコ博物館
El Museo del Greco

彼が生きていた時代を
忠実に再現
エル・グレコがトレドに移り住んでから亡くなるまでの、約40年間を過ごした邸宅を復元している。内部は美術館にもなっており、作品の鑑賞もできる。 MAP P104A1 ⓜソコドベル広場から徒歩15分 ㊐Paseo de Tránsito s/n ☎ 925-990982 ㋖9時30分〜19時30分（11〜2月は〜18時、日曜、祝日は通年10〜15時） ㋬月曜 ㋔€3

一部外観がリニューアル。入場口がガラス張りに

書斎やアトリエなども見事に復元

アルカサル
Alcázar de Toledo

堅牢な軍事要塞
11世紀にアルフォンソ6世がトレドを攻略し建設した軍事要塞。カルロス5世時代には王城として使われ、現在は軍事博物館と図書館を併設している。 MAP P104B1 ⓜソコドベル広場から徒歩2分 ㊐C. Unión s/n ☎ 925-238800 ㋖10〜17時（最終入場は16時30分） ㋬月曜 ㋔無料（変更となる場合あり）

1000年近くも昔の建築物。存在感抜群

予習　トレドを愛した画家エル・グレコ
1541年、ギリシアのクレタ島生まれ。ヴェネツィアで絵を学んだのち、35歳のときトレドに仕事を求めてやってきた。次第に宗教画家として活躍しはじめ、『オルガス伯爵の埋葬』発表後は画家としての地位を不動のものにした。

マドリード 1DAY TRIP

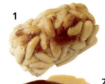

サント・トメ
Santo Tomé

トレドの伝統菓子

アーモンドの粉と砂糖を練ってさまざまな形に焼き上げるお菓子。アーモンドの香ばしい風味が特徴。どれも小指程度の大きさで食べやすく、おみやげにもぴったり。マカロンなどのお菓子も販売。 MAP P104A1 ⊗ソコドベル広場から徒歩10分（本店）© C.Santo Tomé 3 ☎ 925-223763 営9～22時 休なし

マサパン
1：餡を松の実で包んだ定番「ピニョンPiñon」200gあたり€19.80
2：三日月形の「デリシアDelicia」200gあたり€9.35

デリシアの箱詰めは1箱約200gで€7.45

ショッピング / shopping!!

ホタ・セラーノ
J.Serrano

タラベラ焼き
花柄がかわいい蓋つき小鉢（小）€20

19世紀から続く老舗

トレド近郊の村タラベラが発祥の焼物、タラベラ焼きを中心に取り扱う。店内の地下室には各種陶器がズラリと並び、その光景は圧巻。日本への発送も可能。 MAP P104A1 ⊗ソコドベル広場から徒歩15分 © San Juan de Dios 16 ☎ 925-227535 営10時～18時30分 休日曜

店舗は11世紀の家屋を使用している

ダマスキナード・アタウヒア
Damasquinado Ataujia

ダマスカス伝来の工芸品

金銀の箔や糸を酸化鉄に嵌め込みアラブ風幾何学模様を描く美しい工芸品。ダマスカスより伝わったためダマスキナードとよばれている。 MAP P104A1 ⊗ソコドベル広場から徒歩5分 © C.Barrio Rey 3 Sabio 2 ☎ 925-223325 営11～19時（土曜は11時30分～15時、16時～19時30分）休日曜 夏

オシャレな作品が並ぶ店内

象眼細工
精巧な細工のブローチ€28

グルメ

オルサ
La Orza

茶色で統一された温かみのある店内

上品な料理を味わえる大人の店

サント・トメ教会やエル・グレコの家近くに構えるラ・マンチャ料理のレストラン。夏はテラス席で食後酒を楽しむのもおすすめ。 MAP P104A1 ⊗ソコドベル広場から徒歩15分 © C.de Descalzos Nº 5 ☎ 925-223011 営13時30分～16時、20時～23時 休6～8月の日曜 夏

濃厚でクリーミーなシチュー€23.10

パラドール・デ・トレド
Parador de Toledo

トレド風ペルディス（山ウズラ）の煮込み€25は地元の伝統料理

美しい旧市街を眺めながら優雅にランチ

トレド市街を眼下に眺めることができるパラドール（→P140）内のレストラン。宿泊者以外でも利用することができるのがうれしい。 MAP P104B2 ⊗トレド駅から車で10分 © Cerro del Emperador s/n ☎ 925-221850 営13～16時、20時30分～23時 休なし 夏

エレガントな店内。セットメニューなら手頃な値段で楽しめる

gourmet!!

106

世界遺産の美しい古都
セゴビア Segovia

世界遺産

マドリードの北西約90kmに位置するセゴビア。カスティーリャ王国時代に重要都市だったこの街は、古代ローマの水道橋や「大聖堂の貴婦人」といわれるカテドラルなどがみどころ。 [MAP] 付録P3A2

アクセス
マドリードのチャマルティン駅からAVEやAVANTでSEGOVIA GUIOMAR駅まで約30分。1日20本以上運行。

街歩きポイント
城壁に囲まれた旧市街の入口にローマ水道橋がある。旧市街の起点はマヨール広場。移動の基本は徒歩。坂道や石畳の路地が多いため歩きやすい靴を履いて出かけよう。

Information
観光案内所
[MAP] P107C2 ⌂ Pl.Azogüejo 1 ☎ 921-466720 ⏰10〜19時（10〜3月は〜18時、12月24・31日、1月5日は〜14時）※年によって変更あり 休12月25日、1月1・6日

リモン・イ・メンタ
Limón y Menta

歩き疲れたらひと休み
マヨール広場に面しているパティスリー兼カフェ。店内では、伝統菓子をはじめとするスイーツとコーヒー€1.35が楽しめる。 [MAP] P107B2 ⌂ マヨール広場から徒歩すぐ ⌂ Isabel La Católica 2 ☎ 921-462141 ⏰9時〜20時30分（土・日曜は〜21時）休なし 英

アーモンド粉の乾燥菓子、メルリトーネス€2（手前左）、卵黄と砂糖でできたジェマ・デ・セゴビア€0.55（手前右）、粉砂糖を振ったポンチェ€3（一番奥）

散策のひと休みに甘い伝統菓子を

ローマ水道橋
Acueducto Romano

全長700mの世界遺産

旧市街とともに世界遺産に登録されている水道橋。紀元前1世紀に古代ローマ人によって建設された。接着剤を一切使わず、石を積み上げているだけ。 [MAP] P107C1 ⌂ マヨール広場から徒歩10分

半世紀ほど前までは実際に使用されていた

アルカサル
Alcázar

映画「白雪姫」のモデルの城
11世紀に築城、15世紀に王宮として改築された城。尖塔やムデハル様式の天井装飾が印象的。 [MAP] P107A2 ⌂ マヨール広場から徒歩10分 ⌂ Plaza de la Reina Victoria Eugenia, s/n ☎ 921-460759 ⏰10〜20時（11〜3月は〜18時、休館日前日は〜14時30分）休アルカサルの日（年により変更）€7（塔付きは€10）、オーディオガイドは€3.50（日本語あり）

塔に登ると、市街の絶景を楽しめる

カテドラル
Catedral

200年以上を経て完成

スペインで最も新しいゴシック様式のカテドラル。16世紀の着工から、完成まで200年以上かかった。 [MAP] P107B2 ⌂ マヨール広場から徒歩10分 ⌂ C.Marqués del Arco 1 ☎ 921-462205 ⏰9時〜21時30分（9月末から4月は9時30分〜18時30分、日曜はミサの後の13時30分〜21時30分）休€4（塔の見学付き€10）

幅50m、奥行きは105m。シルエットが美しい

マドリード 1DAY TRIP

> マドリードから列車で1時間30分

ドン・キホーテの世界を歩く
ラ・マンチャ地方
La Mancha

> 風車のほとんどは、今は稼働していない

荒涼とした大地に映える青い空、そこに力強く立ち並ぶ白い風車。この最もスペインらしい風景は、ラ・マンチャ地方ならではのもの。セルバンテスの小説、『ドン・キホーテ』の物語とともに、この魅力的な地方をめぐってみよう。MAP 付録P3A2-B2

アクセス
マドリードのアトーチャ駅からアルカサル・デ・サン・ファンALCAZAR DE SAN JUAN駅まで列車で約1時間30分。

街歩きポイント
起点はマドリードの列車が乗り入れるアルカサル・デ・サン・ファンALCAZAR DE SAN JUAN駅。駅前でタクシーをチャーターして村々を回るのがいい。風車のある村はカンポ・デ・クリプターナとコンスエグラが有名。

カンポ・デ・クリプターナ
Campo de Criptana

草原にはドン・キホーテ像も

あの名作に描かれた広大な大地を旅する
小説『ドン・キホーテ』の舞台として有名な街。丘の上には今もいくつもの白い風車が残る。風車の街としては唯一、列車で行くことができ、駅から風車までは徒歩で30分ほど。駅を出て左右方向に向かって歩き、あとは標識に従って進もう。MAP P108

観光案内所
☎92-6563931
(時)10〜14時、15時30分〜18時30分(夏期の午後は16〜19時) (休)なし

> 赤い大地と緑のブドウ畑、白い風車が印象

コンスエグラ
Consuegra

なだらかな丘陵地に白亜の風車が佇む
丘の麓にある小さな街。複数の風車と古城が丘の尾根にきれいに並ぶ。丘の上は見晴らしがよく、隣町までくっきりとみえる。また、時間があれば丘を下りてブドウ畑の間の道を歩いてみるのもゆったりとできて楽しい。MAP P108

観光案内所
☎92-5475731 (時)10〜14時、15〜18時(夏期の午後は16時〜18時30分) (休)なし

小説『ドン・キホーテ』とは？
ミゲル・デ・セルバンテス(1547〜1616年)が、1605年に発表した小説。自分を勇敢な騎士だと思い込む初老の男ロ・キホーテが、やせ馬ロシナンテにまたがり憧れの姫君ドルネシアを探しにラ・マンチャ地方を旅する物語で、人間の真実や現実を厳しくとらえた手法は近代小説の出発点といわれる。

ベンタ・デル・キホーテ
Venta del Quijote

> 挽いた豆粉に生ハムなどが入る郷土料理のガチャス

セルバンテスが泊まった旅籠でランチ
『ドン・キホーテ』の作者セルバンテスが宿泊したという旅籠を利用したレストランで、ラ・マンチャ地方の郷土料理が味わえる。庭にはドン・キホーテの像もあるので、記念撮影も忘れずに。MAP P108

(交)アルカサル・デ・サン・ファン駅から車で30分 (住)El Molino 2, Puerto Lapice ☎620-887714 (時)9時30分〜17時30分(月曜日は9〜17時) (休)火〜木曜(祝日の場合は営業)

昔ながらの雰囲気が漂う

ラ・マンチャ

マドリード Madrid
アランフェス Aranjuez
トレド Toledo
エル・トボソ El Toboso
モタ・デル・クエルボ Mota del Cuervo
コンスエグラ Consuegra
プエルト・ラピセ Puerto Lapice
ベンタ・デル・キホーテ Venta del Quijote
カンポ・デ・クリプターナ Campo de Criptana
シウダッド・レアル Ciudad Real
トメリョソ Tomelloso
アルカサル・デ・サン・ファン Alcazar de San Juan
アルマグロ Almagro

まだある！マドリードの観光スポット

マドリードの主なみどころは プエルタ・デル・ソルを中心に、 半径1km程度の範囲に集まっている。

📷 見る ｜ 王宮周辺 ｜ MAP 付録P20A1

王立エンカルナシオン修道院
Real Monasterio de la Encarnación

由緒ある歴史深い修道院

フェリペ3世の妃マルガリータの命で1611年に建造。ハプスブルク家の女性たちが修道女として暮らした。DATA ⓂM2・5・R号線ÓPERA駅から徒歩5分 ㊙Plaza de la Encarnación ⏰10～14時、16時～18時30分(日曜は10～15時) ㊡月曜 ㊎€8.77(オンライン)

📷 見る ｜ 王宮周辺 ｜ MAP 付録P14A4

サン・フランシスコ・エル・グランデ教会
Real Basílica de San Francisco el Grande

宮廷画家前のゴヤ作品を鑑賞

聖フランシスコが、巡礼の途中で建てた聖堂が起源。礼拝堂には、ゴヤの『シエナで布教するサン・ベルナルディーノ』がある。DATA ⓂM5号線LA LATINA駅から徒歩7分 ㊙C.Gran vía de San Francisco19 ☎91-3653800 ⏰10時30分～14時、16～18時 ㊡日・月曜 ㊎€5(木曜は無料)

📷 見る ｜ プエルタ・デル・ソル周辺 ｜ MAP 付録P21D2

王立サン・フェルナンド美術アカデミー
Real Academia de Bellas Artes de San Fernando

数々の芸術家を輩出した場所

18世紀半ばに、画家の育成などを目的に創設され、ダリ、ピカソなども学んだ。絵画を中心とした展示内容で、ゴヤの作品群は必見。DATA ⓂM1・2・3号線SOL駅から徒歩3分 ㊙Alcalá 13 ☎91-5240864 ⏰10～15時 ㊡月曜 ㊎€9

📷 見る ｜ マヨール広場周辺 ｜ MAP 付録P20B3

ビリャ広場
Plaza de la Villa

歴史に彩られた広場

17世紀建設の旧市庁舎など歴史的建造物に囲まれた広場。東側には、15世紀にマヨール広場と同じ設計者が建てたゴシック・ムデハル様式のルハネスの家と塔。南側には16世紀に建てられたシスネロスの家がある。DATA ⓂM2・5・R号線ÓPERA駅から徒歩7分

📷 見る ｜ グラン・ビア通り周辺 ｜ MAP 付録P17C2

スペイン広場
Plaza de España

マドリードを象徴する広場

『ドン・キホーテ』の作者セルバンテス没後300年を記念して造られた。敷地内にはセルバンテスのモニュメントや、ロシナンテに乗ったドン・キホーテの像が立つことで有名。モデルニスモの傑作、ガリャルドの家もみもの。DATA ⓂM3・10号線PLAZA DE ESPAÑA駅から徒歩すぐ

📷 見る ｜ セラーノ通り周辺 ｜ MAP 付録P18B4

国立考古学博物館
Museo Arqueológico Nacional

10数万点にも及ぶ展示品

セラーノ通り沿いの博物館。主に歴史遺産を展示し、胸像『エルチェ婦人像』やアルタミラ洞窟の精巧に復元された模型は注目。DATA ⓂM4号線SERRANO駅から徒歩3分 ㊙C. Serrano 13 ☎91-5777912 ⏰9時30分～20時(日曜、祝日は～15時) ㊡月曜 ㊎€3(土曜の14時～と日曜の朝は無料)

📷 見る ｜ セラーノ通り周辺 ｜ MAP 付録P18B3

ソローリャ美術館
Museo de Sorolla

都会のオアシス的な空間

バレンシア出身で「光の画家」とよばれたホアキン・ソローリャの作品を展示。本人のアトリエ兼住居を利用し、美術館として公開。DATA ⓂM5号線RUBÉN DARÍO駅から徒歩5分 ㊙General Martínez Campos,37 ☎91-3101584 ⏰9時30分～20時(日曜、祝日は10～15時) ㊡月曜 ㊎€3(土曜14時～、日曜は無料)

| 見る | セラーノ通り周辺 | MAP 付録P18B4 |

アルカラ門
Puerta de Alcalá

表裏異なる意匠が施された門

カルロス3世の命により、1778年、建築家フランシスコ・サバティーニが設計した5つの重厚なアーチ。イタリアのバロック様式の流れを汲み、王宮と同じ白い御影石で造られている。レティーロ公園から門をくぐれば、セラーノ通りへ。 DATA ㊍ M2号線RETIRO駅から徒歩2分

| 見る | セラーノ通り周辺 | MAP 付録P19C1 |

ラサロ・ガルディアーノ美術館
Museo Lázaro Galdiano

建物にも注目の邸宅美術館

ラサロ・ガルディアーノ氏の3万点におよぶコレクション。ゴヤやモリーリョの絵画、ナスル朝時代のタペストリーや古代の壺など多彩。貸出しなどのため、観られないことも。 DATA ㊍ M5号線 NÚÑEZ DE BALBOA駅から徒歩9分 ㊟ Serrano 122 ☎91-5616084 ㊐9時30分～15時 ㊡月曜 ㊎€3

| 見る | プラド美術館周辺 | MAP 付録P15D2 |

ティッセン・ボルネミッサ美術館
Museo de Thyssen-Bornemisza

西洋美術の軌跡をたどる

ティッセン・ボルネミッサ家が2代にわたり収集した個人コレクションを展示。作品は1000点近くある。 DATA ㊍ M2号線 BANCO DE ESPAÑA駅から徒歩8分 ㊟ Paseo del Prado 8 ☎91-7911370 ㊐10～19時(月曜は12～16時) ㊡なし ㊎€13(月曜は無料、常設展示のみ)

| 見る | 市街地外辺 | MAP 付録P14B3 |

ラス・ベンタス闘牛場
Plaza de Toros de Las Ventas

人と牛による生と死の厳かな儀式

収容人数約2万3700人で、世界最大規模を誇る。闘牛は3月から10月のシーズンのみの開催だが、内部見学はできる。 DATA ㊍ M2・5号線VENTAS駅から徒歩すぐ ㊟ Alcalá 237 ☎687-739032 ㊐オーディオガイド見学10～19時(11～3月は～18時) ※入場は閉館の1時間前まで ㊡なし ㊎€16

上：上から年代の古い順に展示
下：外観は19世紀の新古典主義様式

| 見る | 市街地外辺 | MAP 付録P16A1 |

ゴヤのパンテオン
Panteón de Goya

ゴヤのフレスコ画が見られる

正式名は「サン・アントニオ・デ・ラ・フロリダ聖堂」だが、ゴヤのパンテオンの名で親しまれている。ゴヤによるフレスコ画が一面に施された天井画がみどころ。 DATA ㊍ M6・10・R号線PRÍNCIPE PÍO駅から徒歩9分 ㊟ Glorieta de San Antonio de la Florida 5 ☎91-5420722 ㊐9時30分～20時(6月15日～9月15日は～19時) ㊡月曜 ㊎無料

上：静寂なたたずまいを見せる外観
下：ゴヤが描いた壮大な天井画

| 見る | 市街地外辺 | MAP 付録P14B2 |

サンティアゴ・ベルナベウ
Estadio Santiago Bernabéu

大規模改修が完了した巨大スタジアム

レアル・マドリードのホームスタジアム。8万人以上収容可能。近年の改修工事により、開閉屋根や格納式ピッチが導入された。 DATA ㊍ M10号線SANTIAGO BERNABÉU駅から徒歩すぐ ㊟ Concha Espina 1 ☎91-3984300 ㊐スタジアムツアー9時～19時30分(日曜は10時～18時30分) ㊎€38～(オンライン)

おすすめ レストラン&バル

プエルタ・デル・ソルやマヨール広場周辺は老舗や有名店が、セラーノ通り周辺には洗練された店が多い。

食べる｜プエルタ・デル・ソル周辺｜MAP 付録P20B1

カサ・パロンド
Casa Parrondo

素朴な郷土料理とシドラで乾杯

スペイン北部のアストゥリアス州がテーマ。チョリソや豆などを使った素朴なアストゥリアス料理が味わえる。シドラは専用の機械を使い自分で注ぐスタイル。DATA ❽M2・5号線ÓPERA駅から徒歩5分 ⓔC. de Trujillos 9 ☎91-5226234 ⓗ9時～翌3時（日曜は～18時）ⓚなし 英

食べる｜プエルタ・デル・ソル周辺｜MAP 付録P21D3

ヴィーニャP
Viña P

闘牛好きのオーナーが営むバル

熱狂的な闘牛ファンのオーナーが経営。料理はどれもボリューム満点で、オックステール€14がおすすめ。カウンターのほかテーブル、外にはテラス席もある。DATA ❽M1・2・3号線SOL駅から徒歩5分 ⓔPlaza Sta. Ana 3 ☎91-5318111 ⓗ13時～23時45分 ⓚなし 百 英

食べる｜プエルタ・デル・ソル周辺｜MAP 付録P21C2

プエルタソル
Puertalsol

広場を見渡すビューポイント

プエルタ・デル・ソルに面するデパート、エル・コルテ・イングレスの屋上にあり、マドリードの街並みを眺めながら食事やワインを楽しめる。DATA ❽M1・2・3号線SOL駅から徒歩2分 ⓔPlaza Puerta del Sol 10 ☎91-4873685 ⓗ13時～翌0時30分（金・土曜は～翌1時30分）ⓚなし 英

食べる｜プエルタ・デル・ソル周辺｜MAP 付録P20B4

カピタン・アラトリステ
Taberna del Capitám Alatriste

シンプルイズベストの炭焼きステーキ

各界の著名人も訪れる人気のレストラン。店の自慢は炭火料理で、牛肉のTボーンステーキや仔豚の丸焼など、豪快な肉料理がテーブルを賑わせる。DATA ❽M5号線LA LATINA駅から徒歩3分 ⓔC.Grafal 7 ☎93-3661883 ⓗ12時45分～15時45分、19時45分～23時30分 ⓚ月曜 英 予

食べる｜グラン・ビア通り周辺｜MAP 付録P17C2

ジンコ・スカイ・バー
Ginkgo Sky Bar

マドリード市街が一望のバー

スペイン広場に面したホテルに備わるレストラン&バー。店内はモダンで洗練された雰囲気が漂い、テラスからはマドリードの街並みを見晴らせる。DATA ❽M10号線PLAZA DE ESPAÑA駅から徒歩すぐ ⓔPlaza de España 3 ☎91-5955512 ⓗ13時～翌1時（金・土曜は～翌2時30分）ⓚなし 英

食べる｜マヨール広場周辺｜MAP 付録P20A3

カサ・シリアコ
Casa Ciriaco

老舗で郷土料理を堪能

1906年創業のレストラン。おすすめは雌鶏のペピトリアソース€14。ブツ切りにした鶏肉をアーモンドパウダーなどが入ったソースでじっくり煮込んだ郷土料理。DATA ❽M2・5・R号線ÓPERA駅から徒歩8分 ⓔC. Mayor 84 ☎91-5480620 ⓗ12～17時、19～23時 ⓚ日・月曜の夜 英

上：店内からも街並みを見晴らせる
下：スペイン広場のそばに立つホテル最上階のルーフトップバー

| 食べる | グラン・ビア通り周辺 | MAP 付録P17C1 |

ラス・クエバス・デル・デューケ
Las Cuevas del Duque

隠れ家的レストランで伝統料理を

地元カスティーリャの伝統料理の店。200年前の洞窟風の建物で、カスティーリャ風スープ、ソパ・カスティリャーナ€8などが食べられる。DATA ㊤ ㊥3号線VENTURA RODRÍGUEZ駅から徒歩3分 ㊟C. de la Princesa 16 ☎91-5595037 ㊗12〜16時、19時30分〜23時30分(日曜は12〜17時) ㊡日曜の夜、月曜 ㊂ ㊃

| 食べる | チュエカ地区周辺 | MAP 付録P18A4 |

ボデガ・デ・ラ・アルドサ
Bodega de la Ardosa

レトロな雰囲気が趣深い

1892年創業の老舗。メニューや装飾品などがびっしりと壁に飾られた店内では、イカスミコロッケ€11.95(12個)などの定番タパスが味わえる。DATA ㊤ ㊥1・10号線TRIBUNAL駅から徒歩5分 ㊟Calle Colón 13 ☎91-5214979 ㊗9時〜翌2時(金・土曜は〜翌2時30分) ㊡なし ㊂ ㊃

| 食べる | プラド美術館周辺 | MAP 付録P15C2 |

タベルナ・デ・ドローレス
Taberna de Dolores

老舗ビール居酒屋で乾杯

1908年創業のクラシカルな居酒屋。開店当時の樽から出される生ビール€2.10が有名で、パンにハムやアンチョビなどをのせたカナッペ€3.50〜との相性は抜群だ。DATA ㊤ ㊥1号線ANTÓN MARTÍN駅から徒歩5分 ㊟Pl. de Jesús 4 ☎91-4292243 ㊗11時〜24時30分(金・土曜は〜翌1時) ㊡なし ㊂ ㊃

| 食べる | プラド美術館周辺 | MAP 付録P15D3 |

エネコ・バスク・マドリード
Eneko Basque Madrid

美食の街・バスク地方の料理を提供

バスク出身の三ツ星シェフ、エネコ・アチャ氏監修のレストラン。地中海とバスク地方の料理が中心で、特にバスク産の牛肉を使った料理が好評。DATA ㊤ ㊥1号線ESTATION DEL ARTE駅から徒歩3分 ㊟C. Atocha 123 ☎666-772 944 ㊗13〜16時、20〜23時 ㊡日・月曜 ㊂ ㊃

| 食べる | セラーノ通り周辺 | MAP 付録P18B2 |

タベルナ・リスカル
Taberna Riscal

スペイン×日本のフュージョン料理

2023年12月にオープンしたカジュアルモダンなレストラン。スペインの食材と日本やメキシコなどの食文化を融合させたフュージョン料理が特徴。DATA ㊤ ㊥5号線RUBÉN DARÍO駅から徒歩すぐ ㊟C. Marqués de Riscal 6 ☎697-783206 ㊗13時30分〜16時、20時30分〜24時 ㊡日曜 ㊂ ㊃

上：店内で提供するメニューには日本酒もある
下：スペインと異国の食文化をミックスした独特の創作料理

| 食べる | 市街地外辺 | MAP 付録P18A2 |

ラ・ファボリータ
La Favorita

オペラの美しく迫力ある歌声が響き渡る

プロのオペラ歌手がウェイター、ウエイトレスを務め、食事の合間に本格的なオペラを披露してくれる。メニューはスペイン北部のナバラ料理が中心。DATA ㊤ ㊥4・5・10号線ALONSO MARTINEZ駅から徒歩7分 ㊟C. de Covarrubias 25 ☎91-4483810 ㊗21〜24時(土曜は13時30分〜16時、21〜24時) ㊡日〜水曜 ㊂ ㊃

上：思わず聞き入ってしまうオペラの披露も
下：コース料理は€58、€76、€84の3種類

おすすめ
カフェ&タブラオ

気軽に立ち寄れて観光のひと休みができるカフェは利用価値大。フラメンコが見学できるタブラオもぜひ訪れてみたい。

🍴 食べる | 王宮周辺 | MAP 付録P20B2

サンタ・エウラリア
Santa Eulalia

フランス仕込みの至高のスイーツ

パリのル・コルドン・ブルーで修行したホセ・アルベルト・トラバンコ氏が腕を振るうベーカリー&スイーツ店。12世紀の市壁の遺構を利用した店内は雰囲気がある。DATA ⓂM2・5・R号線ÓPERA駅から徒歩1分 ⓗC. del Espejo 12 ☎91-1385875 ⓣ8時30分～20時 ⓗ月曜 Ⓔ

🍴 食べる | 王宮周辺 | MAP 付録P17C4

コラル・デ・ラ・モレリア
Corral de la Morería

著名人も訪れる格式高いタブラオ

連日一流の踊り手が出演。ショーは20時～と22時～の2回。チケットは€49.95（飲食代含まず）。DATA ⓂM2・5・R号線ÓPERA駅から徒歩14分 ⓗC. Moreria 17 ☎91-3658446 ⓣ食事は17時30分～、ショーは19時30分～、21時30分～（時期により異なる）ⓗなし Ⓔ Ⓙ

🍴 食べる | プエルタ・デル・ソル周辺 | MAP 付録P21C3

エル・リオハーノ
El Riojano

伝統菓子が揃う王室御用達店

1855年創業の老舗パティスリー兼カフェ。スタッコ装飾やステンドグラスが美しいティーサロンで、王室御用達の伝統菓子を楽しめる。ショーケースに並ぶミニケーキは1個€1.50程度。DATA ⓂM1・2・3号線SOL駅から徒歩1分 ⓗC. Mayor 10 ☎91-3664482 ⓣ9～21時 ⓗ6～9月の日曜、8月

🍴 食べる | グラン・ビア通り周辺 | MAP 付録P21C1

トレス・ベルメハス
Torres Bermejas

国内屈指のフラメンコの名店

ハイレベルのショーが繰り広げられる有名タブラオ。ディナー付きのセットが€55～、ドリンクのみが€38～。DATA ⓂM3・5号線CALLAO駅から徒歩3分 ⓗMesonero Romanos 11 ☎91-5323322 ⓣショーは17時～、19時～、21時～（金・土・日曜は15:00～もあり）ⓗなし Ⓔ Ⓙ

🍴 食べる | グラン・ビア通り周辺 | MAP 付録P18A3

ラ・ドゥケシータ
La Duquesita

伝統を受け継ぐ最旬スイーツ

1914年創業の菓子店。2017年よりスペイン随一のパティシエ、オリオル・バラゲール氏が店を引き継ぎ、伝統とモダンが融合したスイーツを提供する。DATA ⓂM4・5・10号線ALONSO MARTÍNEZ駅から徒歩3分 ⓗC. Fernando VI 2 ☎91-3080231 ⓣ9～20時（テイクアウトは～20時30分）ⓗなし

🍴 食べる | セラーノ通り周辺 | MAP 付録P18B4

カフェ・ヒホン
Café Gijón

著名人が集った老舗カフェ

ヘミングウェイら文化人が集った有名なカフェで創業1888年の老舗。テーブルや椅子などのインテリアに格式を感じる。DATA ⓂM2号線BANCO DE ESPAÑA駅から徒歩5分 ⓗPo. de Recoletos 21 ☎91-5215125 ⓣ8時～翌2時（土・日曜は9時～）ⓗなし Ⓔ Ⓙ

🍴 食べる | プラド美術館周辺 | MAP 付録P19C4

エル・ペロ・イ・ラ・ガジェタ
El Perro Y La Galleta

ビスケットの老舗が作るスイーツ

マリービスケットの老舗、フォンタネダ社が手掛けるレストラン。ビスケットを使ったスイーツを販売するベーカリーが隣接し、テイクアウトのほかレストランでも味わうことができる。DATA ⓂM9号線PRINCIPE DE VERGARA駅から徒歩2分 ⓗC. Castello 12 ☎610-181711 ⓣ13～24時（土・日曜は10時～）ⓗなし Ⓔ Ⓙ

Madrid Catalog

ファッション

高級ブランドから、カジュアルファッションまで、首都マドリードには有名なスペインブランドがたくさん。

🎁 買う | プエルタ・デル・ソル周辺 | MAP 付録P20B4

カサ・エルナンス
Casa Hernanz

とりこになる履き心地

エスパドリーユと呼ばれる、植物で編んだスペインならではのシューズの専門店。ヒールがあるものや柄などのデザインが豊富。シューズは店内で手作りされている。DATA M 1・2・3号線SOL駅から徒歩7分 C. Toledo 18 ☎ 91-3665450 ⓞ 9時30分～13時30分、16時30分～20時(土曜は10～14時) 休日曜 英

上：昔から愛され続ける1845年創業の老舗
下：夏の定番、エスパドリーユのスリッポン

🎁 買う | セラーノ通り周辺 | MAP 付録P19C4

ペドロ・ガルシア
Pedro García

美しいレッグラインを演出

エレガントなデザインと履き心地のよさに定評のある、ラグジュアリーシューズブランド。現在世界中に商品展開しているが、直営店はマドリードのこの店のみ。DATA M 4号線SERRANO駅から徒歩4分 C. Jorge Juan 12 callejón, local P ☎ 91-5753441 ⓞ 12～20時 休日曜 英

🎁 買う | 王宮周辺 | MAP 付録P20A2

レパント
Lepanto

人気ブランドがお買得

有名ブランドのバッグからシューズ、アクセサリーまでが揃い、日本人に合うサイズも豊富。オリジナルの革製品は質が高い。DATA M 2・5・R号線ÓPERA駅から徒歩3分 Pl. de Ramales 2 ☎ 91-5417427 ⓞ 9時30分～13時30分、14時30分～18時30分 休日曜の午後 日 英

上：FCバルセロナと公式フォーマルウェアのパートナーシップを結ぶブランド「ヘルノHerno」の商品も
下：仔羊の革を使ったオリジナルブランドのカード入れ各€36

🎁 買う | セラーノ通り周辺 | MAP 付録P18B4

ビンバ・イ・ロラ
Bimba & Lola

人気のカジュアルファッション

スペインの有名デザイナー、アドルフォ・ドミンゲスの姪姉妹が創設。愛犬グレーハウンドのビンバとロラがブランド名に。DATA M 4号線SERRANO駅から徒歩3分 C. de Serrano 22 ☎ 91-5761103 ⓞ 10時～20時30分(日曜は12～20時) 休なし 英

🎁 買う | チュエカ地区 | MAP 付録P18A3

マンゴ
Mango

トレンドを意識したアイテム

リーズナブルな価格と流行のデザインでとくに若者から支持を集めるブランド。世界で活躍する有名モデルや女優などがイメージモデルを務めることでも話題を集める。DATA M 1・10号線TRIBUNAL駅から徒歩3分 C. de Fuencarral 70 ☎ 91-3350929 ⓞ 10～21時(日曜は12時～) 休なし 英

Madrid Catalog

おすすめ
雑貨・その他

職人の技が光る工芸品やデザイングッズ、スペインならではの食材など、おみやげ探しにぴったりなお店をめぐってみよう。

買う | プエルタ・デル・ソル周辺 | MAP 付録P15C1

カサ・ミラ
Casa Mira

創業1842年、今も評判の老舗

トゥロンやポルボロン、チョコレートなど、スペイン人に愛されるお菓子がたくさん。店内はクラシカルな雰囲気。DATA M1・2・3号線SOL駅から徒歩5分 C. de San Jerónimo 30 91-4296796 10〜14時、17〜20時(日曜、祝日は10時30分〜14時30分、17時30分〜20時30分) 6・9月の日曜、7・8月

買う | プエルタ・デル・ソル周辺 | MAP 付録P21D3

ラ・ビオレッタ
La Violeta

スミレから作るキャンディ

スミレの花のエッセンスを固めたキャンディ(カラメロス・デ・ビオレッタ)は、創業1915年のこの店が始めた菓子として地元では有名。色鮮やかなラッピングがキュートで、すみれの砂糖漬けやオリジナルのチョコなども。DATA M1・2・3号線SOL駅から徒歩3分 Pl. de Canalejas 6 91-5225522 10〜20時 日曜、8月

上：小ぢんまりとしたレトロな店内
下：箱詰めキャンディ€13

買う | プエルタ・デル・ソル周辺 | MAP 付録P21C2

ティエンダ・レアル・マドリード
Tienda Real Madrid

豊富なレアル・マドリードグッズ

マドリードを本拠地とするレアル・マドリードの公式グッズを扱う店。ユニフォームなどの観戦グッズが揃う。DATA M1・2・3号線SOL駅から徒歩すぐ C. Carmen 3 91-5217950 11〜21時 なし

買う | プエルタ・デル・ソル周辺 | MAP 付録P21C2

マティ
Maty

フラメンコの衣装が充実

ダンスの衣装や雑貨が揃う専門店。華やかなフラメンコドレスは€365〜。青や赤、黄色、花柄が人気だ。練習用のスカートは€52〜。DATA M1・2・3号線SOL駅から徒歩3分 C. Maestro Victoria 2 91-5313291 10時〜13時45分(土曜は〜14時)、16時30分〜20時 日曜(毎月第1日曜を除く)

買う | マヨール広場周辺 | MAP 付録P20A3

オルノ・ラ・サンティアゲサ
Horno La Santiaguesa

伝統菓子からマカロンまで充実

ロスキージャスなどの伝統菓子が並ぶ「オルノ・サン・オノフレ」の支店のひとつ。お菓子ひと筋40年の菓子職人ダニエル氏の味は地元の人にも大人気。DATA M1・2・3号線SOL駅から徒歩3分 C. Mayor 73 91-5596214 8時〜21時30分(日曜は9時〜) なし

買う | マヨール広場周辺 | MAP 付録P20B3

ラ・チナタ
La Chinata

スペインらしいオリーブグッズ

スペイン発のオリーブオイル専門店。上質なオリーブオイルだけでなく、オリーブを使った肌にやさしいシャンプーや石けん、ボディケア製品など幅広い商品を取り揃えている。DATA M1・2・3号線SOL駅から徒歩3分 C. Mayor 44 91-1522008 10時〜21時30分(日曜は11〜21時) なし

Madrid Catalog

|買う|マヨール広場周辺|MAP 付録P14A4|

ラストロ
El Rastro

思わぬ掘り出し物が見つかるかも

マヨール広場より南に徒歩10分。坂道になったリベラ・デ・クルティドレス通り周辺で、日曜と祝日のみ開催されるマドリード最大の蚤の市。日用雑貨から骨董品までなんでも揃う。値引き交渉などは、基本はしないのがマナー。DATA Ⓜ5号線LA LATINA駅から徒歩1分 ⊕9〜15時ごろ ㊡月〜土曜

上:年季の入ったアンティークも
下:約1000軒もの露店が通り沿いに立ち並ぶ

|買う|セラーノ通り周辺|MAP 付録P19C3|

ラ・パス市場
Mercado La Paz

庶民の胃袋を支える市場

サラマンカ地区の目抜き通り、セラーノ通りから1本入った通りにある市場。青果店や菓子店、精肉店、靴店など、さまざまな種類の店が軒を連ねている。DATA Ⓜ4号線SERRANO駅から徒歩5分 ⊕C. de Ayala 28 ☎91-4350743 ⊕9〜20時(土曜〜14時30分) ㊡日曜

|買う|チュエカ地区|MAP 付録P18A4|

サン・アントン市場
Mercado de San Antón

食べたいグルメがなんでも揃う

3階建てのビルに、スペイン風コロッケから寿司、フレッシュジュース、肉屋など幅広いジャンルの店がびっしり揃う市場。3階にはレストランもある。DATA Ⓜ5号線CHUECA駅から徒歩1分 ⊕C. de Augusto Figueroa 24 ☎91-3300730 ⊕9時30分〜21時30分(フードコートは12〜24時) ㊡日曜(フードコートは無休)

|買う|グラン・ビア通り周辺|MAP 付録P17C2|

サルバドール・バチジェール
Salvador Bachiller

デザインも機能性も優れたトラベルグッズ

旅行用バッグなどのトラベルグッズを扱うお店として1941年に創業。現在は生活雑貨全般やアパレルも扱っており、すべて自社ブランド。マドリードに5店舗を展開している。DATA Ⓜ10号線PLAZA DE ESPAÑA駅から徒歩2分 ⊕C. Gran Via 65 ☎91-5598321 ⊕10〜24時(2階は〜21時) ㊡なし

|買う|グラン・ビア通り周辺|MAP 付録P21C1|

マリアーノ・マドルエーニョ
Mariano Madrueño

ワインのスペシャリスト

マドリードのワインをはじめ、スペイン中の良質なワインを販売。マドリレーニョ€4.65、タゴニウス€13.25など、価格帯も幅広い。DATA Ⓜ3・5号線CALLAO駅から徒歩5分 ⊕Post. de San Martín 6 ☎91-5211955 ⊕10〜14時、17時30分〜20時30分(土曜は11〜14時、秋〜冬期は午後も営業) ㊡日曜

|買う|プラド美術館周辺|MAP 付録P15C2|

レアル・ファブリカ・エスパニョーラ
Real Fábrica Española

スペインの伝統を感じるグッズの数々

ファブリック製品を中心に、スペインで昔から使われてきたものを現代風にアレンジした商品が揃う。すべて手作りで、温かみある風合いのものが多い。DATA Ⓜ1号線ANTON MARTIN駅から徒歩5分 ⊕C. de Cervantes 9 ☎91-1252021 ⊕11〜15時、16〜20時 ㊡なし

上:プラド通りのほど近くにあるお店
下:やさしい風合いと伝統を活かした商品が並ぶ

Madrid Catalog

おすすめ ホテル

大都市のマドリードは宿泊施設も充実。高級ホテルはプリンセサ通りやカスティーリャ通り沿いに多い。

🏨 泊まる | プエルタ・デル・ソル周辺 | MAP 付録P21C2

ザ・マドリード・エディション
The Madrid EDITION

観光の中心エリアにある立地も魅力

マドリードの中心部にある、屈指のラグジュアリーホテル。24時間利用できるジムやスパなど館内施設は充実しており、夏にはルーフトップも楽しめる。DATA Ⓜ1・2・3号線SOL駅から徒歩3分 ⌖Plaza de Celenque 2 ☎91-9545420 ⓔ€550～ 客室数200 ㊑

🏨 泊まる | プエルタ・デル・ソル周辺 | MAP 付録P21D2

フォーシーズンズ・ホテル・マドリード
Four Seasons Hotel Madrid

格式ある建物は街のランドマーク

市内中心部にある1880年代の建物を利用したホテル。館内にはレストラン、ジム、スパ、サウナ、屋上テラスも併設。DATA Ⓜ2号線SEVILLA駅から徒歩2分 ⌖C. de Sevilla 3 ☎91-0883333 ⓔ€700～ 客室数200 ㊑

🏨 泊まる | プエルタ・デル・ソル周辺 | MAP 付録P21D4

NHコレクション・パラシオ・デ・テパ
NH Collection Palacio de Tepa

マドリードの中心広場近くに位置

プエルタ・デル・ソルやバルが並ぶサンタ・アナ広場に至近のホテル。DATA Ⓜ1号線ANTÓN MARTÍN駅から徒歩5分 ⌖C. de San Sebastian 2 ☎91-3896490 ⓔ€400～ 客室数83 ㊑

🏨 泊まる | プエルタ・デル・ソル周辺 | MAP 付録P21D4

Me マドリード・レイナ・ビクトリア
Me Madrid Reina Victoria

革新的なデザインが印象的

プエルタ・デル・ソルの近くで、観光やショッピングに便利。革新的で豪華なデザインが特徴で、テラスからのマドリードの眺めは抜群。闘牛士の定宿としても有名。DATA Ⓜ1・2・3号線SOL駅から徒歩5分 ⌖Pl. Santa Ana 14 ☎91-7016000 ⓔ要問合せ 客室数192 ㊑

🏨 泊まる | グラン・ビア通り周辺 | MAP 付録P17C1

メリア・マドリッド・プリンセサ
Meliá Madrid Princesa

若者に人気のエリアに立つ

プリンセサ通り沿いにある近代的な大型ホテル。エントランスを入ると豪華なロビーが広がっている。白とベージュを基調にした室内も落ち着いた雰囲気で、快適だ。DATA Ⓜ3号線VENTURA RODRÍGUEZ駅から徒歩1分 ⌖C. de la Princesa 27 ☎91-5418200 ⓔ€265～ 客室数273 ㊑

🏨 泊まる | セラーノ通り周辺 | MAP 付録P18B2

ビリャ・マグナ
Villa Magna

最高級の格付けのホテル

5ツ星ホテルのなかでも最高級の称号"グラン・ルッホ"を獲得するホテル。広い客室には木製家具が配され、品格ある空間を演出。セラーノ通りに近く、買物に便利。DATA Ⓜ4号線SERRANO駅から徒歩10分 ⌖Paseo. de la Castellana 22 ☎91-5871234 ⓔ€800～ 客室数154 ㊑

🏨 泊まる | セラーノ通り周辺 | MAP 付録P18B1

インターコンチネンタル・マドリード
InterContinental Madrid

ビジネス街の中心に位置するホテル

マドリードの高級ビジネス街にある豪華ホテル。多彩なスイートルームや会議室を備える。屋外にはサマーテラス付きのレストランがあり、タパスなどを楽しめる。DATA Ⓜ7・10号線GREGORIO MARAÑÓN駅から徒歩5分 ⌖Paseo de la Castellana 49 ☎91-7007300 ⓔ€200～ 客室数302 ㊑

Madrid Catalog

泊まる | セラーノ通り周辺 | MAP 付録P19C3

メリア・マドリード・セラーノ
Meliá Madrid Serrano

ショッピングに抜群の立地

セラーノ通りの近くという、観光や買物に便利な絶好のロケーションのホテル。プラド美術館やソフィア王妃芸術センターからも近く、美術館めぐりにも最適。DATA ⓂM7・10号線GREGORIO MARAÑÓN駅から徒歩10分 ⒽC. de Claudio Coello 139 ☎91-5626600 ￥€262～ 客室数 312

泊まる | チュエカ地区 | MAP 付録P18B3

ホテル・フェニックス・グラン・メリア-ザ・リーディング・ホテルズ・オブ・ザ・ワールド
Hotel Fenix Gran Melia-The Leading Hotels of the World

高級感漂う人気ホテル

グラン・ビアや主要な美術館まで徒歩20分程度という抜群のロケーション。内装は落ち着いたトーンで統一され、高級感が漂う。幅広いタイプの部屋を揃えている。DATA ⓂM4号線COLÓN駅から徒歩3分 ⒽHermosilla 2 ☎91-4316700 ￥€377～ 客室数 189

泊まる | チュエカ地区 | MAP 付録P14B2

ハイアット・リージェンシー・エスペリア・マドリード
Hyatt Regency Hesperia Madrid

洗練されたセンスが光る

王立劇場の内装も担当した建築デザイナーの個性が光る洗練されたホテル。モダンでスタイリッシュな雰囲気のエントランスとアールデコ調の客室の組合せがスマート。DATA ⓂM7・10号線GREGORIO MARAÑÓN駅から徒歩1分 ⒽPaseo de la Castellana 57 ☎91-2108800 ￥€200～ 客室数 169

泊まる | プラド美術館周辺 | MAP 付録P15C2

ウェスティン・パレス
The Westin Palace

マドリード屈指の高級ホテル

国賓や各界の著名人が利用するホテル。サロンのドーム型の天井一面に施されたステンドグラスが、荘厳な雰囲気を漂わせる。客室もセンスがよい。DATA ⓂM2号線BANCO DE ESPAÑA駅から徒歩5分 ⒽPl. de las Cortes 7 ☎91-3608000 ￥要問合せ 客室数 470 ※2025年半ばにリニューアルオープン予定

泊まる | プラド美術館周辺 | MAP 付録P15D2

マンダリン・オリエンタル・リッツ・マドリード
Mandarin Oriental Ritz Madrid

王族・貴族御用達のホテル

1910年にスペイン国王アルフォンソ13世が創設した市内屈指の最高級ホテル。堂々とした建物、贅を尽くした館内は、客室ごとにインテリアが異なっている。DATA ⓂM2号線BANCO DE ESPAÑA駅から徒歩8分 ⒽPl. de la Lealtad 5 ☎91-7016767 ￥€1000～ 客室数 153

泊まる | プラド美術館周辺 | MAP 付録P15C1

ホテル・アーバン5*GL
Hotel Urban 5*GL

外観・内装ともにデザインが光る

ガラスに覆われたスタイリッシュな外観が特徴的なデザインホテル。DATA ⓂM2号線SEVILLA駅から徒歩3分 ⒽCarrera de San Jeronimo 34 ☎91-7877770 ￥€250～ 客室数 96

泊まる | プラド美術館周辺 | MAP 付録P14B4

ラファエル・アトーチャ
Rafael Hoteles Atocha

アトーチャ駅近くのモダンホテル

ソフィア王妃芸術センターへも徒歩15分で行ける立地で、美術館めぐりにも最適なホテル。館内はモダンなインテリアで、特に種類豊富な朝食バイキングが評判。DATA ⓂM1号線ATOCHA RENFE駅から 徒歩10分 ⒽC. de Méndez Álvaro 30-32 ☎91-4688100 ￥€150～ 客室数 245

泊まる | 市街地外辺 | MAP 付録P14A3

ホテル・プリンセサ・プラザ・マドリード
Princesa Plaza Madrid

エル・コルテ・イングレスに隣接

静かな環境にあり、エル・コルテ・イングレスにも隣接する好立地のホテル。ガーデンテラスのカフェレストランでのんびりするのもいい。DATA ⓂM3・4・6号線ARGÜELLES駅から徒歩すぐ ⒽC. de la Princesa 40 ☎91-5422100 ￥€131～ 客室数 423

118

Lala Citta Spain

Area3

アンダルシア
Andalucia

イスラム文化の薫りが色濃く残る地。
壮麗な大宮殿や山間の小さな村など
エキゾチックな風景が旅情を誘う。

Lala Citta Spain │ Andalucia │

エキゾチックな雰囲気が漂う

アンダルシア エリアNAVI

褐色の大地を強烈な太陽の陽射しが照らすスペイン南部のアンダルシア。
ヨーロッパでありながらかつて栄華を極めたイスラム文化の影響が色濃く残る。

アンダルシアで やりたいこと BEST5

1 イスラム建築の最高峰 アルハンブラ宮殿 (→P124)
イスラム王朝最後の宮殿はアンダルシア観光のマスト

2 世界最大級のモスク、メスキータへ(→P131)
イスラム王朝の首都に造られた大規模な礼拝堂を見学。

3 世界No.3の規模のカテドラルに感動 (→P135)
世界第3位の規模を誇るセビーリャの大聖堂は圧巻。

4 アンダルシアの郷土料理を味わう (→P129・133・137)
闘牛が盛んな南部では、オックステールなど闘牛の肉を使った料理が多い。

5 職人技が光る伝統工芸品 (→P129・133・137)
グラナダ焼や寄木細工のタラセアなど、伝統工芸品も多彩。

Main Area Navi

アンダルシアってこんな場所です！

イスラム王朝最後の都
① グラナダ Granada (→P122)

イスラム王朝終焉の地となったグラナダ。アルハンブラ宮殿はじめ、旧市街のアルバイシン地区やショッピング街のアルカイセリアなど、イスラム時代の史跡が今も多く残されている。

主なみどころ アルハンブラ宮殿→P124　アルバイシン地区→P126　カテドラル→P129

イスラム文化の中心地として繁栄
② コルドバ Córdoba (→P130)

8世紀中ごろから11世紀初頭にかけて首都として栄えた古都。イスラム教のモスクとキリスト教の聖堂が融合したメスキータや白い家並みの旧ユダヤ人街など、必見スポットが満載。

主なみどころ
メスキータ→P131
アルカサル→P133
旧ユダヤ人街→P132

ふたつの**世界遺産**は必見
③ セビーリャ Sevilla (→P134)

アンダルシアの中心都市。大航海時代に活気づき、16〜17世紀には優れた芸術家を輩出した。世界遺産のアルカサルとカテドラルのほか、闘牛やフラメンコも活発でみどころは多い。

主なみどころ カテドラル→P135
アルカサル→P136　スペイン広場→P137

メルヘンチックな白い街並み

④ ミハス
Mijas ➡P138

白壁の家が続く街並みが美しい。海抜420mの山麓にあり、地中海を一望する。名物のロバタクシーでの観光もおすすめ。

海岸線が美しいリゾート地

⑤ マラガ
Málaga ➡P139

コスタ・デル・ソルの玄関口にある、スペイン有数のリゾート地。遊歩道には熱帯植物も茂り、世界中からバカンス客が訪れる。

アンダルシア基本情報

● **グラナダ**
グラナダ県の県庁所在地
人口：約23万人
面積：約88㎢

● **コルドバ**
コルドバ県の県庁所在地
人口：約32万人
面積：約1255㎢

● **セビーリャ**
アンダルシア州の州都
人口：約68万人
面積：約141㎢

プランニングのヒント

アンダルシア最大のみどころのアルハンブラ宮殿があるグラナダを中心に旅行プランを立てるのがおすすめ。グラナダ、コルドバ、セビーリャの3都市間はバス、鉄道ともに便はよく、グラナダとセビーリャへは空路でもアクセスできる。世界遺産などみどころが多いため、主要な街をめぐるだけでも1週間はほしい。

アクセス早見表

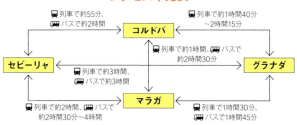

イスラム王朝終焉の地をめぐる

グラナダ
Granada

13世紀後半にイスラム教徒によるナスル王朝の首都として栄えた古都、グラナダ。壮麗なアルハンブラ宮殿をはじめ、街には歴史的なみどころが充実している。

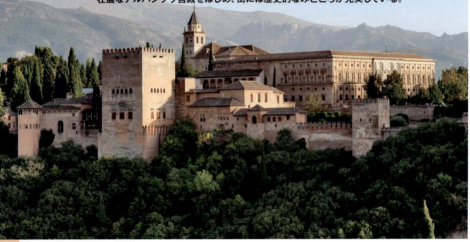

サン・ニコラス展望台から眺めるアルハンブラ宮殿

ACCESS

飛行機
マドリードから約1時間10分、バルセロナから約1時間30分。空港から市内へは車で約30分。

鉄道
高速列車AVEでマドリードから約3時間30分、バルセロナから約6時間30分。

街歩きアドバイス

街の中心はヌエバ広場とレイエス・カトリコス通り一帯で、徒歩で回ることができる。高台にあるアルハンブラ宮殿やアルバイシン地区へはアルハンブラバス(C30線など)が便利。運賃は€1.60。

バスは便数が多く、移動に便利

観光案内所

カルメン広場
MAP P123A2 ヌエバ広場から徒歩5分
Plaza del Carmen,s/n ☎ 958-248280
9～14時 なし

日本語情報センター
アルハンブラ宮殿やフラメンコのチケット予約、レストラン情報の提供などに対応してくれる(有料)。
MAP P123A2 ヌエバ広場から徒歩5分
C.Reyes Católicos14,3 Dcha ☎ 958-227835
10時～13時30分、17～20時 日曜

1: アルハンブラ宮殿は美しい装飾がみどころ
2: エキゾチックな街並み

122

1day ゴールデンコース

8:30
アルハンブラ宮殿で
イスラムの建築美に
感動
アルハンブラ宮殿→P124

17:00
イザベル
女王が眠る
王室礼拝堂へ
王室礼拝堂→P129

18:00
サン・ニコラス
展望台から
絶景を一望！
サン・ニコラス展望台→P127

14:00
アラブ風
の通りで
おみやげ
探し
カルデレリア・
ヌエバ通り→P126

16:00
荘厳な
カテドラルを
見学
カテドラル→P129

20:00
グラナダ式バルで
アンダルシアの
夜を満喫
グラナダ式バル→P128

主要エリア

アルハンブラ宮殿

グラナダはもちろん、アンダルシア地方を代表する観光名所。ヌエバ広場からゴメレス坂を東へ上った先の、小高い丘の上にある。

カテドラル周辺

カテドラルや王室礼拝堂、アラブな雰囲気漂うアルカイセリアなど、イスラムとキリスト教の文化がミックスした独特の景観が広がる。

アルバイシン地区

11世紀から人が住み始めた、グラナダ最古の街といわれる地区。丘の傾斜に入り組んだ小道が迷路のように延び、白壁の家々が連なる。

アンダルシア／グラナダ SIGHTSEEING

イスラム文化が薫る大宮殿
アルハンブラ宮殿をめぐる

夜間のライトアップも美しい

13世紀前半に着工、約170年かけて完成した華麗な宮殿。ナスル王朝の歴代の王たちが暮らした。精緻な彫刻や色鮮やかなタイルなど贅を極めた意匠にイスラム芸術の粋をみることができる。

必見！ 王宮を大解剖！

アルハンブラ宮殿
La Alhambra

世界遺産

イスラム建築の美の結晶

14世紀に完成した、イベリア半島最後のイスラム王朝、ナスル王朝(グラナダ王国)の大宮殿。丘の上に広がる1万4000㎡もの敷地に、緻密な装飾が美しい宮殿群や、堅牢な城塞、水路や噴水を多用した庭園などが点在し、イスラム建築の最高傑作として名高い。

MAP P123C2 ㊋イサベル・ラ・カトリカ広場からC30線のバスで約10分。€1.60 ㊟Real de la Alhambra s/n ☎ 958-027971 ㊋昼の部：8時30分〜20時(冬期は〜18時)。夜の部：火〜土曜の22時〜23時30分(冬期は金・土曜の20時〜21時30分) ※チケット販売は閉館の1時間前まで ㊋なし 昼の部€19.09(ナスル朝宮殿、アルカサバ、ヘネラリフェ3カ所共通)。夜の部：ナスル朝宮殿€10.61、ヘネラリフェと庭園€7.42

アルハンブラ宮殿はこうなっている！

① 王宮 Palacios

最大のみどころ。内部は、王の居住空間はもちろん、モスクや市場、浴場などがあり、小さな町のようになっている。
所要時間 2時間

② カルロス5世宮殿 Palacio de Carlos V

王宮の南にあるルネサンス様式の宮殿。レコンキスタ完了後カルロス5世(カール1世)の時代に建造。建物内部には美術館と博物館がある。
所要時間 30分

③ アルカサバ Alcazaba

キリスト教徒軍の侵攻に備えて13世紀中ごろに造られた城塞。宮殿内で最古の建物。
所要時間 1時間

④ ヘネラリフェ Generalife

1319年建造。王族の夏の別荘だった場所。みどころはアーチ状の噴水が美しい「アセキアの中庭」。
所要時間 1時間

Ⓐ アラヤネスの中庭
Patio de los Arrayanes

柱廊で囲まれた広い中庭。奥行き34.7m、幅7.15mの池があり、両脇の生垣には薄紅色のアラヤネス(天人花)が植えられている。

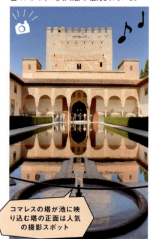

コマレスの塔が池に映り込む塔の正面は人気の撮影スポット
CHECK

Ⓑ メスアールの中庭
Patio del Mexuar

壁面に色鮮やかなタイルと精巧な文様が敷き詰められている中庭。床の中央には大理石の丸い噴水がある。セビーリャのアルカサルの、ペドロ1世宮殿ファサードに似せて造られている。

アンダルシア　アルハンブラ宮殿

C 大使の間
Salón de los Embajadores

宮殿最大の約121㎡の広さを誇る。諸外国の大使による王への謁見や公式行事が行われていた。北側中央の壁のくぼみが王の玉座だった。壁面の美しい文様に注目。

D 二姉妹の間
Sala de Dos Hermanas

中庭に面した2階建ての夏の住居。イスラム建築の装飾が施された天井は見事。部屋の名前は床に敷かれた2枚の大理石に由来。

//CHECK//
天井の装飾は、ムカルナスとよばれるイスラム建築独特のもの。鍾乳石彫りが施されている

//CHECK//
ライオン像と漆喰の装飾が一枚に収まる撮影ポイントは順番待ちすることも

E ライオンの中庭
Patio de los Leones

楽園を再現した中庭。124本の白大理石の列柱が並び、中央には白大理石の12頭のライオン像に囲まれた噴水がある。

F 大浴場
Baño de Comares

イスラム教徒にとって祈りの前に身を清めるための重要な場で、楽団が生演奏をして客人をもてなす豪華な浴場だった。

G アベンセラヘスの間
Sala de los Abencerrajes

当時の貴族アベンセラヘス家の陰謀に激怒した王が、この部屋で一族の男たちを処刑したという。

//CHECK//
水盤に残る赤いしみは当時の血の跡といわれている

コマレスの塔 Torre de Comares
大使の間
結髪の間 Peinador de la Reina
メスアールの中庭
アラヤネスの中庭
大浴場
二姉妹の間
ライオンの中庭
アベンセラヘスの間

攻略ADVICE

当日のチケット購入
入口のチケット売り場で購入する。1日の入場者数制限があるので、売り切れや希望時間に入場できないことも。電話あるいは公式サイトでの事前予約がおすすめ。

事前予約
下記公式サイトでの予約・購入が一般的。必要事項を入力後、デジタルチケット、またはチケットを印刷し、当日入場口へ。パスポートも必要。予約時に使ったクレジットカード（現物）が必要。
URL tickets.alhambra-patronato.es/en/

まわり方
ナスル朝宮殿は時間指定制で、チケット記載の指定時刻に入場しなければならない。アルハンブラ宮殿内はナスル朝宮殿、アルカサバ、ヘネラリフェ以外は無料区域。

アンダルシア／グラナダ SIGHTSEEING

迷路のような道沿いの白壁の家並みが美しい
アルバイシン地区を散策

かつてのイスラム教徒居住区で、グラナダ最古の街といわれるアルバイシン地区。小道にイスラム風の街並みが広がり、エキゾチックな雰囲気が楽しめる。

1 ヌエバ広場
Plaza Nueva

広場近くの交差点にはイザベル女王の銅像も

街歩きの起点となる広場
市内各所を結ぶアルハンブラバスの停留所があり、観光の拠点となるのがヌエバ広場。広場周辺にはホテルや飲食店が集まり、賑やかな雰囲気。広場の北側に広がるアルバイシン地区の頂に、サン・ニコラス展望台がある。

MAP P123B2 ⊗カルデレリア・ヌエバ通りから徒歩3分

裁判所などの歴史的建造物に囲まれた広場

2 カルデレリア・ヌエバ通り
Calderería Nueva

エキゾチックなムード満点
石畳の小路にアラブ風グッズのショップが立ち並ぶ賑やかな通り。アラブ風のかわいい小物が目白押しで、見ていて飽きない。写真を撮っても絵になる魅力的なスポット。

MAP P123B1 ⊗ヌエバ広場から徒歩3分

1：約200mほどの細い通りはスークのよう
2：モロッコ風のバブーシュやティーセットなど雑貨が豊富

1：細い路地を歩いて展望台を目指そう　2：花や焼き物の色彩が白壁に映える

おすすめルート

1. ヌエバ広場
   ↓ 徒歩3分
2. カルデレリア・ヌエバ通り
   ↓ 徒歩3分
3. カスバ
   ↓ 徒歩15分
4. サン・ニコラス教会
   ↓ 徒歩1分
5. メスキータ
   ↓ 徒歩1分
6. サン・ニコラス展望台

3 カスバ
Kasbah

お茶各種€2.80〜。
アラブ菓子は€1.60/個

**ここでひと息
アラブ風リラックス**

アラブショップが立ち並ぶ一角のテテリア（ティールーム）。薄暗い室内から放たれる空気はアラブの香り。お茶はもちろんケーキやお菓子類も多い。

MAP P123B1 ⊗ヌエバ広場から徒歩4分 ㊒C.Calderería Nueva 4 ☎958-227936 ㊓12時〜翌1時(金・土曜は〜翌2時) ㊋なし ㊇㊊

5 メスキータ
Mezquita Mayor de Granada

ひっそりとたたずむ礼拝堂

サン・ニコラス展望台からアルハンブラ宮殿を右手に見て、左側に小さなイスラム様式の庭園を配するモスクがある。地元のイスラム教徒が礼拝に訪れる。

MAP P123C1 ⊗ヌエバ広場から徒歩15分 ㊒Plaza Mirador de San Nicolás s/n ☎958-202526 ㊓11時〜14時、18〜21時(冬期の午後は16〜19時) ㊋なし

美しいタイル装飾に注目

コチラもCHECK!

カルメン・ミラドール・デ・アイサ
Carmen Mirador de Aixa

宮殿を望む絶景レストラン

サン・ニコラス展望台のすぐ近く、アルハンブラ宮殿を一望できるロケーション抜群のレストラン。地中海で水揚げされたマグロを使用した、見た目も華やかな創作料理が中心。

MAP P123C1 ⊗ヌエバ広場から徒歩20分 ㊒C. de San Agustín 2 ☎958-049810 ㊓13時〜15時30分、19時〜22時30分(土曜の夜は20時〜) ㊋なし ㊇㊊㊉

幻想的なライトアップを目の前にした贅沢なディナーを

4 サン・ニコラス教会
Iglesia de San Nicolás

鐘塔は穴場のビュースポット

サン・ニコラス展望台にある1525年建築のムデハル様式の白い教会。落雷のため崩壊し19世紀に再築されたといわれる。鐘塔に上ることができ、展望台から眼下に街を見渡せる。

MAP P123C1 ⊗ヌエバ広場から徒歩15分 ㊒Plaza Mirador de San Nicolás 1 ☎681-904041 ㊓11時〜12時30分、18時〜21時30分 ㊋なし ㊅€3

1：内部の礼拝堂も見学したい
2：ビュースポットの鐘楼も要チェック

6 サン・ニコラス展望台
Mirador de San Nicolás

荘厳なアルハンブラ宮殿を一望

ここから見るアルハンブラ宮殿に勝るものはないともいわれる絶景スポット。生活感あふれるアルバイシン地区の小道を上ると、突如賑やかな広場が現れる。

MAP P123C1 ⊗ヌエバ広場から徒歩15分

1：アルハンブラ宮殿を一望できる
2：夜景スポットとしても人気

アンダルシア｜アルバイシン地区

アンダルシア／グラナダ SEE/GOURMET/SHOPPING

グラナダ式バルを楽しむ！

スペイン国内でも、グラナダのバルは特徴的。
おトクでおいしいグラナダのバルをハシゴしよう。

グラナダ式バルとは？

グラナダのバルではドリンクを注文すると、タパスが無料で付いてくる。しかも1回限りではなく、注文ごとに。お店によってタパスのサイズは異なるが、お腹を満たすのには十分なボリュームのタパスが出てくることも。

ラ・リビエラ
La Riviera

豚の肉を使ったミートボール、アルボンディガ Albondiga €9.50

食べ応え十分の豚肉料理が人気

創業当時のウェイターが現オーナーを務めるバル。豚肉を使った料理が主流で、行列ができるほど人気。国内外のビールを約60種類取り揃える。MAP P123B1 ⓧヌエバ広場から徒歩2分 ⓒC. Cetti Meriem 7 ⓗ12時15分～24時 ⓚなし 英

地元の人も集まる人気バル

ボアブディル
Boabdil

じっくり煮込んだオックステール、ラボ・デ・トロ€18

観光客にも人気の寛ぎバル

家庭的な雰囲気のバル・レストラン。カウンター席のほか広いテーブル席があり、ゆっくり食事を楽しめる。イカスミのパエーリャなど本格的な料理も。MAP P123B1 ⓧヌエバ広場から徒歩2分 ⓒC.Hospital Corpus Christi 2B ☎610-579555 ⓗ12～16時、19時30分～23時(日曜は18時で閉店) ⓚ月曜 英

店内は手前がカウンター席、奥がテーブル席になっている

アビラ
Ávila

チーズとロースハムを豚肉で巻いたアンダルシアの郷土料理、フラメンキン Flamenquin €14

種類豊富なお通しタパスがうれしい

グラナダに数店舗を展開する家族経営のバル。グラナダ名物の豚肉料理が特に人気。ドリンクとセットで無料提供されるタパスは約20種もある。MAP P123A3 ⓧヌエバ広場から徒歩15分 ⓒC.Veronica de la Virgen 16 ⓗ12～17時、20～24時 ⓚ日曜 英

すぐに混雑するので開店直後の訪問がおすすめ

ロス・ディアマンテス
Los Diamantes

イカにオリーブオイルを塗ってグリルにしたカラマリトス・プランチャ Caramaritos Plancha €17

種類豊富な海鮮タパスが人気

バル通りとよばれるラス・ナバス通りの一角に位置。新鮮魚介を使ったタパスが中心で、カウンター席のみの店内は多くの常連客ですぐに満席に。MAP P123A2 ⓧヌエバ広場から徒歩7分 ⓒC. Navas 28 ⓗ13～16時、20～23時 ⓚ日・月曜 英

店内はカウンター席のみで常に混んでいる

グラナダの
見・食・買スポット

まだあるグラナダの必見スポットや
地元でも愛されるカフェ・レストランなどを紹介。

カテドラル
Catedral de Granada

高さ約115m、幅約67mの壮大な建物

ステンドグラスが美しい

イスラム寺院の跡地に建てられたキリスト教の大聖堂。最初はゴシック様式だったが、建築家が変わりルネッサンス様式の聖堂に。ステンドグラスは神秘的な美しさ。MAP P123B1 ヌエバ広場から徒歩5分 C.Gran Via de Colón 5 958-222959 10時～18時15分(日曜は15時～) なし €6

主祭壇の周りに小さな礼拝堂が並ぶ

王室礼拝堂
Capilla Real

建物はカテドラルに隣接

イザベル女王が眠る礼拝堂

スペイン史上最も重要な人物の一人、イザベル女王が眠る棺がある。奥は博物館で、イザベル女王の王冠や、女王の個人コレクションだったフランドル絵画などを展示。MAP P123B1 ヌエバ広場から徒歩5分 Oficios s/n 958-227848 10時～18時30分(日曜、祝日は11時～) なし €6

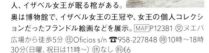

礼拝堂中央部には横たわるイザベル女王らの大理石像が

サクロモンテ洞窟博物館
Museo Cuevas del Sacromonte

サクロモンテの丘の中腹に位置

ロマ族のすべてが分かる

いくつもの小さな洞窟の中に、少数民族のロマ族の生活の場を再現した博物館。500年もの間、ロマ族が住んだサクロモンテの丘にある。MAP P123C2 ヌエバ広場から徒歩30分 Barranco de los Negros s/n 958-215120 10～20時(冬期は～18時) なし €5

カサ・イスラ
Casa Ysla

ピオノノ1個€1.50、各種コーヒー€1.50～。

グラナダ伝統菓子でひと休み

伝統的なスイーツが揃うカフェ。ローマ法王ピオ9世の即位を記念して考案された小さなロール状のスポンジケーキ「ピオノノ」が名物。MAP P123A3 ヌエバ広場から徒歩15分 C. Acera del Darro 62 958-523088 8～21時 なし

チキート
Chikito

著名人も訪れる老舗

数々の著名人が訪れた歴史あるレストラン。店内は手軽なバルと伝統料理が味わえるレストランに分かれる。オックステールの煮込みなどが名物。MAP P123A3 ヌエバ広場から徒歩10分 Plaza del Campillo 9 958-223364 13時～16時30分、20時～23時30分 水曜

アンダルシアの伝統料理、オックステールの煮込み€25

ゴンサレス
Gonzales

グラナダの伝統工芸品、タラセア製品が数多く並ぶ

タラセアの伝統を受け継ぐ店

1920年創業のタラセア(寄木細工)の老舗。4種の自然木を用いた手作りのタラセア製品が、お盆や小箱、チェス盤などバラエティ豊かに揃う。MAP P123C2 ヌエバ広場から徒歩3分 Cta. de Gomérez 12 958-872391 10時30分～20時30分 日曜

過去には木製工芸品の最優秀賞受賞歴もあるお店

イスラム文化の中心として栄えた地

コルドバ
Córdoba

アンダルシア第3の都市で、8世紀中ごろの後ウマイヤ朝の時代には首都として栄えた古都コルドバ。現在も栄華を謳歌したイスラム時代の遺構を見ることができる。

ACCESS

飛行機
コルドバ空港には一般旅客用の定期便がない。セビーリャやグラナダの空港からアクセスする
※グラナダやセビーリャからのアクセスはP121参照。

鉄道
高速列車AVEなどでマドリードから約1時間50分、バルセロナから約5時間。

街歩きアドバイス
主なみどころはメスキータを中心とする旧市街に集まっており、徒歩で回ることができる。街の玄関口のコルドバ駅から旧市街までは徒歩で30分程度かかるので、時間がない場合はタクシー利用が便利。

カラフルな花々を壁に飾るのがコルドバ風

観光案内所
メスキータ横
MAP P130A2
Plaza del Triunfo
☎957-469707 ⏰9時~18時30分(日曜は~14時30分) 休なし

主要エリア

メスキータ
コルドバの街のシンボルでもある、世界遺産のイスラム建築。夜にはライトアップされ、周囲にはその夜景を楽しめるレストランもある。

旧ユダヤ人街
メスキータの北側を囲むように広がる地区。中世にユダヤ人が居住していた。細い道が多いが、メスキータの位置を頭に入れておくと迷いにくい。

アンダルシア／コルドバ SIGHTSEEING

東洋の美が融合する
メスキータへ

世界最大級のモスク、メスキータはコルドバ観光のハイライトとなるスポット。

CHECK
柱は複数の様式が混在しており、ローマ時代の遺跡などから運んできた柱頭も見られる

メスキータ
Mezquita

世界遺産

西洋と東洋の美の融合

785年に建設を開始し、約240年をかけて完成した世界最大級のモスクで、総面積は2万4000㎡。レコンキスタ後はキリスト教の聖堂となり改築、異宗教と多様式の混在した建築物となった。

MAP P130B2
観光案内所から徒歩すぐ
C.Cardenal Herrero 1
957-470512　10〜19時（日曜、祝日は8時30分〜11時30分、15〜19時）。11〜2月は10〜18時（日曜、祝日は8時30分〜11時30分、15〜18時）　なし　€13（月〜土曜の8時30分〜9時30分は無料、入場は9時20分まで）

見学アドバイス

チケットの当日購入は、ハイシーズンだと窓口に行列ができることも。下記公式サイトで事前購入も可能。月〜土曜の無料時間帯はミサの時間のため礼拝堂には入れない。

URL tickets.mezquita-catedraldecordoba.es/en

Ⓐ 円柱の森
Arco de los Bosque

馬蹄型のアーチを支える約850本の円柱が林立している。イスラム時代の祈りの空間とされ、人口の増加に伴って200年にわたり拡張を繰り返し、現在の形になった。

Ⓑ マクスラとミフラブ
Maqsula y Mihrab

ミフラブはメッカの方角を示すくぼみで、コーランの一節が刻まれた馬蹄型のアーチはコルドバ建築の最高傑作。マクスラはミフラブを強調する前室で美しいドーム天井に注目。

CHECK
馬蹄型アーチやビザンチン・モザイクなど当時の技術を凝縮したコルドバ建築の真骨頂

Ⓒ 中央礼拝堂
Capilla Mayor

16世紀にメスキータの中央部に建造されたキリスト教の礼拝堂。ゴシック様式の楕円ドーム、バロック様式の祭壇など、異なる様式が調和している。

聖歌隊席のマホガニー彫刻も素晴らしい

地図:
教区
サグラリオ門
Ⓑ ミフラブ Mihrab
マクスラ Maqsula
中央礼拝堂 Capilla Mayor
サン・ミゲル門
Ⓒ 大聖堂 Catedral
聖歌隊席 Coro
サン・エステバン門
Ⓐ 円柱の森 Arco de los Bosque
出口　サンタカタリナ門　シュロの門　デアネス門
Ⓓ オレンジの中庭 Patio de los Naranjos
回廊　アルマンソールの井戸　乳の門
チケット売場　アルミナールの塔

Ⓓ オレンジの中庭
Patio de las Naranjos

広々とした中庭で、内部の円柱と同じ向きにオレンジの木が並ぶ。イスラム教徒が礼拝前に身を清めた泉があり、そばには鐘楼がそびえ、塔の上からはコルドバの街並みを一望。入場料€3。

コチラもCHECK!

建物を飾る華やかな外壁と門

メスキータの外壁には、異なる時代の門が共存している。唐草模様や幾何学模様など、美しいイスラム装飾の門にも注目しよう。

1：ムデハル様式の現在の主要門「免罪の門」。キリスト教時代に改築され聖人像などが見られる。2：交差型と多弁型を組み合わせたアーチ装飾が美しい「サン・ミゲル門」。細部の彫刻にも注目したい。

アンダルシア／コルドバ　SIGHTSEEING/SEE/GOURMET/SHOPPING

花鉢と白壁が美しい
旧ユダヤ人街

中世までユダヤ人居住区だったメスキータの北側一帯。
迷路のような白壁の通りには住居が連なり、アンダルシアの生活を感じられる。

小路を抜けると古い噴水のあるパティオに出る

住民によって飾られた花の鉢植えが白壁に映える

1 花の小道
Calleja de las Flores

人気No.1の撮影スポット

人が1人通れるほどの道幅で、わずか約20mの小道。細い路地の両脇に並ぶ建物の外壁には、花咲く鉢植えが飾られ、往時のユダヤ人街らしい街並みとして大人気。

MAP P130B2
メスキータから徒歩1分

2 シナゴーグ
La Sinagoga

14世紀に建設された会堂

アンダルシア唯一、国内でも数少ないユダヤ教会。建造はカトリック統治時代だが、壁の模様など建物の随所にイスラム建築の影響を見ることができる。

MAP P130A2　メスキータから徒歩5分　C. de los Judíos 20　957-749015　9〜21時（日曜、祝日と夏期は〜15時）月曜　なし

1：四角い箱のような小さな教会。2階は女性用の祈祷室　2：細かい模様が刻まれた壁面にはヘブライ文字も見られる

3 聖バルトロメ教会
Capilla mudejar de San Bartolomé

ひっそりとたたずむ神秘的な教会

14〜15世紀建造のキリスト教の礼拝堂。イスラムとカトリックの様式が融合したムデハル様式の建物で、内部の装飾はイスラム教徒やユダヤ教徒の職人が手がけた。

MAP P130A2　メスキータから徒歩5分　Averroes s/n　957-218753　10時30分〜13時30分、15時30分〜18時30分（日曜と夏期は10時30分〜13時30分のみ）　夏期の月曜　€1.50（土・日曜、祝日は€2）

幾何学模様のタイルで覆われた礼拝堂

132

コルドバの見・食・買スポット

まだあるコルドバの必見スポットや地元でも愛されるお店を紹介。

美しいアラブ式の庭園は必見

アルカサル
Alcázar de los Reyes Cristianos

アラブ式庭園が美しい城

14世紀の前半にアルフォンソ11世の命で建造されたゴシック様式の城。コロンブスが資金調達のために女王に謁見した場所でもある。現在は博物館。MAP P130A2 ⓂメスキータからⓌ徒歩10分 ⒺPlaza Campo Santo de los Mártires s/n ☎8時15分～20時(土曜は9時30～18時、日曜、祝日と夏期は8時15分～14時45分) ㊡月曜 ㊚€5.81(木曜の18時～は無料)

カラオラの塔
Torre de la Calahorra

屋上からはメスキータと旧市街を望む絶景を楽しめる

世界遺産の街並みを一望

イスラム時代の要塞。現在はコルドバ市民の生活を再現したジオラマやメスキータの復元模型などを展示する博物館に。MAP P130B3 Ⓜメスキータから徒歩8分 ⒺPuente Romano s/n ☎957-293929 ⒽⒽ10～18時(夏期は10～14時、16時30分～20時30分) ㊡なし ㊚€4.50

塔の前には全長230mのローマ橋がかかる

ヴィアナ宮殿
Palacio de Viana

手入れが行き届いたパティオ

花に彩られたパティオ

コルドバ貴族の館を利用した博物館。庭園とテーマの異なる12のパティオ(中庭)を見学できる。建物内部では伝統的な銀細工や陶磁器を展示。MAP P130C1 Ⓜメスキータから徒歩20分 ⒺPlaza de Don Gome 2 ☎957-496741 Ⓗ10～19時(7・8月は9～15時。日曜は～15時) ㊡月曜 ㊚€12(宮殿または庭園のみは€8)

ボデガス・メスキータ
Bodegas Mezquita

店内はカジュアルな雰囲気

カジュアルにコルドバの味を楽しむ

40のタパス、60のワインを揃えた充実度満点のバル。気軽な雰囲気の店で珍しいコルドバ料理やワインに挑戦してみよう。MAP P130B2 Ⓜメスキータから徒歩すぐ ⒺC. Céspedes 12 ☎957-490004 Ⓗ12時30分～23時30分(最終入店は22時30分) ㊡なし ㊌

フラメンキン€15.20などコルドバの伝統料理が揃う

エル・カバーリョ・ロホ
El Caballo Rojo

伝統を守り伝える老舗

メスキータの向かいに立つ、1962年創業の格式あるレストラン。モサラベ料理を中心に、地元の家庭料理やジビエ料理とメニューも多彩。MAP P130B2 Ⓜメスキータから徒歩すぐ ⒺC.Cardenal Herrero 28 ☎957-475375 Ⓗ13～16時、20時30分～23時 ㊡なし ㊌

オックステールの煮込み€26

1階はカフェバーで2階が300席あるレストラン

メルヤン
Meryan

幾何学模様が型押しされた正方形の箱 €56.80

コルドバ唯一の型押し細工店

花の小道にある型押し細工の店。羊や山羊の革にイスラムの幾何学模様などを型押しした革細工は、家具から財布などの小物類まで多彩。MAP P130B2 Ⓜメスキータから徒歩すぐ ⒺCalleja de Las Flores 2 ☎957-475902 Ⓗ9時30分～20時(土曜は9時30分～14時30分) ㊡日曜

〉大航海時代に繁栄した華麗なる都〈

セビーリャ
Sevilla

『カルメン』や『セビリヤの理髪師』の舞台で、アンダルシアの州都。
16〜17世紀には優れた芸術家を輩出し、闘牛やフラメンコの本場としても名高い。

ACCESS

飛行機
マドリードから約1時間10分。バルセロナから約1時間40分。空港から市内までは車で約30分。

鉄道
高速列車AVEなどでマドリードから約2時間45分、バルセロナから約5時間30分。

街歩きアドバイス
街の中心はカテドラル一帯で、周辺にはバルなどの飲食店が多く集まり賑やか。主な観光スポットは徒歩で訪ねることができるが、馬車で市内の観光スポットを周遊するのもおすすめ。約1時間€45程度

夏は日差しが強いので対策を万全に

観光案内所
トリウンフォ広場
MAP P134B1
Plaza del Triunfo 1
954-787578
9時〜19時30分(土・日曜、祝日は9時30分〜15時) なし

・・・・・・ 主要エリア ・・・・・・

サンタ・クルス地区
かつてのユダヤ人居住区。細く入り組んだ石畳の道に立つ白壁の家には、花やセビーリャ焼の皿やタイルが飾られ美しい。みやげ物店やバル、ホテルなどが集まる。

スペイン広場
万国博覧会のために20世紀初頭に造られた広場。周囲にはマリア・ルイサ公園やアメリカ広場があり、緑の多いエリア。

アンダルシア/セビーリャ SIGHTSEEING

カテドラルの
豪華な装飾に感動！

異なる宗教文化が折衷する大聖堂は、
思わず息をのむほどの美しさを誇るセビーリャのシンボル。

\\CHECK//
市街が一望できる塔の上には風見鶏としてギリシャ神話のアテネ像が設置されている。

A ヒラルダの塔
La Giralda

高さ94mの鐘楼。16世紀にルネサンス様式に改築された。イスラム建築の特徴をもつ街のシンボルになっている。

カテドラル
Catedral de Sevilla

【世界遺産】

内部の華やかな装飾は必見

15世紀に約100年かけ建造された大聖堂。建設には新大陸交易で得た巨万の富がつぎ込まれ、その規模はスペイン最大を誇る。内部は豪華な装飾で埋め尽くされ、スペインを代表する画家たちの宗教画コレクションも必見だ。

[MAP]P134B1 ⊗観光案内所から徒歩2分 ㊟Avda.de la Constitución s/n ☎902-099692 ⊕11〜18時(日曜は14時30分〜18時)、夏期・冬期は変更の場合あり ㊡なし(特別なミサの日は休み) ㊥€13(オンライン€12)

B コロンブスの墓
Los Restos de Cristóbal Colón

新大陸発見後にセビーリャに滞在していたというコロンブス。1899年の米西戦争終結後、柩がキューバから返還された。

C 主聖具納室
Sacristía Mayor

聖職者たちの着替え用の部屋。中央祭壇にはカンパーニャの『十字架降下』、両壁にはムリーリョの作品が。

ベルドン門
Puerta del Perdón

アラビア式噴水
オレンジの中庭
Patio de los Naranjos

ヒラルダの塔
サン・アントニオ礼拝堂 パロスの門
Capilla de San Antonio Puerta de los Palos
サン・ペドロ礼拝堂
Capilla de San Pedro
聖歌隊席 主祭壇 王室礼拝堂
Coro Capilla Mayor Capilla Real
参事会室
コロンブスの墓 Sala Capitular
Los Restos de Cristóbal Colón
サン・クリストバル門
Puerta de San Cristóbal
入口 主聖具納室
聖杯の礼拝堂 Sacristía Mayor
Sacristía de los Cálices

D 聖杯の礼拝堂
Sacristía de los Cálices

内部にはセビーリャ派の画家による宗教画が並ぶ。とくにこのカテドラルのために描かれたゴヤの『聖ユスタと聖ルフィナ』は必見。聖杯や盆などのコレクションも。

E 主祭壇
Capilla Mayor

1000体以上の彫像と45のレリーフで聖書のエピソードを再現した、豪華な飾り壁に圧倒される。世界最大とも。

F 参事会室
Sala Capitular

浮き彫りなどの装飾が見事な楕円形の部屋。スペイン・ルネサンスを代表する建築といわれている。正面には大司教座が置かれている。

\\CHECK//
床にはミケランジェロがデザインした模様が使用されている。

アンダルシア／セビーリャ　SIGHTSEEING/SEE/GOURMET/SHOPPING

イスラム芸術が見事な宮殿アルカサル

アルカサル
Real Alcazar

世界遺産

イスラム建築の粋を極めた宮殿

9～11世紀にイスラム王の王宮として建設。14世紀にペドロ1世が大改築を行い、ほぼ現在の姿となった。一番のみどころはペドロ1世宮殿で、漆喰細工やモザイクタイルの美しさは、ムデハル様式建築の最高傑作として名高い。

MAP P134B2　㊙カテドラルから徒歩3分　⊕Patio de Banderas s/n　☎954-502324　⊕9時30分～19時（10～3月は～17時）　㊡なし　㊟€14.50（現金不可）　※閉館1時間前からの入場は無料

カテドラルとともに、セビーリャの2大観光スポットに数えられるアルカサル。イスラム芸術の粋である装飾に注目。

Ⓐ ペドロ1世宮殿
Palacio de Pedro I

1364～66年にかけて建造された ペドロ1世の住まい。宮殿の中央に中庭（乙女の中庭）を造り、それを取り囲むように執務室や居住室がある

大使の間 Salón de Embajadores

宮殿の中枢をなす部屋で、ペドロ1世が宮殿内で最も豪華に仕立て上げた。上部のクーポラ部分に設けられた木工細工が見事。

人形の中庭 Patio de las Muñecas

王族たちのプライベートな空間。天井の窓から光が差し込むパティオはグラナダの職人作。柱廊アーチには漆喰の透かし彫りが。

乙女の中庭 Patio de las Doncellas

王族の冬の住まいとして利用された場所。中庭を囲む建物の1階は14世紀のムデハル様式で2階はルネサンス様式。

\\ CHECK //
1526年にはカルロス5世の結婚式がここで行われた。天井などに細かく施された模様に注目しよう。

Ⓑ ゴシック宮殿
Palacio Gótico

カスティーリャのアルフォンソ10世が建てた宮殿。キリスト教王によるゴシック様式の建物で、イスラム色は排除されている。

\\ CHECK //
バロック様式に改築されたタペストリー・ルームも見事

Ⓒ 庭園
Jardines

17世紀のフィリップ3世の代に、イタリア人建築家ベルモンド・レスタによって造られた。西洋風にデザインされた大小7つの庭が特徴。

セビーリャの見・食・買スポット

まだあるセビーリャの必見スポットや地元でも愛されるお店を紹介。

黄金の塔(海洋博物館)
Torre del Oro

海運で栄えた歴史を今に伝える

グアダルキビール川のほとりに立つ塔。アルカサルと港を結ぶ軍事拠点として、検問や防衛の役割を担っていた。現在は海洋博物館。 MAP P134A2 ⊗カテドラルから徒歩10分 ⊕Paseo de Colón s/n ☎954-222419 ⑧9時30分~19時(土・日曜、祝日は10時30分~。入場は18時45分まで) ㊡なし ㊒なし(€1~の寄付)

かつて金色の陶器パネルで覆われていたことからこの名が付いた

スペイン広場
Plaza de España

噴水が気持ちいい憩いの広場

1929年の博覧会のために造営された、比較的新しい広場。回廊が半円形にのびる建物を中心に水路がめぐらされ、ボートで周遊できる。スペインの4つの王国の紋章を描いたタイル装飾が各所に配されている。 MAP P134B2 ⊗カテドラルから徒歩20分

公園には水路が張り巡らされ、ボートで周遊できる

マエストランサ闘牛場
Plaza de Toros de la Real Maestranza

闘牛発祥の地を肌で感じる

18世紀に建てられた格式ある闘牛場。闘牛はイースター翌週の日曜~10月上旬の期間に開催。開催時以外は内部見学が可能で、博物館やショップも。 MAP P134A1 ⊗カテドラルから徒歩10分 ⊕Paseo de Colón 12 ☎954-210315 ⑧9時30分~21時30分(闘牛がある日は9時30分~15時30分) ㊡なし ㊒€10

1:1万2000人収容のスペイン有数の闘牛場 **2**:バロック様式のファサードが美しい

フラメンコ舞踏博物館
Museo del Baile Flamenco

歴代の名ダンサーや衣装も紹介している

アンダルシア発祥の舞踏を知る

映像や立体展示を駆使したユニークな展示でフラメンコの魅力を紹介する。フラメンコショーも開催しており、旅行者に人気。 MAP P134B1 ⊗カテドラルから徒歩5分 ⊕C. Manuel Rojas Marcos 3 ☎954-340311 ⑧11時~18時30分(第1月曜は12時30分~、チケット販売は18時まで)、ショーは17時~、19時~、20時45分~ ㊡なし ㊒€29(ショーのみ€25)

本場のフラメンコは迫力満点。ショーは約1時間

メソン・セラニート
Meson Serranito

名物のセラニートが味わえる

マエストランサ闘牛場の近く、闘牛ファンが集まるバル。壁一面に装飾されている闘牛関連オブジェに囲まれながら地元料理が楽しめる。セビーリャ風サンドイッチのセラニート€7.50~が名物。 MAP P134A1 ⊗カテドラルから徒歩5分 ⊕C. Antonia Díaz 11 ☎954-211243 ⑧12~24時(土・日曜は~翌0時30分) ㊡なし ㊒㊎

1:店内は闘牛関連のものでいっぱい **2**:セラニートは豚肉、玉子、生ハムのサンドにポテトが付く

セラミカス・セビーリャ
Ceramicas Sevilla

豊富な品揃えで価格も手頃

鮮やかな絵柄の手作り陶器

カラフルな色使いと厚みのある凹凸が特徴のセビーリャ焼の老舗店。淡い色を使い、温かみのあるタッチで花や植物、鳥などを描いた陶器が並ぶ。 MAP P134B1 ⊗カテドラルから徒歩3分 ⊕C. Gloria 5 ⑧10~18時 ㊡なし ㊒

アンダルシア 1DAY TRIP

山の斜面に広がるかわいらしい白い村
ミハス Mijas

> マラガからバスで1時間20分

地中海を見渡すミハス山麓の中腹に位置する村。白壁の家が続き、絵本から飛び出したような風景を求めて、一年中観光客で賑わう。

MAP 付録P3A3

アクセス
マラガからバスで約1時間20分。1日に5便運行。

街歩きポイント
映える風景の撮影は、メインストリートのサン・セバスチャン通りとコンスティトゥシオン広場周辺がおすすめ。ミハス名物のロバタクシーも体験してみよう。

ロバタクシーは1人乗り€15、数人で乗れる車付き€20

Information
ミハス 観光案内所
MAP P138B1 Plaza Virgen de la Peña 2 ☎ 952-589034 9～19時（土・日曜、祝日は10～14時）12月24日、25日、31日、1月1日

1：人気の撮影スポット、サン・セバスチャン通り　2：白い壁と飾られた花の色のコントラストが美しい

サン・セバスチャン通り
Calle San Sebastián

白壁の家が続く細い道で、絵はがきなどの風景にもよく使われる撮影スポット。白壁には鮮やかな花々が飾られ、美しいコントラストを演出。MAP P138A1 バスターミナルから徒歩8分 Calle San Sebastián

ラ・ペーニャ聖母礼拝堂
Ermita de la Virgen de la Peña

1656～82年にカルメル会の僧が岩を彫って造ったといわれている洞窟礼拝堂。MAP P138B1 バスターミナルから徒歩4分 Paseo El Compás 10～14時、16～20時 なし 無料

毎日多くの参拝者で賑わう礼拝堂

闘牛場
Plaza de Toros

1900年に完成した闘牛場。世界最小ともいわれ、四角に近い珍しい形をしている。

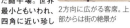

2方向に広がる客席。上部からは街の絶景が

MAP P138A1 バスターミナルから徒歩10分 Paseo de las Murallas 1 10時30分～19時（夏期は11～21時、夏期の土・日曜は～19時）、闘牛やイベント開催日は開催時間1時間前に閉場 なし €3

サン・セバスチャン教会からのびる通り

コスタ・デル・ソルの玄関口
マラガ Málaga

セビーリャから列車で2時間

イスラム時代に地中海の要衝として栄えた歴史ある街。
国際的リゾート地としても有名で欧米から多くのバカンス客が訪れる。
MAP 付録P3A3

アクセス
セビーリャからAVANTで約2時間。または、バスで2時間30分〜4時間15分。1日に9本運行。

街歩きポイント
街の中心のマリーナ広場が起点で、ここから主なみどころへは徒歩10〜15分程度で行くことができる。

Information
マリーナ広場 観光案内所
MAP P139B2 Plaza de la Marina 11 952-926020 9〜19時 12月25日、1月1日

1：中心部に近いビーチには外国人観光客も多い　2：マラガの街の風景。ゆったりとした雰囲気

ピカソはこのアパートの2階で育った

ヒブラルファロ城
Castillo de Gibralfaro

14世紀ユースフ1世の時代にアルカサバ（城塞）保守のために造られた城。張り巡らされた城壁からはマラガの町や地中海が一望できる。MAP P139C1 マリーナ広場からタクシーで15分 Camino Gibralfaro 11 952-227230 9〜18時（夏期は〜20時）なし €3.50

ピカソ美術館
Museo Picasso Málaga

ブエナ・ビスタ宮殿を改装した美術館。絵画、彫刻、陶器など幅広い200点以上の作品が集結。MAP P139B1 マリーナ広場から徒歩10分 C. San Agustín 8 952-127600 10〜19時（7・8月〜20時、11〜2月〜18時、12月24・31日、1月5日〜15時）なし オンライン€12、当日€13（常設展のみ。イヤホンガイド付き、日本語あり）。日曜の閉館時間より2時間前からは無料

地下にはローマ時代などの遺跡も

ピカソの生家／美術館
Fundación Picasso/Museo Casa Natal

現在はピカソ財団本部兼美術館。スペインとピカソにまつわる作品を展示している。MAP P139B1 マリーナ広場から徒歩15分 Plaza de la Merced 15 951-926060 9時30分〜20時（12月24・31日は〜15時）なし（変更の場合あり）€4（美術館＋企画展＋イヤホンガイド）、€3（美術館＋イヤホンガイド）※イヤホンガイドは英語、日本語はなし ※日曜の16時〜は無料

1：すばらしい眺望に思わず息をのむ
2：入り口の強固な構造に当時の重要性がうかがえる

マラガ

アンダルシア　1 DAY TRIP

139

Column
一度は泊まりたい
パラドール

スペイン各地の魅力的な街で、中世の修道院や貴族の館などを利用した、伝統と文化が香るクラシカルなパラドールに泊まってみよう。

パラドールとは
城や宮殿などの歴史的建造物を、宿泊施設にリノベーションした国営ホテルのこと。収益の一部はこうした歴史的建造物の保存に活用されている。国内に100カ所近く厳密には98あり、星の数によってランク付けされている。宿泊は人気が高く、予約は必須。

「日本での予約・問い合わせ先」
イベロ・ジャパン　URL www.iberotour.jp/

`グラナダ`
パラドール・デ・グラナダ
Parador de Granada
★★★★

修道院

世界遺産に宿泊する特別なひととき
アルハンブラ宮殿(→p124)の敷地内にある、15世紀に建てられたサンフランシスコ修道院を改装。イスラム文化の雰囲気に満ちた優雅な時間を過ごせる。非常に人気が高く早めの予約が必須。
MAP P123C2　グラナダ駅から車で20分　C.Real de la Alhambra s/n
☎958-221440　要問合せ　客室数40

1：王宮の一室だったというナサリの間。入口部分は当時のままリノベーションされた客室　2：モダンに　3：回廊に囲まれた噴水のある中庭

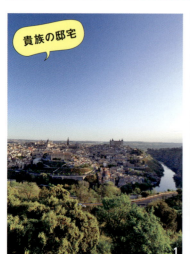
貴族の邸宅

`トレド`
パラドール・デ・トレド
Parador de Toledo
★★★★

タホ川が流れる美しい古都を一望
中世の都トレドの丘の上に立ち、客室からの眺めは抜群。建物はカスティーリャ地方の伝統的な建築様式を取り入れており、貴族の邸宅を改装して造られた。マドリードからのアクセスもよいので、特に人気が高い。
MAP P104B2　トレド駅から車で10分　Cerro del Emperador s/n
☎925-221850　要問合せ　客室数79

1：パラドールのテラスから眺める旧市街　2：夏は開放的な屋外プールも利用できる　3：調度品はラ・マンチャ地方やトレドの伝統的なものを使用

レオン
パラドール・デ・レオン
Parador de Leon
★★★★★

最も美しく荘厳なパラドール

ベルネスガ川のほとりに立つ、旧サン・マルコス修道院を利用したパラドール。中世の華麗で荘厳な装飾の回廊や教会が当時の姿のまま残る。館内に飾られた貴重な美術品の数々もみどころ。

MAP 付録P3A2 ⊗レオン駅から車で5分 ⊕Plaza de San Marcos 7 ☎987-237300 ⊕€206〜 客室数51

修道院

1：絵画が飾られた気品に満ちたロビーエリア　2：歴史的建造物のなかにある気品に満ちた客室　3：回廊に囲まれた中庭

カルモナ
パラドール・デ・カルモナ
Parador de Carmona
★★★★

人気観光地にたたずむ古城

ひまわり畑で有名な町・カルモナにあり、14世紀にペドロ1世のために建設された城を再建、復元した建物。ムデハル様式の噴水や内装などアラブの雰囲気が漂う。プールやレストランも完備。

MAP 付録P3A3 ⊗セビーリャからバスで30〜40分、下車後徒歩20分 ⊕Alcazar s/n ☎95-4141010 ⊕€110〜 客室数63

古城

1：カフェテラスからはカルモナの街が見渡せる　2：客室は落ち着いたクラシックな内装　3：リゾート感あふれるプール

サンティアゴ・デ・コンポステラ
パラドール・デ・サンティアゴ・デ・コンポステラ
Parador de Santiago de Compostela
★★★★★

祈りの地に立つ15世紀の王立病院

「巡礼の道」の終着地点である大聖堂の斜め向かいに立つ。建物は15世紀の王立病院(のちに修道院となる)を利用し、ゴシック、ルネサンス、バロックの3つの建築様式が混在する。

MAP 付録P3A2 ⊗サンティアゴ・デ・コンポステーラ駅から車で10分 ⊕Plaza do Obradoiro 1 ☎981-582200 ⊕€170〜 客室数137

王立病院

1：天蓋付きベッドを配した、エキゾチックな雰囲気の客室　2：列柱アーチが美しい回廊　3：かつては巡礼者の宿としても使われていた

Spain Travel Info

入出国の流れ

旅行が決まったら、入出国の流れをまずチェック！ 万全の準備で空港へ

到着

2025年1月現在、成田国際空港からマドリードのバラハス空港まで週3往復で直行便が運航されており、所要約14時間30分〜16時間。バルセロナへは直行便はなく、最低でも18時間程度はかかる。到着したらEntradaの標識に従って進み、入国審査を受ける。

入国審査

EU加盟国以外の国民「No EU Nations」の列に並び、審査官に航空券とパスポートを提示する。航空券とパスポートのチェックが済めば入国審査は終了。英語で入国目的や滞在日数を尋ねられる場合もある。なお、シェンゲン協定加盟国を経由した場合は、スペインでの入国審査はない。

荷物受け取り所

入国審査後は、荷物受け取り所（Baggage Claim）へ。自分が乗ってきた便名が表示されたターンテーブルで荷物を受け取る。

❹ 税関

申告する物がない人はEquipaje Etiqueta Verdeと書かれた緑のゲートへ進めばよい。申告する物がある人はObjetos a declarar(Aduana)と書かれた赤のゲートへ進む。外貨を含む通貨の持ち込み・持ち出し制限は、いずれも1万相当まで。それ以上の額を所持している場合は必ず申告をすること。

到着ロビー

観光案内所や両替所、レストランなどがある。市内への移動手段はバルセロナ→P144、マドリード→P145へ。

スペインの入国条件

○ **パスポートの残存有効期間**
スペインを含むシェンゲン協定加盟国からの最終出国日から3カ月以上。10年以内に発行されたパスポートを持っていることが条件。

○ **ビザ**
観光目的で、シェンゲン協定加盟国での滞在日数の合計が直近180日間のうち合計90日以内の滞在ならビザは不要。

液体物の機内持込み制限

機内持込み手荷物には液体物の持ち込み制限がある。100ml以下（100mlを超えない容器に入れる）なら、ジッパーのついた透明プラスチック製の袋に入れれば持込める。詳細は国土交通省航空局のサイト URL www.mlit.go.jp/koku/15_bf_000006.htmlを参照。

入国時の持ち込み制限

○ **主な免税範囲（1人あたり）**
● 酒類(17歳以上)…度数22%以上の酒1ℓ、または度数22％未満の酒2ℓ、非発泡性ワイン4ℓ、ビール16ℓまで
● たばこ(17歳以上)…紙巻たばこ200本、または小型葉巻(1本あたり最大3g)100本、または葉巻50本、または刻みたばこ250gまで
● 通貨…€1万相当以上は要申告
● みやげ品…€430相当まで（空路の場合。15歳以下は€150)相当まで

○ **主な持ち込み禁止品**
● 麻薬や覚醒剤　● 一部の植物、模造品、武器など
● 猟銃以外の鉄砲類　● 公序良俗に反する出版物

事前渡航認証システムETIAS
【EES(※1)の6カ月後から導入予定】

スペインを含むシェンゲン領域国に渡航する際、事前渡航認証システム「ETIAS(エティアス)」の申請が必要となる予定。直近180日のうち、合計90日以内の短期(観光)滞在が認められる。EESの6カ月後から導入予定で、未取得だと飛行機などに搭乗できないことも。EESが導入されるまで、先述の条件であれば日本国籍者はビザ含む申請は不要。
● 対象国：日本を含む約60カ国(ビザ免除国)
● 対象年齢：18歳以上70歳未満　● 申請費用：€7(予定)
● 申請方法：オンライン
URL travel-europe.europa.eu/etias_en
● 有効期限：3年（もしくは、パスポートの有効期限まで）

シェンゲン協定とは	シェンゲン協定加盟国（2025年1月現在）
ヨーロッパの一部の国家間で締結された検問廃止協定のこと。シェンゲン協定加盟国間の移動は、国境の通行が自由化されている。これにより、日本など加盟国以外から入国する場合は、最初に到着した加盟国の空港でのみ入国手続きを行う。また帰国の際は、最後に出国する加盟国で出国審査を受ける。	アイスランド、イタリア、エストニア、オーストリア、オランダ、ギリシア、クロアチア、スイス、スウェーデン、スペイン、スロヴァキア、スロヴェニア、チェコ、デンマーク、ドイツ、ノルウェー、ハンガリー、フィンランド、フランス、ブルガリア、ベルギー、ポーランド、ポルトガル、マルタ、ラトビア、リトアニア、リヒテンシュタイン、ルーマニア、ルクセンブルク

※1 EES(Entry/Exit System)はシェンゲン領域国に短期滞在する非EU国籍者登録システムで、2025年開始予定。詳細は未定

［ スペイン出国 ］

❶ チェックイン
利用する航空会社のカウンターで航空券とパスポートを提示する。機内持ち込み以外の荷物はここで預け、クレーム・タグ（Claim Tag＝手荷物引換証）と搭乗券を受け取る。航空会社によっては自動チェックイン機を利用できる場合もある。また、免税商品を機内預け荷物（スーツケース等）に入れて持ち帰りたい人は、チェックイン時に申し出て、係員の指示を仰ごう。

❷ 免税手続き
VAT（付加価値税）払い戻しの申告をする人は税関へ行き、手続きを行う。

❸ 手荷物検査
機内に持ち込むすべての手荷物をX線検査機に通す。靴（種類による）やジャケットは脱ぎ、時計や貴金属は外しておくこと。日本出国時同様、液体物や危険物の持込み制限があるので注意。

❹ 出国審査
パスポートと搭乗券を審査官に提示する。出国の際は、特に問題がない限り質問されることはほとんどない。シェンゲン協定加盟国を経由する場合は、最後に出国する空港で出国審査を受ける。

❺ 搭乗ゲート
搭乗券に記された搭乗ゲートへ。チェックイン時にゲートが未確定の場合は、掲示板でゲート番号や搭乗時刻を随時確認しよう。

日本帰国時の注意

○ 主な免税範囲（一人当たり）
- **酒類**…3本（1本760mℓ程度）。20歳未満の免税なし
- **たばこ**…紙巻たばこ200本、または葉巻たばこ50本。加熱式たばこのみの場合、個装等10個（「アイコス」のみ、または「グロー」のみの場合は200本、「プルームテック」は50個まで）。その他の場合は総量が250gを超えないこと。20歳未満の免税なし
- **香水**…2オンス（約56mℓ、オードトワレ・コロンは除外）
- **その他**…1品目ごとの海外市価合計額が1万円以下のもの全量、海外市価合計額20万円まで

○ 主な輸入禁止品
麻薬、大麻、覚せい剤、鉄砲類、わいせつ物、偽ブランド品など。

○ 主な輸入規制品
ワシントン条約に該当する物品や加工品。果実、切り花、野菜、卵などは要検疫。乳製品も制限あり。肉・肉製品は基本的に持ち込めない。また、医薬品や化粧品にも数量制限あり（化粧品、医薬品共に1品目24個以内）。

日本帰国時に「携帯品・別送品申告書」を提出する（家族は代表者のみ）。オンライン申告する場合、紙の申告書は不要

税関申告はオンラインがおすすめ
「Visit Japan Web」で入国審査（外国人入国記録）と税関申告（携帯品・別送品申告）をWeb上で行える。事前にアカウントを作って入国・帰国の予定の情報登録を済ませ、入国（帰国）前に「携帯品・別送品申告」の手続きを済ませる。二次元コードが発行されるので、税関で提示するとスムーズに通過できる。
URL services.digital.go.jp/visit-japan-web/

［ その他の入出国 ］

○ 鉄道
ヨーロッパ各国を結ぶ鉄道網が発達しており、国際列車を利用してスペインへ入国することも可能。周遊の手段として実用的なので、「ユーレイル スペインパス」をはじめ、便利な鉄道周遊パスなどを上手に利用しよう。

○ 長距離バス
ヨーロッパの国々を結ぶ国際長距離バスが運行している。フランスやドイツなど欧州各国からスペインの主要都市までを結んでおり、パリ～バルセロナは早いものだと所要14時間ほど。

○ 車（レンタカー）
隣接する国から車で入国することも可能。シェンゲン協定加盟国間では検問は原則行われない。

日本へ帰国の際、別送品がある場合や免税範囲を超えた税率などの詳細は税関 URL www.customs.go.jp/ を参照。

(143)

Spain Travel Info

空港～市内への交通

バルセロナ、マドリードの空港から市内への移動手段はそれぞれ、バス・鉄道・タクシーがある。予算や目的に合わせて選ぼう。

[バルセロナ]

○ エル・プラット国際空港
Aeropuerto de Barcelona El Prat

バルセロナの中心地から南西約12kmに位置する。第1ターミナルと第2ターミナルがあり、ターミナル間は所要時間約10分の無料シャトルバスが走っている。主要航空会社は第1ターミナルからの発着がほとんど。市内への交通手段はカタルーニャ広場、スペイン広場へ直行してくれるエアポートバスか、タクシーが便利。

空港内には観光案内所もある

交通早見表 所要時間は目安。道路の混雑状況により異なる。

交通機関		特徴	運行時間 / 所要時間	料金（片道）
国鉄		国際列車も走るスペインの国鉄、通称「RENFE」。市内へ出るには第2ターミナルに直結の駅から乗車。バルセロナ・サンツ駅またはパセッチ・ダ・グラシア駅下車で地下鉄への乗り換えが可能。	バルセロナ・サンツ駅（5時42分〜23時38分）まで所要約20分	€4.90 (Bitllet Senzill)
エアポートバス		空港からスペイン広場などを経てカタルーニャ広場までを結ぶ。チケットは乗り場の券売機で購入、またはバス運転手から現金でも購入可能。大きな荷物は車内の所定の位置に置くことができる。	カタルーニャ広場（深夜と早朝を除き5分間隔）まで所要約30分	€7.25
路線バス		複数の路線が存在するが、第1・2ターミナル両方から出る46番バスがスペイン広場まで行く。都心までの所要時間はかかるが、エアポートバスより停留所が多く料金も手ごろ。	スペイン広場（5時30分〜23時50分、20分間隔）まで所要時間約40分	€2.55 (Bitllet Senzill)
タクシー		料金はやや割高だが便利。黒と黄色の車体が目印で、空車は緑のランプがついている。空港ならターミナル1、2両方のメインターミナル出口に停まっている。	市内中心部まで約30分	カタルーニャ広場まで約€40程度

3階 (日本の4階部分) Planta 3 出発フロア

地上階 (日本の1階部分) Planta 0 バス・タクシー乗り場

T1（ターミナル1）

※各ターミナル間は、シャトルバスが約5〜7分間隔（早朝をのぞく）で運行している。

地図マークの凡例　●バス停留所　●インフォメーション　●エスカレーター

[マドリード]

○ バラハス国際空港
El Aeropuerto de Madrid Barajas

スペイン最大の空港で、マドリード中心部から北東約13kmに位置する。第1〜4まで4つのターミナルがあり、第1〜3は連結されている。第4とのターミナル間は無料シャトルバスが24時間運行。第1・2・4の到着ロビーには観光案内所や両替所、ホテル予約カウンターなどもあるため目的に合わせて有効活用しよう。市内へ移動する場合は、荷物が多い旅行者にはタクシーが安全かつ値段が手頃なので利用しやすい。

イギリスの建築家による近未来的デザインのバラハス国際空港

交通早見表
所要時間は目安。道路の混雑状況により異なる。

交通機関	特徴	運行時間 / 所要時間	料金（片道）
地下鉄	メトロ8号線がヌエボス・ミニステリオス駅まで運行。他のメトロ路線や近郊線に乗り継ぎ可能。ただし、大きな荷物を持って早朝・深夜の利用は注意が必要。	6時〜翌1時30分まで運行。アトーチャ駅まで約25分	€4.50〜5（空港使用料含む）
国鉄	マドリードの主要駅であるアトーチャ駅とチャマルティン駅に向かう場合は、ターミナル4から出ている「RENFE」近郊線C-1などが便利。上記2つの駅から国際列車も出ている。	5時50分〜23時45分に20〜30分間隔で運行。アトーチャ駅まで所要時間30分	€2.60
エアポートバス	ターミナル4から2と1を経由してアトーチャ駅を結ぶ（深夜便はシベレス広場付録MAP/P15D1が終点）。チケットは乗り場の券売機で購入、または停留所のスタッフやバス運転手から現金で購入できる。	24時間運行(23時30分〜翌6時はシベレス広場行き)。所要約40分	€5
路線バス	地下鉄が通っていないエリアも含めてほぼ全域を網羅。空港からはターミナル1〜3なら200番、ターミナル4も200番の市バスがアベニータ・デ・アメリカ駅のバスターミナル（付録MAP/P14B2）まで運行している。	5時10分〜23時30分に約10〜15分間隔で運行。所要時間約50分	€1.50
タクシー	空港から市内へのアクセスで最も手軽な交通手段。空港からマドリード市内（環状線M30号線内）までは定額制。また市内から空港へ向かう場合も同じく定額制となる。	市内中心部まで約20〜30分	市内までは一律€33

Spain Travel Info

スペイン国内交通

地方色豊かなスペイン。時間があれば、ぜひ各地をめぐってみたい。飛行機や鉄道、バスなど、予算や目的に合わせて自分に合った移動手段を見つけよう。

［鉄道］

あらゆる都市からマドリードへの玄関口となるアトーチャ駅

長距離移動に最適なスペイン国鉄「Renfe（レンフェ）」。鉄道網はマドリードを起点に、約1万5000kmにも及ぶ。セキュリティ上の問題から、鉄道内での写真撮影は避けたい。カメラを携帯しているだけで警備員に呼び止められることもあるので、バッグにしまおう。

列車の種類

アベ AVE／アバント AVANT

マドリードからセビーリャ、バレンシアなどを結ぶ高速列車がAVE。マドリードからトレド、コルドバからセビーリャなど中距離ルートを結ぶ高速列車はAVANT。どちらも全席指定制で、座席の種類は主に4種類。グレードは上からプレミアム、チョイス、ベーシックの順で、チョイスはさらにスタンダードとコンフォートに分かれている。

メディア・ディスタンシア Media Distancia

中央部、カタルーニャ、アンダルシア、ガリシアなど、各地方の都市間を運行する地方高速列車。最高速度250kmで走るアバントAvantなどがある。

ラルガ・ディスタンシア Larga Distancia

マドリードからバルセロナ、マドリードからバレンシアなどを結ぶ長距離列車で、夜行列車もある。スペインの主要都市間を結ぶアルビア（Alvia）や、地中海沿岸の都市を結ぶユーロメッド（Euromed）など。

セルカニアス Cercanías

バルセロナやマドリード、セビーリャなど大都市の近郊を結ぶローカル線。

チケットを買う

窓口は高速列車（AVE）、長距離線（LargaDistancia）、近郊線（Cercanías）など分かれている。購入には整理券が必要なため、当日券とそれ以外を選択して発券機で発券する。その後整理券の番号が呼ばれたら、希望するチケットの窓口に並び購入する。オンラインでも購入が可能で、スマホ画面をチケット代わりにすることもできるので便利。

チケットの種類

全席指定の高速列車や長距離列車、一部を除く中距離列車は、運賃と座席指定料、種類によって特急料金や車内サービス料が一体となった包括運賃チケットになる。

列車の乗り方

❶ 切符を買う

中・長距離など座席指定の列車は満席になる場合があるので、事前にWebサイトで予約しておくか、駅構内の窓口でチケットを購入しておくのが安心。レンフェマークのある旅行会社でも購入できる。大都市の駅では列車によってチケット売り場が分かれていることも。

●券売機での買い方…
地方線や近郊線のチケットは自動販売機でも利用できる場合もある。行き先（駅名）のボタンを押してから、お金を支払う。

⇩

❷ 案内板を確認してホームへ

切符の購入後は必ず一度、発車掲示板で出発の時間やホーム番号を確かめよう。その後、一般的には改札口はないので、そのままホームへ向かう。

⇩

❸ 乗車する・下車する

乗車する列車が発車するホーム（Vía）、列車の種類などを確かめて乗車。指定席の場合は、チケットに記載された座席番号に座る。大都市の路線では乗車時、混雑することが多いが、慌てずに乗降したい。

主要都市間の運賃

出発地	行き先	種類	所要時間	運賃(プレミアム)	運賃(チョイス)	運賃(ベーシック)
バルセロナ	マドリード	AVE	2時間30分～	€80.15～	€51.70～	€40.20～
バルセロナ	セビーリャ	AVE	5時間40分～	€117.40～	€73～	€60.40～
バルセロナ	グラナダ	AVE	6時間30分～	€134.10～	€89.40～	€73.30～
バルセロナ	バレンシア	Euromed	2時間50分～	€91.90～	€54.80～	€49.30～
マドリード	グラナダ	AVE	3時間30分～	€87.40～	€60～	€51.40
マドリード	トレド	AVANT	30分	—	—	€11.10～

※運賃は事前購入割引やキャンセル不可など条件付チケットも含めた最低価格。季節や時間帯などで頻繁に変動する。

乗車＆車内での注意点

長距離列車は荷物のX線検査が必要

AVEなどの高速列車や長距離列車では、乗車前に手荷物検査が行われる。ホームの手前で、空港と同様のX線による簡単な検査を受ける。検査の時間も考慮して早めに駅に着くように心がけて。

設備とサービス

車内には、座席前方に荷物置き場がある。大きい荷物がある場合は、すぐに置いて場所を確保しよう。高速列車AVEでは、出発するとイヤホンが配布され、音楽や映画(車両・クラスによる)を楽しむことができる。また、AVEなどではクラスにより、雑誌・新聞、食事・飲料などのサービスもある。

車内は禁煙

AVEを含むスペイン国内の列車は全席禁煙。駅構内でも全面禁煙なので注意しよう。駅によっては喫煙エリアがあるので、そちらを利用。違反した場合には、€30以上の罰金が科せられる

[その他の交通手段]

○ 飛行機

国内線はイベリア航空、エア・ヨーロッパ、ブエリングなどのLCCが運航している。バルセロナ～マドリード間は1時間30分程度で、早朝便から深夜便まである。パスポートが必要になるので、必ず持参して。

航空券の予約と購入

現地の各航空会社窓口や旅行会社で直接購入することができる。夏のバカンスシーズンや週末の利用には事前予約を。各航空会社のホームページなどから予約できる。購入はカード決算となる。

○ バス

ほぼ全国を網羅し、料金もリーズナブル。大都市間の運行本数は充実しているが、地方への路線バスは本数が少ないことも。事前にしっかり確認しよう。チケットは主要バスターミナルで購入可能。各バス会社のホームページなどから事前に予約することもできる。

中距離バス

大都市と近郊都市を結ぶ。小都市や人口の少ない地方の村へも行くことができる。基本的に指定席で、運転手にチケットを見せて乗り込む。

長距離バス

バルセロナ～マドリードなど大都市間を結ぶ。標準は4列シートでトイレも完備。

○ レンタカー

郊外に出かける場合に便利。空港や主要駅にあり、手続きにはパスポート・国際運転免許証・日本の運転免許証・クレジットカードが必要になる。2年以上の運転経験がある23歳以上を条件とする会社が多い。右側通行・左ハンドルだが、交通ルールはほとんど日本と同じ。

| Spain Travel Info | # 旅のキホン | 旅先で困らないよう、通貨や気候などを事前に確認しておこう。日本と異なる習慣などにも注意が必要。 |

[お金のこと]

EUの単一通貨のユーロ(€)が使用されている。補助単位としてユーロセント(¢)があり、1€=100¢。紙幣は全6種類、デザインはEU加盟国共通。架空モチーフの歴史的な建築様式の建物が描かれ、表面は窓と門、裏面は橋。硬貨は全8種類で、表のデザインはEU加盟国共通。裏は国によって異なり、スペインの50、20、10¢には文豪セルバンテスがデザインされている。

€1 ≒ 約160円
（2024年12月現在）

€5

€10

€20

€50

€100

€200

 1¢　 2¢　 5¢　 10¢

 20¢　 50¢　 €1　 €2

● 両替

空港や主要駅、市中の銀行などで換金可能だが、レートは日本で換金した場合の方が良いため、必要な分は出国前に両替しておこう。

空港	両替所	ホテル	ATM	その他
必要な分だけ！	**場所を確認しよう**	**いつでも両替可**	**便利に使える**	**銀行はどこもほぼ同じ**
空港の両替所は、銀行が空港窓口として開設。そのため、レートや手数料は市中銀行と変わらずレートはあまりよくない。	レートや手数料は店によって異なる。レートがよくても手数料が高い、またはその逆の場合もあるので注意が必要。	4～5ツ星以上のホテルで両替可能。レートは悪いが、通常フロントで24時間受け付けているため、急を要する場合に便利。	街中の至るところにある。レートや手数料は両替所よりよい場合が多い。壁に埋め込まれているタイプが多く見かけられる。	レートや手数料はどこの銀行でもほぼ同じ。カウンターで両替を申請しよう。

クレジットカード＆ATM
ホテル、デパートはもちろん、ほとんどのレストランなどでクレジットカードが利用できる。ホテルでのデポジットや、レンタカーを借りる際に必要となる場合もあるため1枚は持っておきたい。キャッシング機能付きであれば、ATMで必要な分だけユーロを引き出すことも可能(手数料はクレジットカード会社により異なる)。

ATMお役立ち英単語集
- 暗証番号…PIN/ID CODE/SECRET CODE/PERSONAL NUMBER
- 確認…ENTER/OK/CORRECT/YES
- 取消…CANCEL
- 取引…TRANSACTION
- 現金引出…WITHDRAWAL/GET CASH
- キャッシング…CASH ADVANCE
- 金額…AMOUNT

[シーズンチェック]

祝祭日やその前後はレストラン、ショップや銀行が休業になることも。旅行日程を決める前に必ずチェック！

○ 主な祝祭日

1月1日	元日
1月6日	主顕節
4月17日	聖木曜日
	（カタルーニャ州やバレンシア州等を除く）
4月18日	グッドフライデー（聖金曜日）
5月1日	メーデー
8月15日	聖母被昇天の日
10月12日	イスパニア・デー（国祭日）
11月1日	諸聖人の日
12月6日	憲法記念日
12月8日	無原罪聖母の日
12月25日	クリスマス

※毎年日付が変わるものもあり。このほかに、自治州や市が定めるローカルホリデーがある

○ 主なイベント

3月15〜19日	サン・ホセの火祭り（バレンシア）
4月23日	サン・ジョルディの日（バルセロナ）
5月4〜10日	春祭り（セビーリャ）※
5月上旬〜中旬ごろ	パティオ祭り（コルドバ）※
7月6〜14日	牛追い祭り（パンプローナ）
8月27日	トマト祭り（ブニョール）※
9月下旬	メルセ祭り（バルセロナ）※
9月下旬	サン・セバスティアン国際映画祭（サン・セバスティアン）※

※の祝祭日やイベントの日程は年によって変わる（記載は2025年1月〜12月のもの）

メルセ祭りで行われる「人間の塔」

○ 気候とアドバイス

春 3〜5月	気温が上がり、過ごしやすい。旅行にはベストシーズン。ただし、地域によって昼夜の気温差が激しいため、羽織物は必須。	夏 6〜8月	気温が高く晴天の日が続く。特にアンダルシアは暑さが厳しいので注意。帽子やサングラスなど、紫外線対策を忘れずに。
秋 9〜11月	10月後半から気温が下がり始め、11・12月には厚手のコートが必要。内陸部のマドリードはとくに冷え込みが厳しいので要注意。	冬 12〜2月	東部や南部でも最低気温は10℃を下回るため、厚手のコートはもちろんマフラーや手袋などのしっかりとした防寒対策が必要。

○ 平均気温と降水量

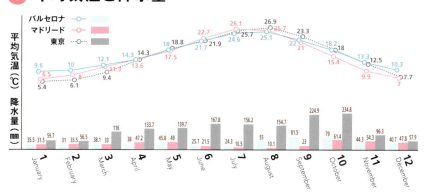

電話のかけ方

スペインでは市内通話でも市外局番からかける(バルセロナ…93か83、マドリード…91か81)。例えばマドリード市内なら、市外局番の91を電話番号の頭に付けてダイヤル。

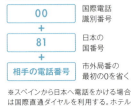

市内通話
スペインでは市外局番と市内局番の区別はないので、9桁の電話番号をダイヤルすればOK。

※スペインから日本へ電話をかける場合は国際直通ダイヤルを利用する。ホテルの客室からかけると手数料が加算され、割高になる。

※携帯電話の場合は「010」または「+」のあとに国番号の「34」以降をタップする。携帯電話は会社によって料金形態が異なるので要確認。

インターネット事情

街なかで

マドリードやバルセロナなどの大都市であれば、ファストフード店、レストラン、バル、キオスコなどでWi-Fiの利用が可能。無料Wi-Fiスポットも増えており、駅やバスターミナル、公園や広場などの公共スペースでも接続できる。また、街なかでスマートフォンやタブレットを操作する際には、スリなどに狙われやすくなるので充分注意を。

ホテルで

ロビーやビジネスセンターで利用できるほか、Wi-Fi環境が整っていれば部屋での利用も可能。大抵無料で使用できるが、時間単位の課金制の場合も。チェックインの際に確認してみよう。パスワードが必要な場合は、"What is the password for Wi-Fi?"でOK。

郵便・小包の送り方

郵便

郵便局(Correos)またはタバコ屋(Estanco)で切手を購入できる。通常郵便の場合は、街なかの黄色のポストに投函すればよいが、速達の場合は、料金が異なるので、郵便局へ持ち込むこと。宛名・住所は可能であればローマ字で記入し、赤ペンなどで目立つように「Japan(スペイン語でJapón)」と記載する。航空便と分かるように「Air Mail(スペイン語でPor Avión)」の記載も忘れずに。スペインは郵便事情が良くないため、到着までに1カ月近く要することもある。また、郵便局では小包の国際宅配サービス「Paquete Internacional Premium」も行っており、大きな荷物などを送る際はこちらが便利。

スペインから日本へ送る場合の目安

種類	日数	料金
普通書簡	1週間～1カ月	20gまで€2.10 50gまで€2.60 100gまで€4.20
小包	2～3週間 ※時期によって異なる	250gまで€50.45 500gまで€57.65 1kgまで€72.10 2kgまで€83.95 ※2kg以上は1kgにつき€11.85追加

水とトイレとエトセトラ

◯ 飲料水

スペインでは日本同様水道水を飲むことは可能。だが体に合わない場合もあるため、市販のミネラルウォーター(Agua Mineral)を購入するようにしよう。炭酸入り(Con Gas)と炭酸なし(Sin Gas)があるので確認を。購入する店によって異なるが、500mℓで€1程度から購入できる。

◯ 電圧とプラグ

電圧は220Vで周波数は50Hz。プラグの形は2本のCタイプまたはSEタイプ。日本の電化製品を使用する場合は、変圧器と差込アダプターを持参しよう。

Cタイプ

◯ タバコ事情

2011年から新禁煙法が施行され、空港や病院や学校などの公共施設、公共交通機関、飲食店などは喫煙スペースが設置されている場所を除き、屋内・屋外ともに全面禁煙。違反者には高額の罰金が科せられるため注意しよう。

◯ トイレ

数は少ないが公衆トイレがあり、無料のものと有料のものがある。有料の場合は、各ドアにある硬貨投入口にコインを入れて利用。街中のレストランやバルのトイレを利用するのも手。飲み物などを注文するのが礼儀だが、急な場合はミネラルウォーターの購入のみなどでもOK。利用する際は店員に声をかけよう。

◯ ビジネスアワー

スペインでの一般的な営業時間。店舗によって異なる。

- レストラン……… 㕛13時30分〜16時、20時30分〜23時　㕬不定
- バル…………… 㕛8時〜深夜　㕬日曜
- ショップ………… 㕛10〜14時、16〜20時※土曜10〜14時　㕬日曜
- デパート………… 㕛10〜21時/22時　㕬日曜
- 美術館・博物館… 㕛9〜19時※日曜〜14時　㕬月曜
- 銀行…………… 㕛8時30分〜14時※土曜〜13時　㕬日曜、祝日

◯ サイズ・度量衡を目安にお買物

		日本	S	M	L	LL	XL
レディース	洋服	スペイン	36	38	40	42	44
	靴	日本	22.5	23	23.5	24	24.5
		スペイン	35	36	37	38	39
メンズ	洋服	日本	S	M	L	LL	XL
		スペイン	38	40	42	-	-
	靴	日本	24.5	25	25.5	26	26.5
		スペイン	39	40	41	42	43

※上記サイズ表は目安。メーカーなどによりサイズに差がある

◯ スペインの物価

タクシー初乗り
€2.50〜2.60

マクドナルドの
ハンバーガー
€3〜

ビール
(グラス1杯)
€3〜

バルのコーヒー
€1.50〜

ミネラルウォーター
(500ml)
€1〜

［シチュエーション別基本情報］

◯ 観光

美術館・博物館見学のコツ
出発前に日本でHPから事前に予約しておくと便利。またバルセロナ市内にあるミロ美術館やピカソ美術館などの主要美術館をまとめてお得に見学できるパス「バルセロナ・カード」（€55〜）を利用すれば、公共の交通機関が乗り放題となる。

教会の見学について
教会も観光スポットではあるが、本来ミサや冠婚葬祭が行われる神聖な場所であることを忘れずに。タンクトップやショートパンツなど、肌の露出が多い服装での入場はNG。また、日曜の朝などミサが行われている際の見学はできないことが多いので確認を。

写真撮影について
美術館や博物館では撮影禁止の場所がほとんど。撮影OKの場所でも三脚の使用やフラッシュは禁止されているので注意。また、トラブルを避けるためにも公共施設などでの無許可の撮影は控えよう。

観光案内所

カタルーニャ広場観光案内所（バルセロナ）
🏠Plaza de Catalunya, 17 SB ☎93-2853834
🕗8時30分〜20時30分 休なし MAP 付録P12A1

マヨール広場観光案内所（マドリード）
🏠Plaza Mayor, 27 ☎91-5787810
🕗9〜20時 休なし MAP 付録P20B3

◯ グルメ

店の種類
●レスタウランテ(Restaurante)…高級レストランから大衆食堂まで、飲食店全般を指す。高級レストランに行く際は予約をし、ドレスコードを意識しよう。

●バル(Bar)…早朝から深夜まで営業しており、カフェ・バー・レストランを兼ねた便利な店。時間帯で使い分けることができる。

●メソン(Mesón)…居酒屋のようなところで、夕方からオープンするところがほとんど。テーブル席が多いのが特徴。名物料理がある店が多い。

●カフェテリア(Cafeteria)…バルより洗練されたイメージの喫茶店。カジュアルな雰囲気から地元客が集う老舗まであり、おいしいコーヒーが堪能できる。

●タブラオ(Tablao)…飲食を楽しみながらフラメンコが観賞できる店。ショーに1ドリンク付きで€30〜40が相場。食事は定番のスペイン料理を提供するところが多い。

営業時間
レスタウランテはランチのスタートが13時30分〜14時、ラストが15時30分、20時以降がディナーの場合が一般的。バルは休みなく1日中オープンしている。タブラオは21時からショーが始まる店が多い。

予約について
予約客のみで店が埋まることは少ないが、高級レストランや人気店は予約するのが無難。とくに混雑する週末は予約するのがおすすめ。

注文の方法
バルで料理を頼む場合、カウンターなどに並べられた大皿料理を小皿(タパ)に取り分けてもらう。ひと皿が多い時は半皿での注文も可能。不安な人は、「ウナ(それ)」と言って指を指しながら注文すればOK。

チップ
バルなどでは基本的に支払う必要はない。気持ち良く食事ができたと感じたら、総額の5〜10%程度のチップをテーブルなどに置いていこう。

ドレスコード
基本的には入店拒否されることは少ないが、高級レストランに行く際はややドレスアップするのが好ましい。男性ならジャケット、女性ならフォーマルなワンピースなど、気張りすぎないスマートカジュアルな服装がよい。テーブルでは、周りの人を不快にさせないよう細心の注意を。飲みすぎて泥酔するなどはもちろんNG。

🔴 ショッピング

営業時間
月曜から金曜は10～14時、16～20時、土曜は10～14時が一般的。デパートは中休みはなく、10～21時や22時までの通し営業がほとんど。日曜、祝日は休みの場合が多いので注意。店によって、夏のバカンスシーズンに長期休暇を取る場合も。

マナー
専門店に入店した際、商品を勝手に触るのはNG。店員に声を掛け、用件を伝えるのがベスト。具体的に探している商品がない場合でも、「Estoy mirando（見ているだけです）」と伝えよう。

免税手続き
スペインでは、商品の価格にIVA（付加価値税）が課税されている。一定の条件を満たす旅行者は対象の店舗で所定の手続きをすると最大13％が還付される。ただし、出国時は未使用の状態が条件で、税関スタンプの受領期限は購入月から3カ月以内。手続は下記の通り。

① お店で…Tax Free Shopping加盟店で買い物をしたら、パスポートと合わせて、氏名（ローマ字）・パスポート番号・日本の現住所（ローマ字）・還付金の受取方法（現金・クレジットカードへの振込み・銀行小切手のいずれか）を記入して免税書類（Tax Free Form）を発行してもらう。この際、レシートをなくさないように注意。

② 空港で…シェンゲン領域国圏の最終国で手続きする。キャッシュ・リファンド・カウンターで免税書類、パスポート、航空券（搭乗券）、レシート、未使用の購入品を提示して税関の手続きをしてもらう。

③ お金の受取…免税書類を払い戻しカウンターに提出する。原則として現地通貨またはクレジットカードの銀行口座への入金で、所定の手数料を引いた額が支払われる。空港によって手続きの流れは異なる。また、現在は自動認証マシン「DIVA」（ディーバ）が導入されており係員の代わりに機械で免税手続きをすることが可能。

④ そのほかの方法…成田、羽田、関西、中部の各空港の到着ロビーなどにある「付加価値税払い戻し専用ポスト」に税関印の押された書類を投函すると、後日、小切手またはクレジットカードの銀行口座に払い戻しを受けることができる。

グローバルブルー
URL https://cs.globalblue.com/s/?language=en_US
（日本語はなし）

🔴 ホテル

ホテルのランクと種類
ホテル（Hotel）…設備や規模により1～5ツ星のランク付けがされている。あらゆるリクエストに応えるコンシェルジュが常駐。
オスタル（Hostal）・ペンシオン（Pension）…個人経営の宿泊施設。オスタルは1～3ツ星のランク付けがされている。比較的リーズナブルで、若者を中心に人気。
パラドール（Parador）…古城や貴族・領主の館、修道院などを宿泊施設に改修した国営ホテル。事前予約必須の人気ぶり。

チップ
高級ホテルに宿泊した場合、サービスに対してチップを払うのがスマート。安宿では不要だが、特別なことをしてもらった際は支払うよう心掛けよう。
- ポーターに部屋まで荷物を運んでもらう／€1～
- コンシェルジュにレストランの予約を依頼／€1～
- ルームメイドに部屋を掃除してもらう／€1～

マナー
日本でも同様だが、客室以外は公共スペースであることを忘れずに。スリッパやパジャマのまま出歩く、大声で騒ぐなどの行為は慎もう。洗濯した場合はバスルームに衣類を干し、バスタブを使用する場合はシャワーカーテンを内側に入れるようにしよう。

チェックイン／チェックアウト
チェックインは14時くらいが一般的。遅くなりすぎると予約を取り消される場合があるため、遅れる際は必ずホテルに連絡しよう。チェックアウトは平均で12時ごろ。

宿泊税
スペイン各地で観光客に向け、宿泊税が導入されている。1泊ごとの課税で、ホテルのランクや宿泊数などにより異なる。バルセロナの場合、5ツ星ホテルは€7.50、4ツ星ホテルは€5.70が徴収される。

[トラブル対処法]

トラブルに見舞われてしまったら、まずは慌てず冷静に。このページでしっかりと予習して、もしもの時に備えつつ、被害に遭わないように注意しよう。

病気になったら
我慢をせず病院へ行こう。ホテルのフロントで医師の手配を頼むことも可能。海外旅行傷害保険に加入している場合、日本語の救急アシスタントサービスに連絡すれば病院を紹介してくれる。必要に応じて通訳派遣を行う場合も。常用薬のある場合は、日本から持参するようにしよう。

盗難・紛失の場合
●パスポート…最寄りの警察署に被害を報告し、盗難（もしくは紛失）届受理証明書を発行してもらう。日本大使館（もしくは総領事館）で紛失旅券の失効手続きを行い、新規旅券の発給申請または帰国のための渡航書を申請する。

●クレジットカード…カードの不正使用を防ぐため、まずは速やかにカード会社に連絡して無効にしてもらおう。その後警察に届け、盗難（もしくは紛失）届受理証明書を発行してもらう。現地支店で暫定カード（使用期間あり）の発行が受けられる場合もあるので、カード会社の指示に従って。

安全対策
●大金は持ち歩かない…パスポートや多額の現金はホテルのセーフティーボックスなどに保管して、必要以外は持ち歩かないようにしよう。街なかを歩くときは、荷物を必要最低限にし、ポケットに貴重品を入れないように。また、空港やホテル、レストランなどでスリ・置き引きの被害が多く見られる。

●治安の悪いエリアでは細心の注意を…駅周辺や観光名所、広場など観光客が多く集まる場所では犯罪が起こりやすい。バッグは常に肌身離さず、必ず口は閉めておこう。道を歩く際、バッグは車道側に持たないように。夜間の外出にはタクシーの利用が安全。

たびレジ
外務省から、最新の安全情報をメールやLINEで受け取れる海外安全情報無料配信サービス。出発前から渡航先の安全情報が入手できるだけでなく、旅行中も大規模な事件や事故、自然災害など緊急事態が発生した場合、現地の大使館・総領事館から安否確認の連絡を含め、素早く支援が受けられる。

○ 便利アドレス帳

[スペイン]

在スペイン日本国大使館（マドリード）
⊕Calle Serrano,109 ㊏領事部窓口：9時15分～12時45分、14時15分～16時15分 ㊡土・日曜、祝日（一部日本の祝日も加わる） MAP 付録P14B2

在バルセロナ日本国総領事館
⊕Av. Diagonal, 640, 2a planta D ㊏開館時間：9～13時、15～16時（夏期は8時30分～13時30分）㊡土・日曜、休館日 MAP 付録P7C2

警察／消防／救急 ☎112

Visa

JCB

アメリカン・エキスプレス

Mastercard

[日本]

駐日スペイン大使館

在東京スペイン政府観光局

オプショナルツアー

限られた滞在時間でも効率よく観光できるのが
現地発着のオプショナルツアー。
日本語ガイド付きなので言葉の心配なく
思う存分ショートトリップを楽しめる。

申込先
マイバス・バルセロナ営業所
☎93-4909508
🏠 Avenida Diagonal, 416 3°
🕐 9時～17時30分（来店は予約制）
🗓 土・日曜、祝日
URL https://mybus-europe.jp/countryPage.do?countryCode=ES

※日本からのお申込みは催行日の3日前までにインターネットから（一部ツアーは申込期限は異なる）。

マークの意味
❶出発時間 ❷所要時間
❸催行日（除外日あり） ❹料金 ❺日本語スタッフ

バルセロナ発

サグラダ・ファミリア・ツアー！塔のエレベーター付き世界遺産サグラダ・ファミリア入場観光〈午前〉

サグラダ・ファミリアを熟知した現地在住日本語ガイドが日本語でサグラダ・ファミリアの歴史や知識、彫刻の意味などをご案内。
❶9時30分 ❷3時間 ❸月～金（GW・お盆・年末年始は特別催行あり）❹大人€100/子供€58 ❺あり

【プライベート】サグラダ・ファミリアとグエル公園 バルセロナ市内観光午前ガイド

専用車と専用日本語ガイド同行の完全プライベートツアー。バルセロナの人気観光地をめぐり、昼はパエーリャでランチ。
❶9時30分 ❷3時間30分 ❸毎日 ❹€330～*¹ ❺あり

【プライベート】世界遺産サグラダ・ファミリアとコロニアグエル・絶景モンセラットを巡る1日観光

バルセロナで人気の世界遺産巡りと絶景モンセラット観光をセットに。専用車付きでコロニア・グエル教会にも入場。夜はパエーリャのディナー。
❶9時 ❷9時間 ❸毎日 ❹€530～*¹ ❺あり

モンセラット観光午後ツアー（日本語観光ガイド付）

バルセロナの北西60km、モンセラットの奇岩群と、岩の割れ目にへばりつくように立つベネディクト派の修道院を観光する。
❶14時45分 ❷4時間 ❸月・水・金 ❹大人€120/子供€110 ❺あり

マドリード発

プラド美術館チケット事前予約付き！マドリード市内観光と欲張り市場散策〈午前〉

王宮やサン・ミゲル市場など、マドリードの魅力をギュッとつめて案内するウォーキングツアー。プラド美術館では必見の名画を日本語ガイドがご案内。
❶9時 ❷3時間 ❸月～金 ❹大人€75/子供€65 ❺あり

展望台からの眺めは絶景！世界遺産トレド観光午後ツアー

中世都市トレドの半日観光。大聖堂、サント・トメ教会など中世の街を日本語ガイドがゆっくり案内。
❶14時45分 ❷4時間半 ❸金・土・日・月 ❹大人€100/子供€95 ❺あり

【プライベート】世界遺産セゴビア古都のんびり観光1日

旧市街や水道橋、『白雪姫』の舞台となった城、アルカサールなどセゴビアを専用車でめぐる。ランチは仔豚の丸焼き。
❶9時 ❷7時間半 ❸毎日 ❹€270～*¹ ❺あり

バルセロナ・マドリード発

フラメンコミールクーポン

フラメンコの名手が集まると評判のタブラオで本場フラメンコを鑑賞する。
❶場合による ❷1時間～3時間 ❸毎日 ❹ドリンクショー€37～、ディナーショー€73～ ❺なし

観光もショッピングもアレンジ自由自在♪あなただけのプライベートガイド付き！

現地事情に精通した日本語ガイドが観光やショッピングなどに同行。思いのままに楽しむことが出来る。
❶9時30分、14時30分 ❷3時間 ❸毎日 ❹€80～*¹ ❺あり

※1：4名で申し込んだ際の1名あたりの料金。申込人数によって料金は異なります。

2025年度上半期までのツアー内容・料金です。変更となる可能性がございますのでご了承ください。

旅の持ち物LIST

スーツケースに入れるもの（預け入れ荷物）

基本LIST
- ☐ 衣類
- ☐ 下着類・くつした
- ☐ コスメ（100ml以上の容器に入れた液体物の機内持ち込みは不可）
- ☐ 日焼け止め
- ☐ スリッパ
- ☐ 常備薬
- ☐ コンタクトレンズ用品
- ☐ 生理用品
- ☐ 変換プラグ、変圧器、充電器、充電池
- ☐ 折りたたみ傘（晴雨兼用が便利）
- ☐ 帽子
- ☐ パスポートのコピー

便利LIST
- ☐ サングラス
- ☐ くつ（街なかを歩いて回ることが多いので、歩きやすいスニーカーなどがおすすめ。ドレスコードがある高級レストランへ行くならパンプスを）
- ☐ エコバッグ
- ☐ 顔写真（4.5㎝×3.5㎝、パスポート紛失時の再発行に必要）

⚠ リチウム電池またはリチウムイオン電池は預け荷物に入れることができない。携帯電話の充電用バッテリーやカメラの電池などは注意。詳しくは国土交通省のサイトを参照
URL https://www.mlit.go.jp/koku/15_bf_000004.html

手荷物に入れるもの（機内持ち込み）

基本LIST
- ☐ パスポート
- ☐ 航空券(eチケット)／ツアー日程表
- ☐ クレジットカード
- ☐ 現金（円・ユーロ）
- ☐ スマートフォン（充電ケーブル）
- ☐ 海外旅行保険の控え
- ☐ 筆記用具

便利LIST
- ☐ マスク
- ☐ ハンカチ・ティッシュ・ウェットティッシュ
- ☐ カーディガン・ストール（機内の温度は低いことが多い）

追加LIST
- ☐ カメラ（予備バッテリー・SDカード）
- ☐ モバイルバッテリー（預け入れは不可）
- ☐ ポケットWi-Fi（またはSIMカード）
- ☐ メガネ・コンタクトレンズ
- ☐ リップバーム・ハンドクリーム（100ml以下の液体やクリーム類は、縦横20㎝以下のジッパー付き透明プラスチック袋に入れる）
- ☐ 歯みがきセット
- ☐ ガイドブック

便利memo

パスポートNo.：	行きの飛行機 (No.)：
パスポートの発行日：　　年　　月　　日	帰りの飛行機 (No.)：
パスポートの有効期限：　　年　　月　　日	出発日：　　年　　月　　日
ホテル名・住所：	現地出発日：　　年　　月　　日
	帰国日：　　年　　月　　日

インデックス INDEX

●物件名…掲載頁、地図位置の順です。

INDEX

バルセロナ » 観光

あ アントニ・タピエス美術館…P40/付録P10B3
王の広場…P45/付録P13C2
か ガウディ博物館…P37/付録P4B1
カサ・アマトリェー…P40/付録P10B3
カサ・カルベット…P66/付録P11D3
カサ・バトリョ…P37、41/付録P10B3
カサ・ビセンス…P37/付録P7D1
カサ・ミラ（ラ・ペドレラ）…P37、41/付録P10A1
カサ・リェオ・モレラ…P41/付録P10B3
カタルーニャ・モデルニスモ美術館…P66/付録P10B4
カタルーニャ音楽堂…P66/付録P12B1
カタルーニャ歴史博物館…P66/付録P13D4
カテドラル…P44/付録P12B2
カテドラル（タラゴナ）…P63
カテドラル（バレンシア）…P65/本誌P64B1
カンプ・ノウ…P67/付録P6B4
グエル公園…P36/付録P4B1
グエル邸…P43/付録P12B4
グエル別邸…P67/付録P6B3
建築士会会館の壁画…P38、44/付録P12B2
国立陶器博物館…P65/本誌P64B2
コロン市場…P65/本誌P64B2
さ サグラダ・ファミリア…P32/付録P8B1
サン・パウ病院…P67/付録P5C1
サンタ・マリア・デル・マル教会…P47/付録P13D2
サンタ・モニカ美術センター…P66/付録P5C3
ジョアン・ミロ公園…P39/付録P7D4
市歴史博物館…P44/付録P13C2
た 大聖堂（モンセラット）…P62/本誌P62
ダリ美術館…P63
は バルセロナ現代美術館…P66/付録P8A4
ピカソ美術館…P38/付録P13C2
ペドラルベス修道院…P67/付録P6A2
ま ミラドール・トーレ・グロリアス…P67/付録P9C1
ミロのモザイク床…P39、43/付録P12B4
ミロ美術館…P39/付録P5C4
モンジュイック城…P67/付録P5C4
モンセラット美術館…P62/本誌P62
ら ラ・ロンハ…P65/本誌P64A1
ラス・プンシャス集合住宅…P40/付録P8A1
レイアール広場…P43/付録P12B4
ローマ円形闘技場…P63

バルセロナ » グルメ

あ アロセリア・シャティバ…P54/付録P8A4
イラティ…P49/付録P12B3
エスクリバ…P43/付録P12B3
エル・カフェ・デ・ラ・ペドレラ…P41/付録P10A1
エル・キン・デ・ラ・ボケリア…P42/付録P12A3
エル・シャレ・デ・モンジュイック…P55/付録P5C4
エル・ラル…P65/本誌P64B1
か カフェ・スーリック…P71/付録P12A2
カフェ・デ・オペラ…P71/付録P12B4
カル・ペップ…P49/付録P13D2
カン・クジェレテス…P53/付録P12B3
カン・ソレ…P55/付録P9C4
カン・マジョ…P52/付録P5D3

キオスコ・ウニベルサル…P42/付録P12A3
キメッ＆キメッ…P51/付録P5C3
キング・ピンチョス…P51/付録P5C3
クアトロ・ガッツ…P71/付録P12B2
グランハ・ヴィアデル…P71/付録P12A3
グランハ・ラ・パリャレサ…P45/付録P12B3
グレスカ…P68/付録P8A2
さ サンタ・カタリーナ市場…P46/付録P13C2
ジュリベルト・メウ…P53/付録P12A2
シンク・サンティッツ…P69/付録P4B3
セッテ・ポルタス…P69/付録P13D3
セルベセリア・カタラナ…P48/付録P10A2
た タパス24…P49/付録P11C3
タペオ…P46/付録P13D2
チャンパニェット…P48/付録P13D2
チュレリア・ライエタナ…P71/付録P12B1
チリンギート・エスクリバ…P54/付録P5D2
デ・タパ・マドレ…P70/付録P10B1
ディスフルタール…P69/付録P7D3
トレンカ…P65/本誌P64B1
は パコ・メラルゴ…P70/付録P7D2
ハモン・イ・ビノ…P69/付録P8B1
バル・デル・プラ…P49/付録P13C2
バル・ムット…P70/付録P8A2
バルデニ…P69/付録P8B1
ビニトゥス…P68/付録P10B3
ピンチョ・ジェイ…P51/付録P5C3
フィスムレール…P69/付録P8B3
ブボ…P47/付録P13D3
プライ・ノウ…P50/付録P5C3
ブルマ…P70/付録P12B3
ボー・デ・ボケリア…P68/付録P12B3
ボケリア市場（サン・ジュゼップ市場）…P42/付録P12A3
ボタフメイロ…P68/付録P7D1
ま マウリ…P71/付録P10A2
マリスコ・コルセガ…P68/付録P8A2
モン・バル…P70/付録P5C3
ら ラ・エスキニタ・デ・プライ…P50/付録P5C3
ラ・カフェテリア…P62/本誌P62
ラ・タスケタ・デ・プライ…P51/付録P5C3
ラ・ビニャ・デル・セニョール…P47/付録P13D3
ラ・マル・サラーダ…P53/付録P5D3
ラス・キンザ・ニッツ…P68/付録P12B4
ロス・カラコレス…P52/付録P12B4

バルセロナ » ショッピング

あ アドルフォ・ドミンゲス…P72/付録P11C3
アルト・エスクデリェールス…P43/付録P12B4
ヴィラ・ヴィニテカ…P47/付録P13D3
エル・コルテ・イングレス…P74/付録P11C4
エントレ・ラタス…P59/付録P8A1
OMGバルセロナ…P56/付録P13C2
か カエルン…P45/付録P12B3
カカオ・サンパカ…P72/付録P10B3
カサ・ジスベルト…P58/付録P13D2
ガタ・コスメティカ・オルガニカ…P60/付録P12A3
カンペール…P73/付録P11C4
さ サバテル…P61/付録P12B3
サボン…P74/付録P10B2

●物件名…掲載頁、地図位置の順です。

157

ストラディバリウス…P72/付録P11C4
セレリア・スビラ…P45/付録P13C2
た チョコレート・アマトリェー…P59/付録P10A1
デジグアル…P72/付録P12A1
トウス…P72/付録P10A1
ドス・イ・ウナ…P57/付録P10A1
248コルマド…P57/付録P10A1
な ナイス・シングス…P72/付録P10A3
は ババブプレ…P58/付録P13C4
バルサ・ストア…P74/付録P8B1
ビセンス…P59/付録P8B1
ビンバ・イ・ロラ…P73/付録P10B2
ファルガ…P74/付録P10A1
プリティ・バレリーナス…P72/付録P10A1
ベ・デ・バルセロナ…P56/付録P5C1
ま マテス…P73/付録P4B3
マンゴ…P73/付録P10B2
メゾン・デュ・モンデ…P74/付録P7D2
ら ラ・チナタ…P61/付録P12A3
ラ・マヌエル・アルバルガテラ…P73/付録P12B3
ライマ…P57/付録P12B1
リヤドロ…P74/付録P10A1
ルボ…P73/付録P10A2
ロエベ…P73/付録P10B3

バルセロナ » ホテル

あ アーツ…P76/付録P9D3
インター・コンチネンタル・バルセロナ・IHG・ホテル…P76/付録P5C4
エスパーニャ…P75/付録P12B4
エル・パレス…P75/付録P11C3
か カサ・フステル…P75/付録P8A1
カタロニア・アテナス…P76/付録P5D1
クラリス ホテル&スパ5*GL…P75/付録P10B2
さ サー・ビクトル・ホテル…P75/付録P10A1
は ヒルトン・ディアゴナル・マール…P76/付録P5D1
ヒルトン・バルセロナ…P76/付録P6B3
ベスターナ・アレーナ・バルセロナ…P76/付録P4B3
ま マンダリン・オリエンタル・バルセロナ…P75/付録P10B3
メリア・バルセロナ・サリア…P76/付録P7C2
や ユーロスターズ・グラン・マリーナ…P76/付録P5D4
ら ルネッサンス・バルセロナ・ホテル…P75/付録P11C2

マドリード » 観光

あ アルカサル（セゴビア）…P107/本誌P107A2
アルカサル（トレド）…P105/本誌P104B1
アルカラ門…P110/付録P18B4
エル・グレコ博物館…P105/本誌P104A1
王宮…P86/付録P20A2
王立エンカルナシオン修道院…P109/付録P20A1
王立サン・フェルナンド美術アカデミー…P109/付録P21D2
王立植物園…P92/付録P15D3
か 海軍博物館…P93/付録P15D1
カヴァ・デ・サン・ミゲル通り…P95/付録P20B3
カテドラル（セゴビア）…P107/本誌P107B2
カテドラル（トレド）…P105/本誌P104B1
カンポ・デ・クリプターナ…P108/本誌P108
国立考古学博物館…P109/付録P18B4
ゴヤのパンテオン…P110/付録P16A1
コンスエグラ…P108/本誌P108

さ サン・イシドロ教会…P89/付録P20B4
サン・フランシスコ・エル・グランデ教会…P109/付録P14A4
サンタ・アナ広場…P89/付録P21D4
サンタ・クルス美術館…P105/本誌P104B1
サンティアゴ・ベルナベウ…P110/付録P14B2
サント・トメ教会…P105/本誌P104A1
サン・ヘロニモ・エル・レアル教会…P93/付録P15D2
シベレス広場…P93/付録P15D1
スペイン広場…P109/付録P17C2
ソフィア王妃芸術センター…P84/付録P15D3
ソローリャ美術館…P109/付録P18B1
た ティッセン・ボルネミッサ美術館…P110/付録P15D2
デスカルサス・レアレス修道院…P88/付録P21C2
は ビリャ広場…P109/付録P20B3
プエルタ・デル・ソル…P88/付録P21D2
プラド美術館…P80/付録P15D2
ま マヨール広場…P89/付録P20B3
ら ラサロ・ガルディアーノ美術館…P110/付録P19C1
ラス・ベンタス闘牛場…P110/付録P14B3
レティーロ公園…P93/付録P15D1
ローマ水道橋…P107/本誌P107C1

マドリード » グルメ

あ ヴィーニャP…P111/付録P21D3
エネコ・バスク・マドリード…P112/付録P15D3
エル・ペロ・イ・ラ・ガジェタ…P113/付録P19C4
エル・ランド…P96/付録P17C4
エル・リオハーノ…P113/付録P21C3
オルサ…P106/本誌P104A1
か カサ・アルベルト…P97/付録P21D4
カサ・シリアコ…P111/付録P20A3
カサ・パロンド…P111/付録P20B1
カピ゛ン・アラトリステ…P111/付録P20B4
カフェ・ヒホン…P113/付録P18B4
カラスコ…P94/付録P20B3
コラル・デ・ラ・モレリア…P113/付録P17C4
さ サン・ミゲル市場…P94/付録P20B3
サンタ・エウラリア…P113/付録P20B2
ジンコ・スカイ・バー…P111/付録P17C2
セルベセリア・ラ・マヨール…P99/付録P20A3
た タベルナ・デ・ドローレス…P112/付録P15C2
タベルナ・リスカル…P112/付録P18B2
チョコラテリア・サン・ヒネス…P88/付録P21C3
トレス・ベルメハス…P113/付録P21C1
は ビアンダス・デ・サラマンカ…P91/付録P19C3
ピコリスト…P94/付録P20B3
ブエルタソル…P111/付録P21C2
ベンタ・デル・キホーテ…P108/本誌P108
ポサーダ・デ・ラ・ビーリャ…P97/付録P20B4
ボティン…P97/付録P20B4
ボデガ・デ・ラ・アラドサ…P112/付録P18A4
ま マヨルカ…P91/付録P18B4
メソン・デ・ラ・トルティーリャ…P95/付録P20B3
メソン・デル・チャンピニョン…P95/付録P20B3
メソン・デル・ポケロン…P95/付録P20B3
メソン・リンコン・デ・ラ・カヴァ…P95/付録P20B3
ら ラ・オラ・デル・ベルム…P94/付録P20B3
ラ・オレハ・デ・ハイメ…P99/付録P21D3
ラ・カサ・デル・アブエロ…P98/付録P21D3

158 ●物件名…掲載頁、地図位置の順です。

ラ・カタバ…P99/付録P14B3
ラ・ドゥケシータ…P113/付録P18A3
ラ・ヒラルダ…P98/付録P19C4
ラ・ファボリータ…P112/付録P18A2
ラ・ボラ…P96/付録P20B1
ラス・クエバス・デル・デューケ…P112/付録P17C1
ラス・ディエス・タパス・デ・サンタ・アナ…P89/付録P21D4
リモン・イ・メンタ…P107/本誌P107B2

マドリード » ショッピング

あ アドルフォ・ドミンゲス…P90/付録P18B4
アルテ・スティロ…P101/付録P15D2
エル・コルテ・イングレス…P103/付録P21C2
オルノ・ラ・サンティアゲサ…P115/付録P20A3
か カサ・エルナンス…P114/付録P20B4
カサ・ミラ…P115/付録P15C1
カンペール…P91/付録P18B4
さ サルバドール・バチェール…P116/付録P17C2
サン・アントン市場…P116/付録P18A4
サント・トメ…P106/本誌P104A1
セラミカ・カンタロ…P101/付録P17C2
た ダマスキナード・アタウヒア…P106/本誌P104A1
ティエンダ・レアル・マドリード…P115/付録P21C2
トウス…P91/付録P18B3
は ビンバ・イ・ロラ…P114/付録P18B4
ブリティ・バレリーナス…P91/付録P19C3
ペドロ・ガルシア…P114/付録P19C4
ホタ・セラーノ…P106/本誌P104A1
ま マティ…P115/付録P21C2
マリアーノ・マドルエーニョ…P116/付録P21C1
マンゴ…P114/付録P18A3
メルカドーナ…P103/付録P18B2
ら ラ・チナタ…P115/付録P20B3
ラ・バス市場…P116/付録P19C3
ラ・ビオレッタ…P115/付録P21D3
ラストロ…P116/付録P14A4
リヤドロ…P90,100/付録P19C2
レアル・ファブリカ・エスパニョーラ…P116/付録P15C2
レバント…P114/付録P20A2
ロエベ…P91/付録P18B3

マドリード » ホテル

あ インターコンチネンタル・マドリード…P117/付録P18B1
ウェスティン・パレス…P118/付録P15C2
NHコレクション・パラシオ・デ・テバ…P117/付録P21D4
さ ザ・マドリード・エディション…P117/付録P21C2
は ハイアット・リージェンシー・エスペリア・マドリード…P118/付録P14B2
パラドール・デ・トレド…P106,140/本誌P104B2
ビリャ・マグナ…P117/付録P18B2
フォーシーズンズ・ホテル・マドリード…P117/付録P21D2
ホテル・アーバン 5*GL…P118/付録P15C1
ホテル・フェニックス・グラン・メリア・ザ・リーディング・ホテルズ・オブ・ザ・ワールド…P118/付録P18B3
ホテル・プリンセサ・プラサ・マドリード…P118/付録P14A3
ま マンダリン・オリエンタル・リッツ・マドリード…P118/付録P15D2
Me マドリード・レイナ・ビクトリア…P117/付録P21D4
メリア・マドリード・セラーノ…P118/付録P19C1
メリア・マドリッド・プリンセサ…P117/付録P17C1
ら ラファエル・アトーチャ…P118/付録P14B4

アンダルシア » 観光

あ アルカサル（コルドバ）…P133/本誌P130A2
アルカサル（セビーリャ）…P136/本誌P134B2
アルハンブラ宮殿…P124/本誌P123C2
ヴィアナ宮殿…P133/本誌P130C1
黄金の塔（海洋博物館）…P137/本誌P134A2
王室礼拝堂…P129/本誌P123B1
か カテドラル（グラナダ）…P129/本誌P123B1
カテドラル（セビーリャ）…P135/本誌P134B1
カラオラの塔…P133/本誌P130B3
カルデレリア・ヌエバ通り…P126/本誌P123B1
さ サクロモンテ洞窟博物館…P129/本誌P123C2
サン・セバスチャン通り…P138/本誌P138A1
サン・ニコラス教会…P127/本誌P123C1
サン・ニコラス展望台…P127/本誌P123C1
シナゴーグ…P132/本誌P130A2
スペイン広場…P137/本誌P134B2
聖バルトロメ教会…P132/本誌P130A2
た 闘牛場…P138/本誌P138A1
な ヌエバ広場…P126/本誌P123B2
は 花の小道…P132/本誌P130B2
ピカソの生家／美術館…P139/本誌P139B1
ピカソ美術館…P139/本誌P139B1
ヒブラルファロ城…P139/本誌P139C1
フラメンコ舞踏博物館…P137/本誌P134B1
ま マエストランサ闘技場…P137/本誌P134A1
メスキータ（グラナダ）…P127/本誌P123C1
メスキータ（コルドバ）…P131/本誌P130B2
ら ラ・ペーニャ礼拝堂…P138/本誌P138B1

アンダルシア » グルメ

あ アビラ…P128/本誌P123A3
エル・カバーリョ・ロホ…P133/本誌P130B2
か カサ・イスラ…P129/本誌P123A3
カスバ…P127/本誌P123B1
カルメン・ミラドール・デ・アイサ…P127/本誌P123C1
た チキート…P129/本誌P123A3
は ボアブディル…P128/本誌P123B1
ボデガス・メスキータ…P133/本誌P130B2
ま メソン・セラニート…P137/本誌P134A1
ら ラ・リビエラ…P128/本誌P123B1
ロス・ディアマンテス…P128/本誌P123A2

アンダルシア » ショッピング

か ゴンサレス…P129/本誌P123C2
さ セラミカス・セビーリャ…P137/本誌P134B1
ま メルヤン…P133/本誌P130B2

アンダルシア » ホテル

は パラドール・デ・カルモナ…P141/付録P3A3
パラドール・デ・グラナダ…P140/本誌P123C2

その他 » ホテル

は パラドール・デ・サンティアゴ・デ・コンポステラ…P141/付録P3A2
パラドール・デ・レオン…P141/付録P3A2

●物件名…掲載頁、地図位置の順です。

159

ララチッタ
スペイン
spain

2025年1月15日	初版印刷
2025年2月1日	初版発行

編集人	福本由美香
発行人	盛崎宏行
発行所	JTBパブリッシング
	〒135-8165
	東京都江東区豊洲5-6-36
	豊洲プライムスクエア11階

企画・編集	情報メディア編集部
編集担当	古谷ひろ子
取材・執筆・撮影	ランズ（稲坂駿介）
本文デザイン	BEAM
表紙デザイン・	ローグクリエイティブ
シリーズロゴ	（馬場貴裕／西浦隆大）
袋とじデザイン	池内綾乃
編集・取材・写真協力	MYBUS SPAIN (JTB VIAJES SPAIN S.A.)
	フランス著作権事務所
	日本美術著作権協会
	村岡佳子／村岡正志郎／中島由布子／
	疋田有佳里／田原光生／井田純代
	PIXTA／サイネットフォト
イラスト	小林哲也
地図制作	アトリエ・プラン
印刷所	TOPPANクロレ

編集内容や、乱丁、落丁のお問合せはこちら
JTBパブリッシング お問合せ
https://jtbpublishing.co.jp/contact/service/

©JTB Publishing 2025
Printed in Japan
244109 759356
ISBN978-4-533-16256-5 C2026

禁無断転載・複製

おでかけ情報満載
https://rurubu.jp/andmore/

※続刊予定あり

ヨーロッパ
① ローマ・フィレンツェ
② ミラノ・ヴェネツィア
③ パリ
④ ロンドン
⑤ ミュンヘン・ロマンチック街道・フランクフルト
⑥ ウィーン・プラハ
⑧ スペイン
⑩ イタリア
⑪ フランス
⑫ イギリス
⑬ スイス

アジア
① ソウル
② 台北
③ 香港・マカオ
④ 上海
⑤ シンガポール
⑥ バンコク
⑦ プーケット・サムイ島・バンコク
⑨ アンコールワット・ホーチミン
⑩ バリ島
⑪ プサン
⑫ ベトナム
⑬ 台湾
⑭ セブ島 フィリピン
⑮ クアラルンプール

アメリカ
① ニューヨーク
② ラスベガス・セドナ
③ ロサンゼルス・サンフランシスコ
④ バンクーバー・カナディアンロッキー

太平洋
① ホノルル
② グアム
③ ケアンズ・グレートバリアリーフ
④ シドニー・ウルル
　（エアーズ・ロック）
⑤ ハワイ島・ホノルル
⑥ オーストラリア

ここからはがせます♪

Lala Citta Spain
Area Map

スペイン
付録MAP

シーン別 カンタンスペイン語　P2
スペイン全図　P3
バルセロナ全体図　P4-5
バルセロナ／新市街　P6-7
バルセロナ／中心図　P8-9
バルセロナ／グラシア通り　P10-11
バルセロナ／ゴシック～ボルン地区　P12-13
マドリード全体図　P14
マドリード／プラド美術館周辺　P15
マドリード／王宮～グラン・ビア　P16-17
マドリード／グラン・ビア～セラーノ通り　P18-19
マドリード／マヨール広場～プエルタ・デル・ソル　P20-21
バルセロナ市内交通　P22-24
バルセロナ地下鉄路線図　P25
マドリード市内交通　P26-27
マドリード地下鉄路線図　裏表紙

書いて
おこう♪

レート €1≒約160円　€1≒　　　　円
（2024年12月現在）

両替時のレート

MAP凡例

● 観光スポット　● レストラン・カフェ　● ショップ
H ホテル

シーン別 カンタンスペイン語

Scene 1 あいさつ

おはよう
Buenos días.
ブエノス　ディアス

こんにちは
¡Hola!/Buenas tardes.
オラ　ブエナス　タルデス

こんばんは
Buenas noches.
ブエナス　ノチェス

ありがとう
Gracias.
グラシアス

はじめまして
Mucho gusto.
ムチョ　グスト

ごめんなさい
Perdón./Lo siento.
ペルドン　ロ　シエント

さようなら
Adiós.
アディオス

はい／いいえ
Sí. /No.
シ／ノ

Scene 2 レストランで

日本語（英語）のメニューはありますか？
¿Tiene el menú en japonés(inglés) ?
ティエネ　エル　メヌ　エン　ハポネス　イングレス

注文をお願いします
Quisiéramos pedir.
キシエラモス　ペディル

（メニューを指して）これをください
Esto, por favor.
エスト　ポル　ファボル

これは私が注文したものではありません
Esto no es lo que he pedido.
エスト　ノ　エス　ロ　ケ　エ　ペディド

とてもおいしいです
Está muy bueno.
エスタ　ムイ　ブエノ

お勘定をお願いします
La cuenta, por favor.
ラ　クエンタ　ポル　ファボル

Scene 3 ショップで

いくらですか？
¿Cuánto es?
クアント　エス

試着をしてもいいですか？
¿Puedo probármelo(-la)?
プエド　プロバルメロ　ラ

これをください
Esto, por favor.
エスト　ポル　ファボル

税金払戻の申告書をください
Un recibo para la devolución de impuestos, por favor.
ウン　レシボ　パラ　ラ　デボルシオン　デ　インプエストス　ポル　ファボル

Scene 4 観光＆タクシー

あれは何ですか？
¿Qué es aquello ?
ケ　エス　アケジョ

写真を撮ってもいいですか？
¿Puedo sacar una foto ?
プエド　サカル　ウナ　フォト

（メモを見せて）この住所へ行ってください
Vaya a esta dirección por favor.
バジャ　ア　エスタ　ディレクシオン　ポル　ファボル

ここで停めてください
Pare aquí, por favor.
パレ　アキ　ポル　ファボル

よく使うからまとめました♪

数字・単語

- 1…ウノ（ナ）
- 2…ドス
- 3…トレス
- 4…クアトロ
- 5…シンコ
- 6…セイス
- 7…シエテ
- 8…オチョ
- 9…ヌエベ
- 10…ディエス

空港…aeropuerto（アエロプエルト）
駅…estación（エスタチオン）
タクシー…taxi（タクシ）
地下鉄…metro（メトロ）
新幹線…AVE（アベ）
撮影禁止…prohibido hacer fotos（プロイビド　アセル　フォトス）

トイレ…servicio（セルビシオ）
男性用…Caballeros（カバジェロス）
女性用…Señoras（セニョラス）
入口…entrada（エントラダ）
出口…salida（サリダ）
勘定書…cuenta（クエンタ）

スペイン全図

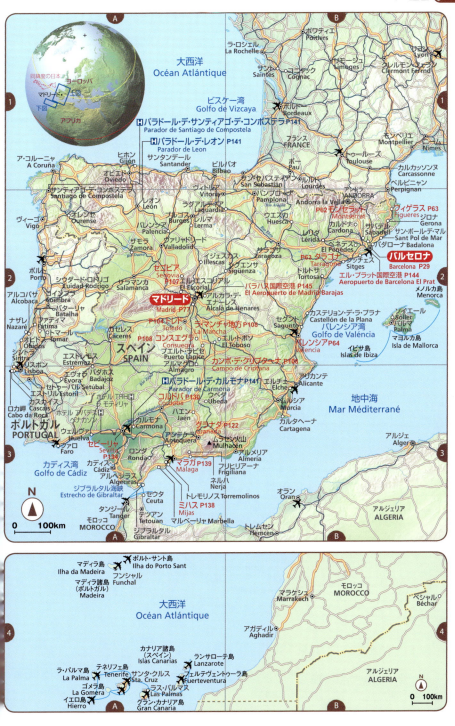

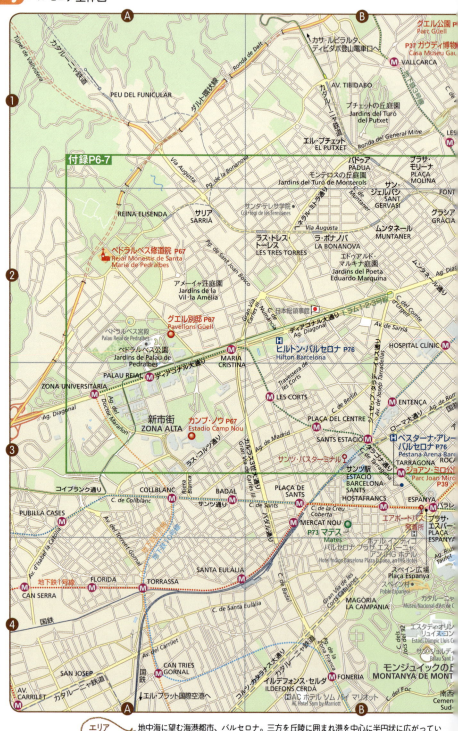

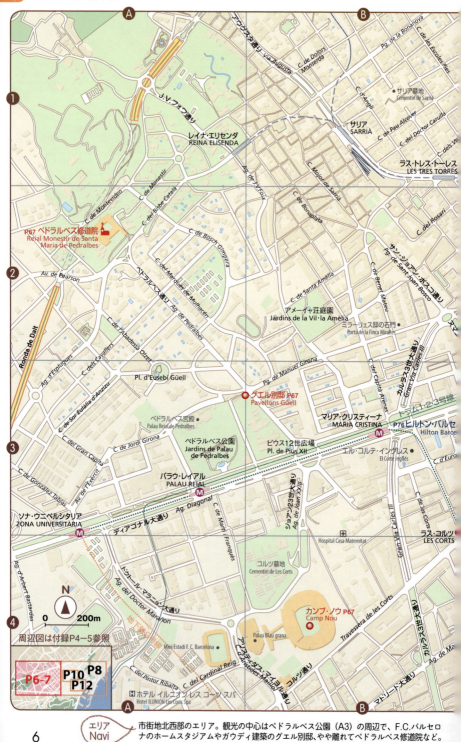

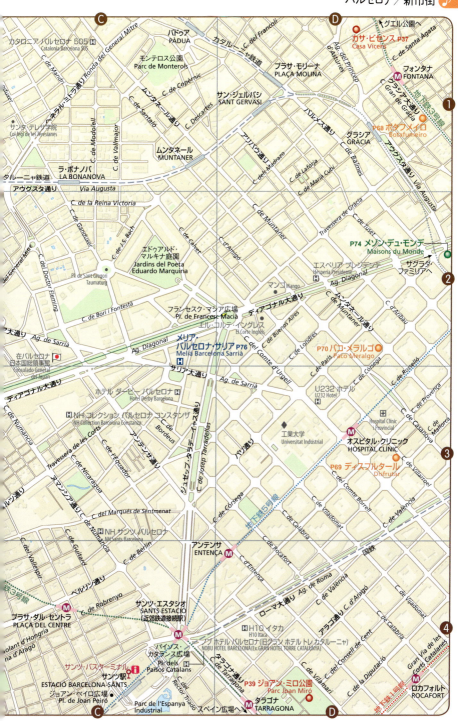

♪ バルセロナ／グラシア通り

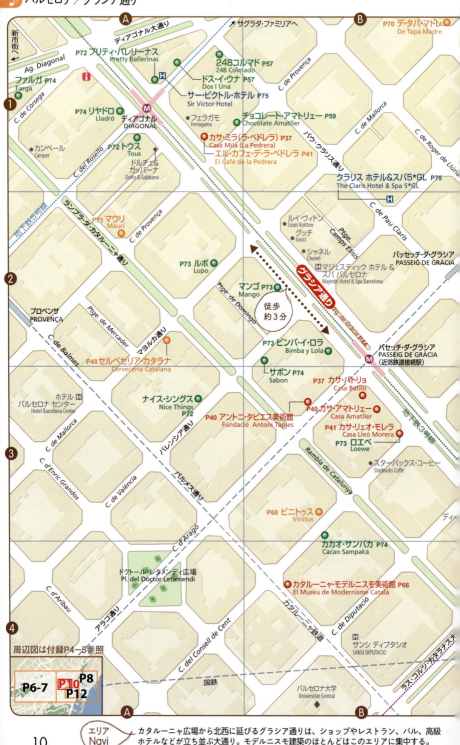

エリア Navi　カタルーニャ広場から北西に延びるグラシア通りは、ショップやレストラン、バル、高級ホテルなどが立ち並ぶ大通り。モデルニスモ建築のほとんどはこのエリアに集中する。

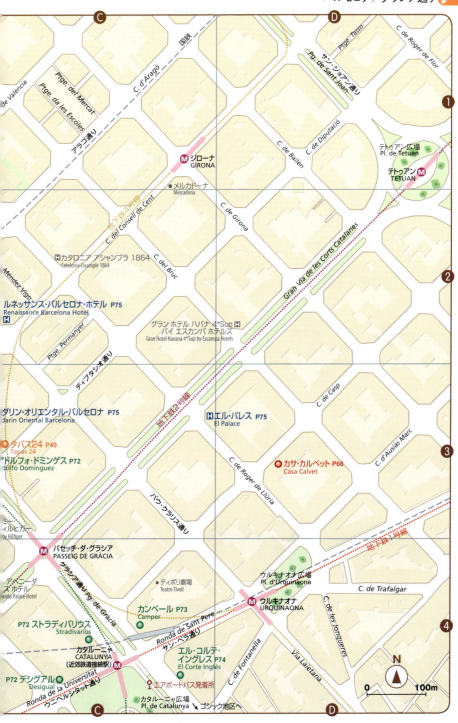

♪ バルセロナ／ゴシック〜ボルン地区

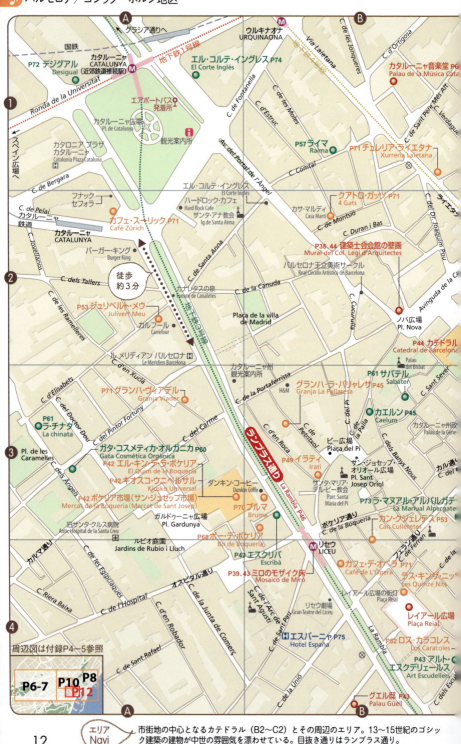

マドリード全体図

エリア Navi　スペインの首都マドリード。大都市ながら主なみどころはほぼ徒歩でまわれる。また、市内全域を地下鉄が走っているので移動はしやすい。

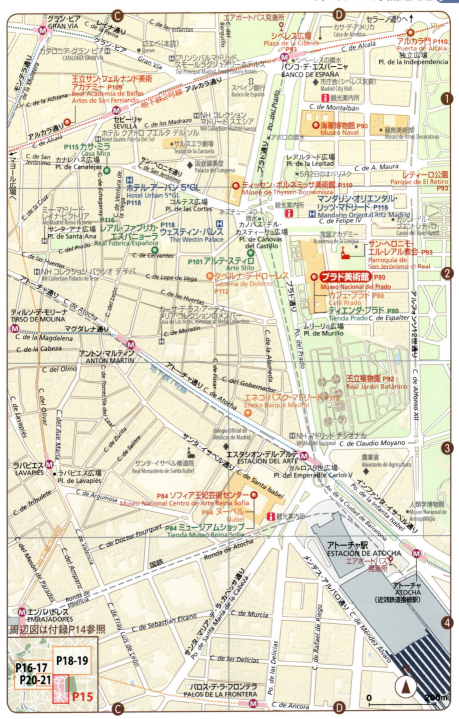

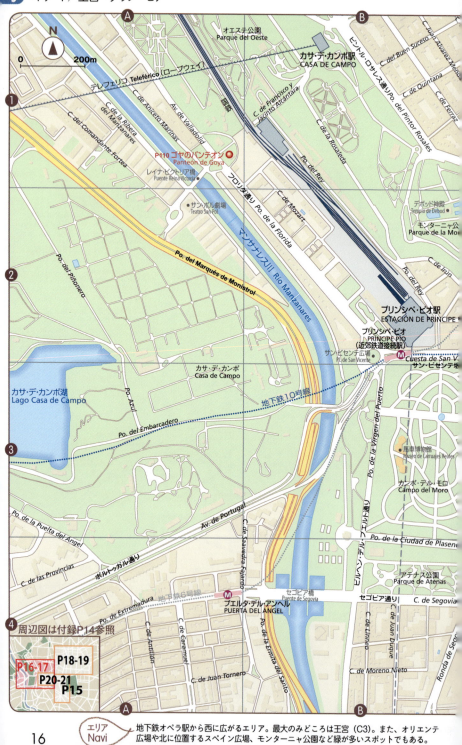

♪ マドリード／グラン・ビア〜セラーノ通り

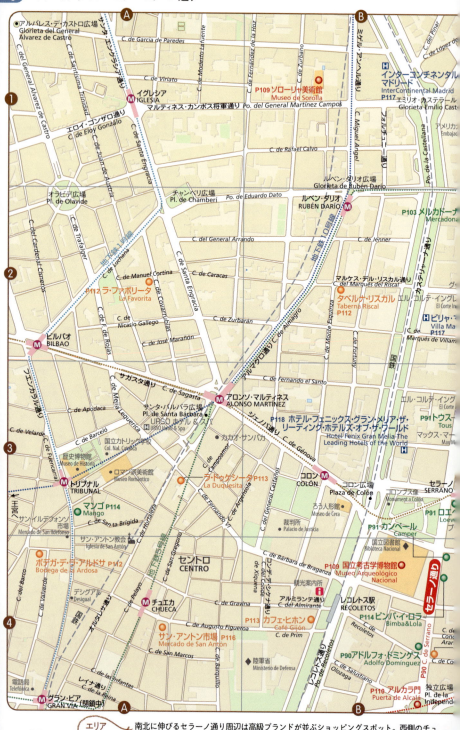

エリア Navi: 南北に伸びるセラーノ通り周辺は高級ブランドが並ぶショッピングスポット。西側のチュエカ地区は、流行の発信地として若者に人気のエリア。

マドリード／マヨール広場〜プエルタ・デル・ソル

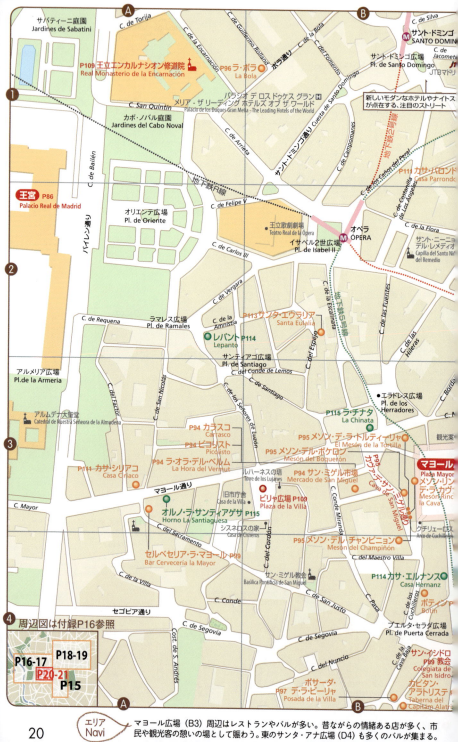

エリアNavi
マヨール広場（B3）周辺はレストランやバルが多い。昔ながらの情緒ある店が多く、市民や観光客の憩いの場として賑わう。東のサンタ・アナ広場（D4）も多くのバルが集まる。

♪ バルセロナ市内交通

バルセロナ市内交通

街のまわり方

バルセロナの街のつくり
バルセロナの市街地は、港を中心に半円状に広がっており、三方を丘陵に囲まれている。中心は交通の要所でもある旧市街のカタルーニャ広場。広場の南側はゴシック地区とよばれ、細く入り組んだ路地が多い。一方、広場の北側はグラシア通りを中心に、通りが碁盤の目状になっていて散策しやすい。

住所表示について
バルセロナ市内は通りの名称と番地がわかれば、目的地に行くことはたやすい。通りの名称は交差点のコーナーの上部に表示されていることが多い。番地は、通りの片側に奇数、反対側に偶数の順番で並んでいる。また、「Avenidaアベニダ」は大通り、「Carrerカリェ」は通りを意味する。ただ、店舗の住所を表記するときはどちらも省略されることが多い。

タクシー | Taxi

バルセロナ市内を走るタクシーの台数は多く、料金が比較的安く、旅行者にとって利用しやすい交通手段。車体は黄色と黒色のツートーンカラー。空車は屋根に緑色のランプが付いており、フロントガラスには「LLIURE」か「LIBRE」(空車)と表示されている。

黄色と黒色のボディでわかりやすい

●料金
平日の初乗り料金は€2.60で、1kmごとに€1.27 (20時〜翌8時は€1.56)が加算される。土・日曜、祝日も初乗り運賃は€2.60。1kmごとに€1.56が加算。

●タクシー選びのポイント
正規タクシーは黒色と黄色の車体で、屋根に「TAXI」と表示されているのでわかりやすい。空港到着ロビーやサンツ駅周辺には旅行者狙いの違法タクシーがおり、法外な料金を請求されるなどのトラブルも多いので注意。

街なかには流しのタクシーも多い

●注意ポイント
発車したら、まずメーターがきちんと動いているか確認しよう。メーターは、基本的には中央のオーディオラック付近か、バックミラーの上部に設置されている。乗車中もメーターが正常に動いているかチェックを忘れずに。到着後は、基本的には運転手へチップを支払う必要はないが、荷物を運ぶのを手伝ってもらったなど親切にしてもらったのならば、お釣りでもらった端数の小銭をチップとしてあげるのもよい。

●タクシーに乗ってみよう

❶ タクシーを拾う
流しのタクシーを拾うには、日本と同様に手を挙げて止めよう。屋根のグリーンのランプが点灯していたら空車の目印。

❷ 乗車する
日本と違いドアは手動なので自分で開ける。英語が通じない場合は、スペイン語で書いた目的地の住所メモをドライバーに見せるとスムーズ。また、道順のわかりづらい店などに行く場合は、電話番号がわかるとドライバーが携帯電話で道順を店に直接聞いてくれる場合があるのでメモしておくとよい。

❸ 支払い、下車
到着したらメーターに表示された金額を支払う。お釣りがない場合も考慮して、高額紙幣は使わないほうがベター。下車時は「グラシアス(ありがとう)」とお礼を添えて。また、日本でも使用されている「Uber」(日本語対応)や、ヨーロッパで主流の「FREENOW」などのタクシーアプリも利用可能。

22

地下鉄 | Metro

観光スポットや市内の主要部分を網羅している地下鉄は、旅行者にとって便利な交通手段。主な観光スポットは、地下鉄と徒歩で効率よく周ることが可能。全部で8路線が運行しており、色分けして表示されている。

●料金
乗車料金は一律€2.55。何度も利用する場合は、10回乗車できるカード「T-Casual」€12.15がおすすめ。ほかにも1日券の「T-Dia」€11.20など、いろいろな種類の券がある。

●運行時間
路線により異なるが、5～24時が基本。金曜は～翌2時、土曜は24時間運行。

●主な路線の種類
M1 市の南北を結ぶ路線。通るのは交通の要所になっているCATALUNYA駅や、徒歩でモンジュイックの丘へと向かう際の起点となるESPANYA駅など。
M2 市の北東とフニクラ乗り場のPARAL-LEL駅を結ぶ路線。サグラダ・ファミリア最寄りのSAGRADA FAMÍLIA駅や、グラシア通り最寄りのPASSEIG DE GRÀCIA駅などを通る。
M3 グエル公園、グラシア通り、ランブラス通り、モンジュイックの丘、新市街など、主要観光スポットを通る。鉄道駅のSANTS ESTACIÓ駅も通る。
M4 ゴシック地区やオリンピック村、海沿いのバルセロネータなどへ行くのに便利。グラシア通りの最寄り、PASSEIG DE GRÀCIA駅も通る。
M5 市の南北を結ぶ。サグラダ・ファミリアやサンツ駅などが停車駅。グラシア通りへはDIAGONAL駅で下車。

●注意ポイント
◆朝と夕方の通勤時間帯は混雑するので、荷物の管理に気をつけよう。
◆早朝や深夜など利用者が少ない時間帯に1人で乗るのは避けたほうがベター。

●地下鉄に乗ってみよう

❶駅を探す

地下鉄駅の付近には「Ⓜ」マークの文字が入った看板があるので、そこが目印。

❷チケットを買う

切符は駅構内の自動券売機か、有人窓口で購入できる。自動券売機は5c、10c、20c、50c、€1、€2硬貨と€5、€10、€20、€50紙幣が使用可能。そのうち、そのとき使用できるもののみが画面に表示される。€100紙幣は使用不可。€50紙幣も使えない場合が多い。小額紙幣を多めに用意しよう。

❸改札を通る

改札を通る際にはチケット表面を上にして改札機に差し込み、チケットが出てきたら取り出しバーを手で進行方向に押して通過する。駅によっては自動開閉式もある。

❹ホームに出る

ホームは行き先によって異なるので、降りる前に停車駅が記された案内板で確認しよう。ホームには案内板や到着時間を知らせる電光掲示板がある。

❺乗車する

扉のノブを左側へ回すかボタンを押してドアを開ける。車内では、停車駅を知らせるスペイン語のアナウンスがあるので、停車ホームの駅名で確かめよう。

❻下車

下車時も自分で扉を開ける。自動ドアの場合もある。ホームに降りたら「Sortida（出口）」の標識に沿って改札へ。切符は改札機に通す必要がない。

❼地上に出る
改札を出ると通り名や観光名所が表示された標識があるので、目的に一番近い場所から出よう。

切符の種類

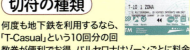

何度も地下鉄を利用するなら、「T-Casual」という10回分の回数券が便利でお得。バルセロナはゾーンごとに料金が設定される仕組みになっており、たとえばメトロの範囲内で適応される回数券は「Casual/1zona」（€12.15）。もう少し広い範囲まで網羅する回数券では「Casual/2zonas」（€23.90）などがあり、これらは観光客にもよく利用されている。

バルセロナ・カード

バルセロナ・カードBarcelona Cardは地下鉄などの公共の交通機関が乗り放題となり、さらにピカソ美術館やミロ美術館などの入場料が無料、カサ・ミラやカサ・バトリョの入場料が割引となるお得なカード。種類は3～5日間の3種類で、3日間の場合€55。観光案内所のほか、オンラインでも購入できる。
https://bcnshop.barcelonaturisme.com/

♪ バルセロナ市内交通

路線バス | Autobús

主な名所へは地下鉄で行けるので、旅行者がバスを利用する機会は少ない。ただ、バス路線図で目的地までの番号を確認し、乗車するバスの進行方向を間違えなければ意外と便利だ。

●利用のポイント

バスは前方から乗車して後方の扉から下車する仕組み。地下鉄の10回券(T-Casual)や1日券(T-Dia)を利用して乗車できる。路線が多く初心者には分かりづらいが、通りの100mおきくらいにバス停があるので、よく使う路線が分かれば非常に便利な移動手段だ。また、グエル公園やモンジュイックの丘など、地下鉄が通っていない場所へ行く際にも使える。降車時は鉄道より目印が少ないため、どこで降りるかは旅行者には分かりにくい。地図を見ながら確認することが大事だが、不安だったら周囲の乗客に尋ねてみよう。乗車の際に運転手に確認しておくのもいい。

↑バスが来たら前方に表示されている番号と行き先を確認

←バス停には停車するバス番号が示されている

→切符を差し込む刻印機。タッチ式もある

フニクラ | Funicular

フニクラは M2・3号線のPARAL・LEL駅とモンジュイックの丘公園PARC DE MONTJUÏCを結ぶケーブルカー。運行時間は夏期と冬期で異なり、夏期が7時30分～22時まで、冬期が7時30分～20時。土・日曜、祝日は夏期が9～22時、冬期が9～20時。切符は地下鉄と共通となる。1～2月は不定期で運休もあり(要確認)。

↑階段状の車内
→乗り場は、M2・3号線のPARAL・LEL駅に直結している

テレフェリック | Telefèric

ロープウェイのこと。モンジュイックの丘公園PARC DE MONTJUÏCと見晴台MIRADOR、モンジュイック城CASTELL DE MONTJUÏCを結ぶ路線と、アルマダ広場PL.DE ARMADAからバルセロナ港を結ぶ2つの路線がある。所要時間はどちらも10分程度。運行時間は前者が3・5・10月は10～19時、6～9月は10～21時、11～2月は10～18時。後者は3～5月は10時30分～19時、6月～9月上旬は10時30分～20時、9月中旬～10月は10時30分～19時、11～2月は11時～17時30分。料金は前者が往復€16、後者が往復€20。

↑乗降時も動いたままなので注意
→サグラダ・ファミリアなどバルセロナ市内が一望できるテレフェリック

バルセロナ近郊鉄道

バルセロナから近郊都市へ向かうスペイン国鉄RENFEの近距離各列車を、近郊線CERCANIASという。近郊線は丸のなかに頭文字のCをデザインしたマークのある駅に停車する。料金はゾーン制。どの区間になるかは、自動券売機の画面横の地図から調べることができる。

レンタサイクル

近年、自転車道が急速に整備され、観光手段のひとつとして注目される自転車。市内中心部には多くのレンタルショップが点在し、料金は平均で2時間€6～、4時間€9～、1日(24時間)で€16～。市が運営する「Bicing」は観光客の使用はできないので注意。

24

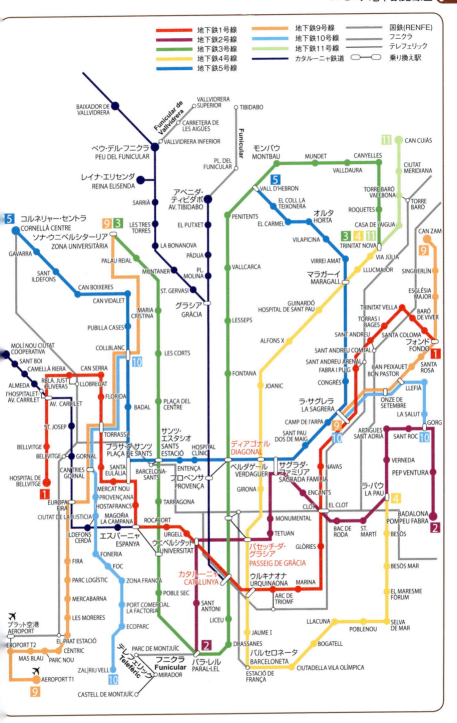

マドリード市内交通

街のまわり方

マドリードの街のつくり
マドリードはメセタ(卓状台地)のほぼ中心に位置する。旧市街の交通の要所プエルタ・デル・ソルを中心に、半径1km程度の中にプラド美術館や王宮など主要な観光スポットが集まり、大都市でありながらみどころがコンパクトにまとまっているので旅行者でも歩きやすい。

住所表示について
マドリード市内もバルセロナと同様に、通り名と番地がわかれば目的地まで行くことは容易。通り名は交差点のコーナーの建物上部に表示されている。番地は、通りの片側に奇数番号、反対側に偶数番号が数字順に並ぶ。スペイン語で通りは「Calleカジェ」だが、「C.」と省略して記載されることも。「Avenidaアベニダ」は大通りで、「Pl.プラサ」は広場。

地下鉄 | Metro

13の路線が走る地下鉄はマドリード市内を網羅しており、旅行者にとって便利な移動手段。路線は色分けされているのでわかりやすい。市内中心部を走っているのは1〜5号線と10号線。

●料金
地下鉄の運賃は距離に関係なく1回€1.50〜2。頻繁に利用するなら、10回券€12.20がお得。バスでも利用することができる。切符は駅構内の自動券売機か有人窓口で購入する。券売機ではクレジットカードも使える。

●運行時間
全路線ともに6時5分〜翌1時30分。早朝や夜間は治安がよくないので利用は避けたほうがよい。

●便利な路線
1号線 市の中心部、プエルタ・デル・ソルにあるSOL駅や、トレドやセビーリャへの近郊列車が発着するアトーチャ駅にあるATOCHA RENFE駅などを通る。
2号線 王宮やマヨール広場の最寄り駅ÓPERA駅や、プエルタ・デル・ソルにあるSOL駅、プラド美術館に近いBANCO DE ESPAÑA駅などを通過する。
3号線 プエルタ・デル・ソルにあるSOL駅、グラン・ビアにあるCALLAO駅、PLAZA DE ESPAÑA駅などを通る。

●注意ポイント
◆バルセロナ同様、利用者の少ない早朝や深夜はあまり治安がよくないので、利用は避けたほうが無難。
◆車内が混雑する朝と夕方のラッシュ時は、スリや引ったくりに遭いやすいので荷物の管理はしっかりと。改札からホームまで地下通路を長く歩かなければならない駅もあるので、構内では気を緩めないように注意したい。

●地下鉄に乗ってみよう

❶ 駅を探す
地下鉄駅に降りていく階段上部に「Metro」の看板があるので確認しよう。階段やエスカレーターで降りる際に、正面に表示された路線番号を確認することを忘れずに。主要駅の近くには路線図の看板が立っているので見つけたらチェックしよう。

❷ チケットを買う
自動券売機では「1Viaje(1回券)」「10Viajes(10回券)」などが購入できる。旅行者用チケットを購入する場合は有人窓口で。クレジットカードも使用可。自動券売機によっては、お釣りがない場合もあるのであらかじめ小銭を用意しておこう。

❸ 改札を通る
改札は切符を挿入して取り出し口から引き抜き、回転バーを押して通る。ホームは行き先によって異なるので、ホームに降りる手前にある案内板で、停車駅をしっかり確認すること。ホームに降りたら電光掲示板で到着時間をチェックしておこう。

❹ 乗車する
自分でボタンを押すか、扉のハンドルを回してドアを開ける。ラッシュアワーや旅行者が増える夏は車内が込みあうのでスリに注意。車内では、次の停車駅を知らせるアナウンスや通過したホームの駅名で、自分の降りる駅までの順番を確かめておこう。

❺ 下車
乗車時と同様に自分でドアを開ける。ホームに出たら、「Salida(出口)」の表示に従って進み、矢印の点灯している改札を通過する。切符を通す必要はないが、検札をしている場合があるのでなくさないこと。

26

マドリード市内交通 ♪

タクシー | Taxi

正規タクシーは、白い車体とドアの赤い斜線が目印。流しのタクシーが多く、手を挙げれば停まってくれるが、交通量の多い大通りでは危ないのでタクシー乗り場から乗車したほうがよい。車体の上に「TAXI」のマークと緑色のランプが点灯していて、フロントに「LIBRE」のボードがあれば空車。料金はメーター制。乗車したらメーターが作動しているか確認しよう。

↑車体にはマドリードのシンボルの「山桃を食べる熊」の紋章がデザインされている

●料金システム
初乗り料金は€2.50で、以降は1kmごとに€1.30が加算される仕組み。21時〜翌7時は初乗り料金が€3.15となり、以降1kmごとに€1.50が加算される。

●タクシーアプリを利用
日本でおなじみのタクシーアプリ「Uber」はマドリードでも利用可能。行き先は事前にドライバーに伝わっており、料金はアプリ登録のクレジットカードから自動引き落としのため降車時の支払いがないという手軽さが魅力。また、不当な金額を請求される心配がないのも利点だ。そのほか「FREENOW」やスペイン発祥の「Cabify」など、さまざまなアプリがある。

路線バス | Autobús

市内各所を網の目のように走る路線バス。乗車券は1回一律€1.50で、地下鉄の乗車カードも共通で利用できる。乗車は前方の扉、降車は後方の扉から。ただし路線が複雑かつスペイン語の案内のみなので、旅行者が乗りこなすのは難しい。正しい駅で降車できるか不安なら、運転手や周囲の乗客に声をかけてあらかじめ降車駅を伝えておこう。降車時は車内に設置された降車ボタンを押す。

↑路線は複雑だが慣れれば非常に便利

旅のアドバイス

●お得なカードを使いこなそう
マドリード・シティ・カードMADRID CITY CARDを使えば、地下鉄やバスなど市内中心部（Aゾーン）の公共交通機関が乗り放題に。さらに、主要な観光スポットで割引などの特典も受けられる。1日券€10、2日券€17、3日券€22.50、4日券€27、5日券32.50の5種類。マヨール広場や王宮、美術館などの各観光インフォメーションで購入可能。オンラインで購入し、バラハス空港で受け取ることもできる。

●郊外への交通について
マドリードではトレドやセゴビアなど近郊の町とつながるマドリード近郊鉄道CERCANÍASが運行している。起点はCHAMARTÍN駅（付録MAP/P14B1）やATOCHA駅（付録MAP/P15D4）。どちらも地下鉄が乗り入れている。

●ツアーバスで巡るマドリード
市内を走る真っ赤な2階建てバスは、マドリード・シティ・ツアーMadrid City Tour。日本語のガイドテープを聞きながら、市内をひと巡りする。観光ルートは2つで、1日券は€28で、2日券が€33。

↑主要駅では到着予定のバス番号や時間が表示されている

↑低料金で移動できるのが魅力

→降りるときは降車ボタンを押して

♪ マドリード地下鉄路線図

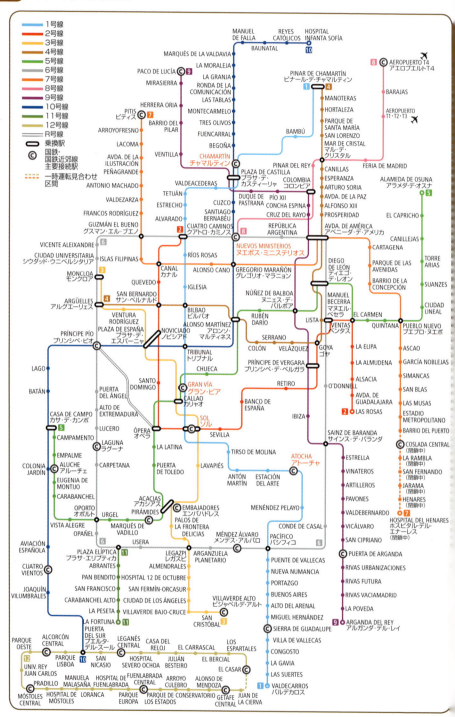